◎ 杨咸月 著

中国金融市场的国际互动与风险控制

Chinaʼs Financial Markets
International Interaction
and Risk Control

中国金融出版社

责任编辑：张　超　单翠霞
责任校对：张志文
责任印制：陈晓川

图书在版编目（CIP）数据

中国金融市场的国际互动与风险控制（Zhongguo Jinrong Shichang de Guoji Hudong yu Fengxian Kongzhi）/杨咸月著.—北京：中国金融出版社，2015.3
ISBN 978-7-5049-7666-6

Ⅰ.①中…　Ⅱ.①杨…　Ⅲ.①金融市场—国际化—研究—中国②金融市场—金融风险防范—研究—中国　Ⅳ.①F832.5

中国版本图书馆 CIP 数据核字（2014）第 217477 号

出版发行　中国金融出版社
社址　北京市丰台区益泽路2号
市场开发部　（010）63266347，63805472，63439533（传真）
网上书店　http://www.chinafph.com
　　　　　（010）63286832，63365686（传真）
读者服务部　（010）66070833，62568380
邮编　100071
经销　新华书店
印刷　北京市松源印刷有限公司
尺寸　169 毫米 ×239 毫米
印张　15
字数　254 千
版次　2015 年 3 月第 1 版
印次　2015 年 3 月第 1 次印刷
定价　35.00 元
ISBN 978-7-5049-7666-6/F.7226
如出现印装错误本社负责调换　联系电话　（010）63263947
编辑部邮箱：jiaocaiyibu@126.com

序

很高兴《中国金融市场的国际互动与风险控制》经过数年研究现在终于出版。因为该书不仅凝聚了作者多年心血，更为重要的是当前国内金融市场改革发展又进入了一个新阶段，急需新的理论创新来驱动其转型发展。因此，很乐意在此写些感受。

改革开放以来，中国在经济发展与国际贸易水平显著提高并进入世界前列的同时，金融市场改革开放步伐也不断加快。一方面，以货币市场和证券市场为主体的金融市场体系已经基本建成；另一方面，以 QFII 和 QDII 为代表的境内外机构投资者进出境内外的门槛逐渐降低。人们不禁要问：国内金融市场的国际一体化水平发展到何种程度？与经济贸易大国水平是否相当？

该问题如果得不到客观回答，中国金融市场的下一步改革开放可能难以找准方向。如今，尽管监管者出台各种政策试图鼓励和引导国内金融市场健康发展，但小微企业融资难、融资贵的处境未见根本改善，股票市场长期低迷，居民储蓄难以找到比存款更好的保值增值渠道，尽管"宝宝"们的出现带来了一线生机。整个金融市场的融资效率仍有待提高，一方面某些企业资金富余，即便不缺钱市场也会慷慨解囊，如不少上市公司出现资金数倍超募现象；另一方面对某些企业而言仍然难以叩开正规融资渠道的大门。显然，这种状况离政府要求将改革开放"红利"让惠于民的宗旨还有相当大的差距。

尽管近年来从单个市场、某一侧面进行分析的文献已经不少，但有关国内金融市场国际一体化的系统性研究迄今为止还不多见。在此背景下，上海社科院杨咸月研究员出版了这本新作。该书运用了一系列实证检验方法，从不同侧面多视角地检验了国内货币市场和证券市场等主要金融市场的国际互动特征与规律，从而为我们更加科学、全面地认识中国金融市场国际一体化问题奠定了坚实基础。本书独到的多元视角审视和层层递进的研究逻辑，值得同行学者借鉴；许多有价值的论断无论对监管部门、实务部门还是广大投资者都具有较强的现实指导意义。

作者认为互动是一把"双刃剑",和平时期有助于国内金融市场价格发现功能的发挥并分享全球化利益,危机时期可能通过国际传递从而加剧国内市场波动的风险。拒绝国际波动的同时实际上也就是放弃分享国际一体化利益的机会。中国金融市场改革开放以来国际互动水平还很低,尽管其间发展速度很快,但其自身风险积累也很高——成为全球少数风险居高的经济体之一。显然,这种依靠牺牲国际一体化利益维持的高风险市场是难以持续的。特别在十八大以后,一系列扩大开放的务实政策和措施陆续出台,如自由贸易区的试点、人民币离岸业务的扩大、沪港通等一系列措施都将可能冲破国内金融市场高风险的防线。而中国金融市场要想在不断扩大的对外开放中分享国际利益,首先必须重视"强身健体",做好自身的市场机制建设。此时的任何侥幸都可能成为完全开放后的隐忧。国际经验一再表明,一个脆弱的金融市场不可能获得国际利益,反而会变得不堪一击,易于被国际投资者或炒家掏空财富。因此化解自身风险乃当务之急。监管部门对此应该引起高度重视。

这里,作者强调投资者的风险自我约束与风险自我控制十分关键。无论你是风险喜好者还是厌恶者,确实都应该学会提高风险的自我约束与自我控制能力。这不仅是个人止损的需要,更是国内市场成熟的内在要求。书中尝试性地对目前中国货币市场、证券市场的价格变动和收益率波动进行了客观评估,其中许多结论都值得读者特别是投资者深思。理性投资者可以做到通过预警来有效控制风险。

与同类研究相比,本书的一个最大特点是原创性。一切以事实为依据,坚持用数据说话,不妄下结论,在经典分析与现代模型检验、静态分析和动态考察、水平分析与区域检验相互佐证的情况下才顺理成章地得出结论。这种严谨的治学态度在如今较为浮躁的社会里是难能可贵的。特别在当前中国经济正处在转型发展的关键时期,一系列重大政策措施都急需新的原创性理论研究来突破传统、世俗和权威理论的局限。正如培根所说:"伟大的哲学始于怀疑,终于信仰。"这里的信仰是什么?我认为是一种执着精神,一种对原创性研究执着追求的精神。从这个意义上说,作者是一个执着的践行者,研究领域初涉者如硕士生和博士生在阅读此书时会从中得到某些体会和启示。

当然,一本书不可能包罗万象,更何况这是一本专业性研究著作,因此本书可能还存在某些不足。但丝毫不影响出版,因为我们需要的是其精华。

复旦大学经济学院　何光辉
2014 年 9 月

目 录

1 绪 论 ··· 1

  1.1 研究背景与意义 ··· 1
  1.2 文献综述 ··· 4
  1.3 研究思路与框架 ··· 15
  1.4 主要观点内容 ··· 20
  1.5 创新与价值 ··· 28

2 中国货币市场的国际定位与利率决定 ································ 31

  2.1 问题的提出 ··· 31
  2.2 数据与研究方法 ··· 34
  2.3 利率关系分析 ··· 37
  2.4 溢出效应检验 ··· 39
  2.5 主要利率模型决定 ··· 46
  2.6 本章小结 ··· 51

3 中国货币市场的国际互动 ·· 54

  3.1 问题的提出 ··· 54
  3.2 数据与研究方法 ··· 55
  3.3 模型拟合结果 ··· 56
  3.4 方差分解与脉冲响应 ··· 65
  3.5 本章小结 ··· 77

4 中国证券市场的全球化视角审视 ·················· 80

- 4.1 问题的提出 ···················· 80
- 4.2 数据与研究方法 ···················· 82
- 4.3 中国证券市场国际化的整体考察 ···················· 85
- 4.4 中国证券市场国际化的结构性剖析 ···················· 88
- 4.5 本章小结 ···················· 111

5 中国证券市场与发达市场的国际互动 ·················· 113

- 5.1 问题的提出 ···················· 113
- 5.2 数据与研究方法 ···················· 119
- 5.3 实证分析 ···················· 122
- 5.4 本章小结 ···················· 140

6 金砖国家证券市场的国际溢出效应 ·················· 144

- 6.1 问题的提出 ···················· 144
- 6.2 数据与研究方法 ···················· 147
- 6.3 金砖国家证券市场的国际定位 ···················· 149
- 6.4 水平溢出效应检验 ···················· 153
- 6.5 波动溢出效应检验 ···················· 159
- 6.6 本章小结 ···················· 168

7 大中华证券市场的一体化 ·················· 171

- 7.1 问题的提出 ···················· 171
- 7.2 数据与研究方法 ···················· 175
- 7.3 大中华证券市场一体化的整体考察 ···················· 180
- 7.4 动态相关性检验：次贷危机前后出现差异 ···················· 183
- 7.5 市场一体化的多阶段比较 ···················· 186
- 7.6 本章小结 ···················· 190

8 中国金融市场的风险控制 …… 193

8.1 中国金融市场的风险源在国内 …… 193
8.2 中国金融市场的风险特征及表现 …… 204
8.3 当务之急要化解自身风险 …… 209
8.4 控制国际风险关键在预警 …… 215

主要参考文献 …… 225

后记 …… 231

1 绪 论

1.1 研究背景与意义

改革开放以来,中国金融市场发展迅速。20世纪90年代初沪、深证券交易所成立。1994年4月18日成立了中国外汇交易中心暨全国银行间同业拆借中心。1996年1月3日,建立了全国统一的同业拆借市场并开始试运行。1996年6月1日放开银行间同业拆借市场利率。随后,上海黄金交易所(2002年10月)、中国金融期货交易所(2006年9月)等先后成立。金融市场体系日趋复杂。

其间,各市场品种不断增加,交易规模不断增大,短期融资功能日益增强。银行间货币市场上海银行间同业拆借利率(Shibor)、中国银行间同业拆借利率(Chibor)和国债回购利率所对应的隔夜、7天、14天和3个月等期限结构相互交错,构成了一个相对复杂的货币市场交易品种网。而且银行间市场交易量屡创新高,市场主体数量和类型不断增加。仅2012年前六个月,同业拆借市场交易量累计23.7万亿元,同比增加63.3%。债券质押式回购成交67.6万亿元,同比增加49.2%。债券买断式回购成交2.6万亿元,同比增加122.0%。市场主体数量和类型不断增加,截至2013年底,外汇市场成员405家,其中商业银行226家,农联社124家。本币市场成员6362家,其中投资基金1 270家,农联社819家,商业银行364家。

证券市场快速成长,不仅主板市场交易规模已在国际上名列前茅,而且包括主板、中小企业板和创业板在内的多层次资本市场的融资功能不断体现，有力地支持了国内各类企业的改制和改造，支撑着整个国民经济结构调整和产业升级。外汇、黄金交易市场虽然还是"迷你"市场，但一系列货币对、纸黄金和实物黄金品种的开发和交易，已经不同程度地满足了国内投资者对外汇、黄金交易的需求。仅从外汇交易看，银行间外汇市场具有集中竞价与双边询价两种交易模式，支持人民币对九个外币的即期，人民币对七个外币的远期、掉期，人民币对五个外币的货币掉期和期权交易，以及九组外币对的即期、远期和掉期交易。此外，股指期货交易市场也在对实物交易风险对冲的需要中建立。

不仅如此，中国金融市场的对外开放步伐也不断加快。中国金融业对外开放的序幕开始于1979年至1981年间允许31家国外金融机构在中国设立代表处。1994年4月1日开始实施的《中华人民共和国外资金融机构管理条例》，标志着中国对外资金融机构的开放进入规范化管理阶段。2001年底加入世贸组织后，我国公布了银行业对外开放的时间表，逐步取消对外资银行的限制。

相关监管部门一直尝试开放货币市场，在活跃交易、提高市场效率的同时，将国内货币市场与国际货币市场联系起来。2002年11月，央行和证监会联合发布《合格境外机构投资者境内证券投资管理暂行办法》，允许QFII投资国债、可转换债券、企业债券和除境内上市外资股以外的股票。2003年9月，外汇管理局颁布《关于银行间外汇市场开展双向交易的通知》，允许中国外汇交易中心各会员单位通过银行间外汇市场交易系统进行买卖双向交易，增强了我国货币市场与外汇市场之间的资金联系。2004年2月25日，中国银行（香港）有限公司作为交易成员正式进入银行间外汇市场进行平盘交易，标志着中国货币市场首度将网络和服务延伸至境外。2005年9月《货币经纪公司试点管理办法》施行，其主营业务包括境内外外汇市场交易、境内外货币市场交易、境内外债券市场交易、境内外衍生产品交易，将境内外货币市场联结起来。2006年4月5日，中国交易中心与芝加哥商业交易所在上海举行国际货币产品交易合作协议文本互换仪式。2010年8月16日，中国人民银行批准境外人民币清算行等三类机构试点运用人民币投资银行间债券市场。在此背景下，越来越多的外资金融机构参与中国货币市场交易，在全球范围内对流动性和资产组合进行管理，成为联通国内外市场的桥梁。截至2010年底，银行间外汇市场共有外资会员104家，占市场会员总数的36%。截至2014年5月9日，银行间本币市场的外资银行会员有

86家，人民币合格境外机构投资者30家。

中国资本市场对外开放的步伐更是从来没有停止过。早在证券市场设立之初，就推出了面向境外投资者的B股市场、允许内地企业到境外发行上市等开放政策。在加入世贸组织时对证券服务业开放所作的承诺，到2003年11月已全部兑现。在WTO承诺之外，我国还主动实施了合格境外机构投资者（QFII）、合格境内机构投资者（QDII）等一系列对外开放的制度安排。不断增加QFII投资额度，为其投资国内金融市场提供便利。例如，2012年上半年，经国务院批准，证监会、人民银行及外管局决定新增QFII投资额度500亿美元，从而使得QFII总投资额度达到800亿美元。证监会还于2012年7月27日公布了《关于实施〈合格境外机构投资者境内证券投资管理办法〉有关问题的规定》，降低QFII资格要求，简化审批程序，放宽QFII开立证券账户、投资范围和持股比例限制，并进一步完善了监管制度。统计数据显示，截至2014年5月12日，QFII总数已经达到261家。中国人民银行在2012年7月13日发布的《2012年中国金融稳定报告》称，要适当加快引进合格境外机构投资者（QFII）的步伐，增加其投资额度；逐步扩大人民币合格境外机构投资者（RQFII）试点范围和投资额度，适时推出双向跨境交易所交易基金（ETF）。证监会则在2012年8月就修订《外资参股证券公司设立规则》和《证券公司设立子公司试行规定》公开征求意见。其主要的修改是将外资在合资券商中的持股比例上限从三分之一提高到49%。另外，合资券商可申请的业务范围也将有所扩大，申请条件由持续经营5年缩短到2年。按照修订后的规则，我国港澳台地区投资者参股证券公司的，比照适用该规则的规定。合资券商目前从事的主要是投行业务，未来符合条件的将可以申请证券经纪、咨询、资产管理等业务。

在这一过程中，中国金融市场的国际互动关系如何？其国际一体化进程怎样？是已经全面融入全球化还是在有条不紊稳步推进？国际金融市场风云变幻莫测。除了美欧少数最发达的国家能够始终强势引领国际潮流外，其他许多"小国"尤其是新兴经济体的金融市场要么像欧洲小国（如PIGS国家）金融市场那样随风飘荡，财政主权危机随时都可能发生；要么像拉美、亚洲国家那样不开放则已，一开放就有可能将多年积累起来的金融财富消耗殆尽（如1994年的墨西哥金融危机、1999年的巴西金融危机、2001年的墨西哥金融危机以及1997年的亚洲金融风暴）。中国金融市场能否走出一条适合自身发展需要的国际一体化成功之路——方面国内金融市场快速成长,另一方面国际利益充分分享?这个问题已引起广泛关注。

为此,本书选题以"中国金融市场的国际互动与风险控制"为研究对象,目的就是通过研究为中国金融市场的健康发展和对外开放提供理论指导。本书认为,无论是健康发展还是分享国际一体化利益,国内金融市场面临的问题首先是风险控制问题。只有深入研究中国金融市场在对外开放过程中的国际互动关系与特点,分析其在国际一体化进程中的波动风险特征与规律,寻找各市场变动的风险源和风险传播途径,才能够为中国金融市场的健康发展提供强有力的风险控制保证。

1.2 文献综述

一、货币市场利率关系及其国际溢出研究

关于货币市场利率的文献主要集中在基准利率研究、中国同业拆借利率期限结构、利率之间关系、货币政策的利率传导等。几乎没有中国货币市场利率国际溢出方面的研究。

货币市场基准利率研究主要集中在有关 Shibor、Chibor 基准性的研究。方先明、花昊(2009)分析了 Shibor 与市场利率的联动关系,认为 Shibor 已初步具备为金融产品定价的能力。李良松、柳永明(2009)在新魏克塞尔主义框架下对 Shibor 的基准性、市场性、相关性、抗干扰性进行了实证研究,发现隔夜 Shibor 的市场性、相关性和抗干扰性较好,认为 Shibor 经过一段时间的培育后可以作为我国的基准利率。冯宗宪等(2009)发现短期 Shibor 在形成机制、基础性、稳定性、相关性等方面总体优于短期债券质押式回购利率;中长期 Shibor 则在期限、交易市场、相对随机性等方面远远优于中长期债券质押式回购利率。因此,他们认为 Shibor 适合成为中国的市场基准利率。刘喜波等(2008)、张林、何广文(2009)等也都认为 Shibor 更合适成为货币市场基准利率。此外,易寿生等(2008)通过研究指出影响 Shibor 作为定价基准的制约因素。徐宁(2008)研究了以 Shibor 为基准的市场化定价形成机制,以及如何通过内部定价机制将市场信号传导至金融机构的业务端等。易纲(2008)从利率定价、产品创新、商业银行内部转移定价、人民币国际化等多个层面阐述了确立

Shibor 在利率体系的基准地位对我国金融市场改革带来的巨大意义和重要作用,建议进一步推进 Shibor 的基准性地位。韩松、徐蓓(2008)建议应进一步促进报价团中报价银行报价水平的提高,鼓励以 Shibor 为基准的金融创新。杨晓胜(2007)认为应在 Shibor 的交易技术和市场环境层面加以改进。除了 Shibor 基准性研究外,一些学者认为债券回购利率更适合成为货币市场基准利率。戴国强、梁福涛(2006)通过格兰杰因果检验后认为,银行间债券回购市场利率更适合作为当前我国金融市场短期基准利率。傅毅夫(2009)发现债券回购利率具有差分序列平稳性以及与 CPI、PPI 环比增长率和 M_1 同比增长率具有显著相关性,认为债券回购利率是目前货币市场基准利率的最佳选择。何志刚、阮琤(2006)比较了债券回购市场和同业拆借市场,并以股票市场为例考察了国债利率对金融产品定价的能力,认为国债利率对于金融市场效率的提升具有重要的作用。

国内一些文献还对中国银行间同业拆借利率结构进行了研究,主要用期限结构的预测模型以及协整来分析各利率之间的关系。闫冀楠等(1999)分析了隔夜拆借利率和一周拆借利率之间的协整关系,并利用误差修正模型建立了二者的预测模型,实证结果表明无论短期预测还是长期预测精度都要优于传统的向量自回归模型。唐齐鸣、高翔(2002)用期限结构的预期模型,分析检验了 7 天、30 天、60 天、120 天的利率品种之间的协整关系,发现我国同业拆借市场利率总的来说符合利率期限结构中的预期理论,同业拆借利率中 120 天与 7 天期的利率、60 天与 30 天的利差、120 天与 60 天的利差和 120 天与 30 天的利差的利率期限结构对预期理论反映较好,斜率基本上在 0.80 以上接近 1,能作为未来利率变动的较好预测;而 30 天与 7 天的利差、60 天与 7 天的利差的利率期限结构存在过度反应,斜率超过了 1,偏离预期理论。任兆璋、彭化非(2005)把 ARIMA 和 GARCH 模型应用于我国的同业拆借利率期限结构,隔夜同业拆借利率变动较为稳定,模型效果最佳的是 7 天期的同业拆借利率。而 GARCH 模型对同业拆借利率的数据拟合要比 ARIMA 模型好很多。在 GARCH 里,双变量 GARCH 模型都要比单变量好一点,表明同业拆借利率波动的不对称性普遍存在,即我国同业拆借利率波动较小,调整速度也不剧烈。其原因在于中国人民银行对拆借市场实行较严格的管理。史敏等(2005)对我国银行同业拆借市场利率期限结构进行了实证研究,发现中国银行间同业拆借利率在亚洲金融危机后发生了结构性变化,金融危机发生之前我国银行同业拆借利率支持利率期限结构中的预期理论,但金融危机发生后却不符合预期理论。此外，陈晖、谢赤（2004）利用 Gray 提出的一般利率结构转换模型对中国银行间 30 天同业拆借利率进行实证研究，发现中国银行间 30 天同业拆借市场确实存在结构转换现象。同时，在利率波动较小时存在均值回复现象，而当利率波动较大时带有制度转换的 GARCH（1，1）模型则显示不存在均值回复现象。

对利率之间关系的研究不太多。汪波（2008）研究了货币市场上其他利率对 Shibor 的影响。钱文辉（2005）用协整运用 2002 年 8 月的月度数据为样本区间，选取 30 天银行间国债回购利率和 30 天同业拆借利率，分析两者之间的关系。认为银行间国债回购利率对同业拆借利率起着正向作用，无论从长期还是从短期看，银行间国债回购利率对同业拆借利率解释能力较强，非均衡误差的系数则反映了修正项对偏离长期均衡调整的力度。

对于货币政策的利率传导，Nautz 和 Offermanns（2008）对 Eonia（European Overnight Rate）利率的波动性传导机制进行了研究。他们首先将 Eonia 的波动区分为由于日历效应等因素引起的季节性波动和由于对欧洲中央银行未来政策意图不确定而引起的非季节性波动，然后通过实证的方法发现 Eonia 具有十分显著的波动性传导特征。即使对于 1 年期利率，期限为隔夜的 Eonia 都能对其产生影响。他们还检验了于 2004 年 3 月开始执行的欧洲央行新的公开市场操作框架是如何对 Eonia 及其波动性传导产生影响的。Nautz 和 Schmidt（2009）分析了货币政策操作对联邦基金利率的动态性和波动性的影响。他们发现自 20 世纪 80 年代开始，美联储货币政策操作的最大变化是联邦基金利率和准备金制度的角色变化。随着沟通度和透明度的提高，联邦基金目标利率越来越显著地影响有效利率。而准备金制度随着其地位下降导致了联邦基金利率波动性大大增加。他们认为应当引入有偿准备金制度，据此可以进一步增强对联邦基金利率的控制力。Kaketsis、Sarantis（2006）研究了希腊货币政策的变化对市场利率的影响。通过案例分析，他们根据操作方式对希腊中央银行操作的 8 组不同期限利率与市场利率进行检验，发现中央银行利率的变化对短期和中期市场利率具有显著影响。

而对于中国货币市场利率的国际溢出，就作者所知，目前还没有文献对此进行研究。Edwards（2010）利用高频数据分析了美联储联邦基金利率的变动对发展中国家利率的影响，并对美国利率期限结构如何影响短期利率差分进行了研究。结果显示，联邦基金利率的变动对拉丁美洲国家利率的影响是强烈而迅速的。长期来看,联邦基金利率的变动对亚洲国家具有相同程度的影响,但是不同于拉美国家,影响作用的实现是一个逐渐而缓慢的过程。

二、证券市场之间的国际互动

国内外学者对此进行了大量的研究,主要集中在以下三个方面。

(一)境外(主要是发达国家或地区)证券市场的互动效应

国外许多学者对股票市场联动的程度进行了研究。Johnsen 和 Soenen(2004)发现南美洲经济整合国家的股市之间存在显著的联动效应。Eun 和 Shin(1989)利用 VAR 和 VMAR 模型,分析了亚洲和欧美9个国家的证券市场,验证了美国证券市场对他国证券市场有信息引导作用。Kasa(1992)对美国、日本、英国和加拿大股指的月收益进行了分析并指出四国市场之间拥有协整关系。今村和浅子(2000)利用东南亚8国(地区)股市收盘价的周数据,对这些国家(地区)在亚洲金融危机期间的股票市场联动性进行了分析,结果显示,金融危机前后,各国证券市场均未进入协整关系。陈漓高等(2006)利用1991年到2005年的股指日收盘价,对中国、日本、美国和一部分东盟国家和地区的证券市场进行了格兰杰因果检验,结果发现美国证券市场对亚洲证券市场具有短期的信息引导作用。Chin-Wen Hsin(2004)采用证券指数运动的多边国际影响的模型,利用摩根士丹利(MSCI)指数作为样本,研究了主要发达市场之间的联动性。研究结果表明:就证券的回报和波动性而言,在主要证券市场之间存在明显的国际传导效应,美国作为主导市场具有普遍的和重要的影响,然而,美国市场与欧洲和亚太市场之间的关系是不同的。研究结果还显示存在着区域传导效应,美国和亚洲市场通过积极的全球共同力量和积极的国际传染效应发生联系,美国、加拿大和英国对其区域之外的其他国家显示出了传染效应,而亚太市场对传染效应更加敏感;尤其在亚洲金融危机期间,日本市场对其他国家更具有传染性。

有些学者对股票市场联动的因素进行了研究。Fleming 等(1998)根据信息的特性,把影响金融市场波动间相互联系的信息归于两类,即共同信息与私有信息溢出。Koutmos 等(1995)以及 Laopodis(1998)均通过实证检验证实了危机时期证券市场的波动对另一市场的影响更大。Connolly 和 Wang(2003)研究了美国、英国和日本公布的大量宏观经济消息对证券市场回报率联动的影响，研究结果显示：许多可以观察到的证券市场存在的日间和隔夜回报的联动并不能归因于经济基本面的公开消息；相反，国外市场的回报率对紧随其后的国内股市的回报率产生主要的影响。

还有学者研究股票市场的溢出效应。Eun 和 Shim（1989）对世界上最大的 9 个证券市场（美国、英国、加拿大、德国、法国、瑞士、日本、澳洲及中国香港）之间的联动关系进行研究，发现股市间存在波动溢出效应，信息从美国市场快速地向其他市场传递。Lin 等（1994）则发现，纽约股市在 1987 年金融危机时期对东京股市存在波动溢出，其他时间则没有发生溢出。Andrew 和 Stulz（1996）发现，美国和日本两国市场的相关性很高，而且当市场的波动幅度很大时，这种相关性也相应增强。Neely 和 Weller（2000）则发现，美国市场对日本、德国、英国市场存在较弱的波动溢出效应。Gagnon 和 Karolyi（2003）发现，无论在亚洲危机前还是危机后，日经 225 指数与美国标准普尔指数之间均存在较强的联动关系。Chan（2006）则发现，在亚洲金融危机以后，日本、中国香港、新加坡和美国股票市场之间的联动性有所提高。Chong 等（2008）的研究表明，日本股票市场与 G7 国家股票市场之间存在显著的联动关系。

许多国外学者研究了新兴国家市场与发达国家证券市场间的联动关系。Masih 等（1999）检验了国际股票市场与亚洲新兴市场之间的长期和短期动态联系，认为有强烈的证据表明在亚洲股市间存在传染效应。Leong 和 Felmingham（2003）发现在亚洲金融危机之后，新加坡、韩国、日本、中国台湾和中国香港股市之间的相关性加强了。Choudhry 和 Lu（2004）对亚洲 9 个国家与地区的股市进行研究，发现这些国家的股市在亚洲金融危机前后均存在显著的长期协整关系。Mahmood 和 Marlinda（2007）则认为，马来西亚、日本、中国香港和澳洲的股市之间存在短期因果关系，而亚洲金融危机进一步加强了这些股市间的长期联动关系。Foo 等（2008）也发现，金融危机后，新加坡、泰国、中国香港、马来西亚、日本和美国股市间的联动性有所加强。

（二）国内金融市场各子市场之间的相互关系

这类研究包括货币市场与证券市场之间的相互关系，以及上海与深圳两地股市的联动性及引导关系。境内货币市场与证券市场之间的相互关系。殷剑峰（2006）利用向量误差修正模型分析了 2000 年至 2004 年中国货币市场利率（银行间拆借和回购市场)、国债市场收益率(银行间市场和交易所市场)、股票市场指数(上证A股市场)之间的长期均衡和短期互动关系。胡明(2008)通过对人民币汇制改革后中国金融市场各部分价格数据的协整分析,重点研究中国的债券市场利率、货币市场利率、汇率和股票价格之间的联动关系,发现各部分之间虽有长期均衡关系,但是市场各部分的价格短期波动得不到充分解释,表明目前中国的金融市场效率还有待提高。王宝、肖庆宪(2008)利用DCC-MVGARCH方法,从动态的角度对我国金融市场间的风险传染问题进行了研究,考察了股票市场、债券市场和银行市场间的风险传递特征。李世泽(2012)分析了我国股票市场、国债市场、企业债市场、银行间拆借市场的相互关系,研究结果表明股票、国债、企业债市场之间存在较强的相互作用,银行间拆借市场与上述三个市场的关系并不十分紧密,只会受到债券市场的微弱的影响。对于上海与深圳两地股市的联动性,徐龙炳(1998)研究了1993年2月至1998年3月之间上海、深圳两市之间的协整关系,指出两者之间存在着协整关系。史代敏(2002)运用协整分析方法分析了沪、深股市指数之间的协整关系,研究结果显示,上证指数与深圳综合指数的协整性表明了沪深股票市场之间存在长期稳定的关系;上证指数与深圳成分指数、上证30指数与深圳成分指数、上证30指数与深圳成分指数三组指数之间不存在协整关系,尽管它们之间相关系数很高。董亚和黄剑(2008)的研究结论是:重点行业指数之间以及重点行业指数与沪深300指数之间存在着长期稳定的关系,具有共同的随机趋势;当指数处于震荡行情的时候,它们之间的联动性也很强,并且沪深300指数处于主导地位。

(三) 沪深两市与中国香港、美国证券市场之间的联动性

国内不少文献研究了境内两市与中国香港、美国股市之间的联动性。王宏涛(2009)从股票价格和收益率两个方面对中国沪深两市和中国香港、日本、美国、日本、欧洲以及新加坡等主要国际股市之间的关系进行了实证研究,发现美国股市处于明显的中心主导地位;中国香港股市与国际股市之间的联动效应非常明显,表现出成熟股市的共有特点;中国内地股市尚属于新兴股市,与国际股市的接轨程度还远远不够,对于其他国际股市的影响微乎其微。胡秋灵和刘伟(2009)采用上证综合指数和美国标普500指数作为样本数据,考察了中美两个股票市场从2007年8月1日年至2008年12月31日间的股指波动的联动性问题,发现美股收益率对我国股市有正向影响,中美股市之间具有一定的联动性。吕江林和赵征(2010)考察了道琼斯工

业平均指数、标准普尔500指数和伦敦金融时报指数与上证综指收益率之间的联动关系。研究显示当前我国股市指数与国外主要股市指数之间已经具有了较明显的联动性。龚灏和张雪芹（2010）研究了成熟金融市场与新兴金融市场之间的传导性，以及上涨和下跌过程中成熟金融市场与新兴金融市场间传导性的变化特征，发现在整个样本期，中国香港股市与新加坡股市互相传导，日本股市与韩国股市互相传导，美国股市对其他股市单向传导，中国沪市对韩国股市、新加坡股市和香港股市均为单向传导；下跌时期六个股市间的传导关系比上涨时期更为复杂，更加强烈。吴刘杰和乔桂明（2011）选取沪深300指数、香港恒生指数和美国标准普尔指数2008年9月10日到2010年10月7日的数据作为研究样本，对美国、中国香港和中国大陆股市的联动性进行了实证分析，认为三地股市具有显著联动性。黄在鑫、覃正（2012）借助参数估计及多种Copula函数的拟合优度检验来刻画出中美金融市场五大证券交易中心股票收益率之间的相关结构模型，通过秩相关系数、尾部相关系数等相关性度量工具对中美两国金融市场的相关性进行分析，最后通过对不同股票市场之间的尾部相关性分析确定两国金融市场之间风险传导路径。对于内地与香港股市之间的联动，朱宏泉等（2001）从收益率和波动性两方面研究了香港、上海、深圳三个股市之间的相互关系和互动性，结论是沪深股市的变化受香港股市等外来因素的影响很小，深圳股市对上海股市存在显著的Granger因果关系。洪永森和成思危（2004）等发现，A股与H股之间存在着强烈的风险溢出效应；A股与日本、美国和德国等世界主要股市之间不存在风险溢出效应。张碧琼（2005）以及谷耀和陆丽娜（2006）的研究均表明，香港市场在收益和波动上对沪、深两市存在显著的波动效应，内地证券市场越来越受到世界资本市场的冲击。吴世农等（2005）认为香港红筹股的走势始终是内地股市波动的"风向标"，但H股与内地股却无明显关联。宋红雨（2006）以1994年8月至2006年7月期间上证指数与国企指数同时有交易的2795个交易日作为研究对象，以年为单位进行相关性分析，认为上证指数与恒生国企指数呈现显著的负相关关系；当市场步入牛市阶段，A股与H股相关系数逐年走高，A股与H股个股股价的相关性要远远高于指数的相关性，两地联动趋势日益明显；A股和H股股价倍数总体呈现逐年下降趋势；在结构性方面，蓝筹股价差较小、绩差股价差较高。曹传琪（2007）以2002年1月4日至2007年6月29日间每个交易日上证A股指数和恒生H股指数收盘价作为样本，发现A股与H股之间的联动性不仅存在，而且联动效应会更加明显。龚朴和李梦玄（2008）通过对上证指数和恒生指数研究，发现两股市的联动性有逐渐增大的趋势。邵宏成、王珂（2009）采用香港恒指和上证综指1997年7月3日至2008年6月30日每日数据，进行联动效应分析后发现恒生指数和上证指数长期存在协整关系，并且恒生指数的波动会对上证综合指数的波动性产生显著影响。

三、金融危机在证券市场的国际传染效应

自20世纪80年代末开始，金融危机频繁爆发，使国内外学者针对金融危机传染效应的实证研究也有所加强。

Baig和Goldfajn（2002）运用资产价格相关性分析方法，研究发现1997年亚洲金融危机期间各国外汇、股票和债券市场间的相关系数明显高于平稳期。Eichengreen等（1996）利用Probit模型，采用20个工业国家30年的面板数据进行研究，发现金融危机更容易在那些贸易关系紧密而非具有相似宏观经济结构国家的金融市场间传染。随着20世纪90年代以来计量经济学和时间序列分析的发展，对金融传染效应的检验方法也丰富起来。Cha和Sekyung（1999）采用多元VAR模型，发现1987年美国股灾和1997年亚洲金融危机对新兴市场国家股市传染效应显著。张志波和齐中英（2005）运用VAR系统方法检验发现，1997年亚洲金融危机期间，亚洲9个国家（或地区）的外汇市场间传染效应明显，危机期间泰铢汇率的波动对其他亚洲国家汇率波动的引导关系变得显著。Edwards（1998）采用GARCH模型，分析了1994墨西哥金融危机对阿根廷和智利利率市场的传染效应。研究发现，墨西哥金融危机导致利率波动向阿根廷迅速传染，但对智利的利率波动影响不显著。游家兴（2010）采用非对称GARCH模型研究了墨西哥金融危机、亚洲金融危机、巴西金融危机、次贷危机等国际金融危机在中、美、德等八国资本市场间的传染效应，发现在金融危机的冲击下，相对于亚洲市场，中国股市与欧美市场之间的联动性有更为显著的提高，金融危机在中国的传染效应呈现区域性和时变性的双重特点。韦艳华和齐树天（2008）结合Copula理论、Bayes时序诊断以及Z检验，考察了越南金融危机对亚洲主要金融市场的传染效应。

对于2008年美国次贷危机的传染效应，蔡义杰等（2008）研究了全球主要股票市场的反应。实证发现，由美国"次贷危机"引发的金融危机造成了全球股票市场

不同程度的动荡，出现"熊市"迹象。中国虽受到一定程度的冲击，但是国内股票市场结构相对稳定。曾志坚等（2009）对中国内地证券市场与美国、日本、中国香港及德国证券市场的联动关系进行了实证研究。发现随着金融危机的爆发与深化，中国内地证券市场与世界证券市场的联动效应也发生了相应的变化。尤其在金融危机深化时期，这种联动效应明显增强。此外，中国内地证券市场对德国与中国香港证券市场有显著影响。胡祖辉（2010）分析了美国、欧盟、日本、中国香港、新加坡和中国6个国家或地区金融市场之间的相关性在次债危机爆发前后的变化情况，认为次贷危机爆发前后，全球股市之间的相关性结构发生了重大变化。李红权、秦海波（2011）系统地分析了国际金融市场之间的互动与传染关系，剖析了金融传染发生的根源，重点梳理了金融传染的具体机制。石建勋等（2011）对金融危机前后内地股市与香港股市的联动性及引导性等方面所发生的变化进行分析。认为金融危机使得内地股市与香港股市的联动性得以增强，两地股市从原来的单向因果关系转变为双向因果关系，同时内地股市对香港股市的引导关系从原来的不明显变得极其显著。谢志超和曾忠东（2012）的研究表明，美国金融危机通过三个渠道对我国金融市场产生了显著的传染效应。其中来自货币市场渠道的直接传染效应显著，来自资本市场和外汇市场渠道的交叉传染效应显著，并且传染效应的持续时间较长。危机通过外汇市场渠道和货币市场渠道对我国货币市场传染效应的贡献度最大。叶五一和谬柏其（2009）采用基于Copula变点检测方法，研究了美国次贷危机对亚洲主要股票市场的传染效应，结果表明，韩国股市受次贷危机的影响最为严重，而中国股市因中国政府的监督力度较大，因此受次贷危机的影响程度较小。

四、重大事件对证券市场间互动的影响

对于重大事件对境外股市的影响，Renatas Kizys等（2008）用主要工业国1975—2004年股市月度回报率作样本，对非对称宏观经济的重大事件与股市联动性关系的改变进行了分析，发现在样本期国际股市回报率的联动形式存在着改变的情形；使用时间序列回归模型和面板数据模型检验的结果显示：股市回报率的国际联动与宏观经济的重大事件之间没有系统性的联系。

国内不少学者考虑到了重大事件对沪深两地股市之间的长期均衡关系的影响进而分阶段地对两地股市的联动性及引导性进行了研究。石建勋和吴平（2008）以股权分置改革为转折点,选取 2003 年 1 月 2 日至 2007 年 12 月 28 日的上证综指和深成指数、香港恒生指数、红筹股指数和 H 股指数为研究对象进行了实证分析,研究结果表明,股改前沪深两市与香港股市没有共同发展趋势,而股改后恒生指数、红筹股指数、H 股指数与内地股市股指之间产生了长期稳定的协整关系。罗子光(2008)分三个阶段考察了香港股市与内地股市在经历 B 股开放和股权分置改革后它们之间的联动关系及其变化。唐齐鸣和操巍(2009)对沪、深、港股市的动态相关性的研究表明,由于众多在香港发行 H 股的中国内地大型国企回归 A 股市场并计入指数,内地市场与香港市场的联动性迅速增强。

五、金融市场风险度量与预警

(一)金融风险的度量

VaR 模型及实证分析。邵锡栋和殷炼乾(2008)利用沪深股指日内高频数据,分别通过 ARFIMA 模型和 CARR 模型对实现波动率和较新的实现极差建模,计算风险价值;并通过对 VAR 的似然比和动态分位数等回测检验,实证分析了各种模型的 VaR 预测能力。结果显示,使用日内高频数据的实现波动率和实现极差模型的预测能力强于采用日数据的各种 GARCH 类模型。魏宇(2008)认为有效市场假说并非实际市场波动机制的完美表述,在有效市场理论基础之上的主流市场风险测度技术无法准确刻画实际市场的波动和风险状况。他以上证综指和若干世界主要股市指数为例,探讨了典型事实波动特征下的 VaR 计算方法,并通过对不同模型假定下所计算的 VaR 进行规范的后验分析(Backtesting),实证对比了不同波动模型的适用范围和精确程度。张巾爽和王春(2009)比较了 VaR 值的三种估算方法:历史模拟法、分析法和蒙特卡罗模拟法。指出国内外对于经典 VaR 计算方法中方差—协方差法和蒙特卡罗模拟法研究得非常多,而对历史模拟法研究得相对较少。国外极值理论的研究最近几年比较兴盛,而国内的类似文献要少得多。国外研究者多着眼于 VaR 作为风险计量和市场风险监管的作用,而国内大量文献对 VaR 方法在绩效评估、投资组合优化、金融机构竞争力评价体系的构建等方面的作用表现出更多的兴趣。他们认为,由于样本区间、置信水平等因素选取的不同,大多数方法之间并无绝对的优越性可言;各个计算方法之间不是对立与替代的关系,而是可以互补和相容的,研究应该着力于探索各个方法之间应如何借鉴彼此优点。林宇和卫贵武等(2009)引入 FIAPARCH 模型刻画金融价格条件波动率特征，引入有偏学生 t 分布捕获收益率有偏特征，并以此来测度金融市场动态风险 VaR；进而运用返回测试和动态分位数回归方法对风险测度模型准确性进行实证检验。结果表明，Risk Metrics 和 GARCH – N 测度金融市场的风险的可靠性差；有偏学生 t 分布比正态分布、学生 t 分布更能准确反映金融收益分布实际特征，具有更高的风险测度能力；FIAPARCH – SKST 展示出比其他模型具有绝对优越的风险测度效果。黎德元和叶金娥（2011）应用极值理论中的门限模型来研究风险值，并对 2000 年以来深圳综指和上证指数的日对数收益率计算风险值和期望亏损，最后对两市的风险进行了比较。其他模型及实证研究。李志辉（2003）分析了信用风险给全球经济和金融带来的挑战，以及国外信用风险度量和管理方法的革命。花俊洲（2007）介绍了六种基于分位数的风险度量方法。他认为，尽管 VaR 很受欢迎，并已得到广泛的研究和应用，但在理论完整性和实际风险度量中仍有相当的局限性，包括不一定满足次可加性、凸性以及不能度量 VaR 以外的风险（如极端事件发生的潜在损失）。而 CVaR、WCE、TCE（考虑了损失分布的尾部损失）、尾部均值等能够在一定程度上克服 VaR 方法的不足。丁军军和陈建宝（2007）利用 CAViaR 模型并结合实用分位数回归技术对沪深股市四种股票指数进行实证分析，得出 CAViaR 方法比传统的 VaR 方法更能有效地反映收益率序列尖峰厚尾方面的特性。唐勇和寇贵明（2009）梳理了基于分位数回归的四种风险度量方法，包括表达式、参数估计、相应的检验过程、存在的问题，以及这些度量方法在国内的研究状况。陈宴祥和罗健英（2010）引入马尔可夫状态转移的 ARCH 模型，构建出基于状态转移波动模型的金融市场动态风险测度模型，然后运用其对上证综指和伦敦金融时报 100 指数的市场风险进行测度，并运用 Back – testing 中的似然比率检验方法（LRT）对金融市场风险测度的准确性进行检验。实证结果表明，基于 SWARCH 的风险测度模型，不仅能够准确测度不同类型金融市场的动态风险，而且在测度金融市场大风险方面展现出同样具有优越的测度能力。李豫（2011）借鉴国际信用风险模型中违约模式代表 – KMV 模型原理，实证建立由判别函数和违约强度共同构成的中国金融市场违约预警模型；借鉴国际信用风险模型中盯市模式代表 Credit Metrics 模型原理，使用蒙特卡罗模拟方法实证建立中国金融市场信用组合计量模型；并探索这两类模型在中国信贷市场、外汇市场、货币市场和债券市场风险管理实务中的应用。王懿等（2012）在分类概述基于收益分布矩信息的风险度量、随机优势准则、VaR、Coherent 风险度量、凸风险度量和多期动态风险度量等定量模型的基础上,指出各类模型的优点、所存在的问题及可能的解决办法,并对未来风险度量方法的研究进行展望。

(二) 金融市场风险预警

徐慧玲和许传华(2010)详细介绍了三种金融危机预警模型,并综述了近年来若干类创新风险预警模型。季栋伟和朴明根等(2011)运用AHP法构建了我国国债风险的预警系统,并通过1990—2009年我国国债风险指标的相关数据,从国民经济应债能力、财政应债能力以及国债期限结构三方面对这20年间我国国债的综合风险状况进行了全面研究。马雪珍(2011)从股票、货币、汇率和债券市场四个方面分析了中国金融市场的系统风险。吕江林和赖娟(2011)运用逐步回归法建立金融系统性风险最佳预测方程,从而构建起金融系统性风险预警的指标体系,并以此对我国2010年金融系统性风险状况进行预测。张瑞琴和黄云婷(2011)认为在在人民币国际化趋势明显的大背景之下,我国金融衍生市场势必面临较大的风险。他们构建了金融衍生市场风险预警体系以及计量实证模型。周宏和李远远等(2012)基于全球化背景,从国际金融危机的传导途径入手,构建包含宏观经济、金融市场、金融机构和微观企业层面的中国国际金融风险预警指标体系。并以美国为例,利用1998年第二季度至2008年第四季度数据,选取部分宏观经济层面的指标进行了实证检验。许传华和徐慧玲等(2012)构建符合中国国情的金融风险预警模型,并对模型的预测能力进行了实证检验。

1.3 研究思路与框架

本书认为,国内金融市场在对外开放过程中首先面临的是国际互动问题。因为国际互动是一把"双刃剑",既可以带来全球化利益也会引起金融风险,前者应该充分利用,后者需要有效控制。但是如何利用?怎样控制?必须先研究国内各金融市场在对外开放过程中的国际互动关系和特点,探索其变化规律,才能够找到解决问题的有效良方。

中国金融市场自改革开放以来发展很快,但总的来说市场不甚完善且参差不齐。且不说广义金融市场中金融期货市场刚起步,黄金市场成交量一直不大。就狭义金融市场来说，货币市场和资本市场两者起步虽然相对较早，但其发展过程一波三折，进入新世纪才逐渐迎来规范发展时期。货币市场的同业拆借始于 1984 年。在 1986 年 5 月武汉市率先建立了只有城市信用社参加的资金拆借小市场之后不久，上海、沈阳、南昌、开封等大中城市都形成了辐射本地区或本经济区的同业拆借市场。到 1987 年 6 月底，除西藏外，全国各省、自治区、直辖市都建立了不同形式的拆借市场，初步形成了一个以大中城市为依托的，多层次的，纵横交错的同业拆借网络。但是直到 90 年代中期国债市场建立之前，其主要作用是为股票和房地产投资进行融资，因而根本无法行使货币市场功能。随后的 10 年里虽然运行平稳，但交投清淡。2007 年 1 月 4 日 Shibor 产品正式推出，2007 年 8 月中国实行《同业拆借管理办法》，全面调整了同业拆借市场的准入管理、期限管理、限额管理、备案管理、透明度管理、监督管理权限等规定。货币市场发展更为迅速规范。作为资本市场最重要的组成部分，证券市场自 20 世纪 90 年代初建立以来，经历了两三年的混乱之后发展较快，如今市值已经名列亚太地区前茅。因此从实际出发，国内金融市场目前值得研究的就是货币市场和证券市场。好在对它们研究所发现的某些规律和特征具有共性，对于中国金融市场的开放发展具有代表性的指导意义。

一、研究思路与方法

因此，本书将重点研究中国（狭义）金融市场的国际互动关系与特点，通过一系列实证研究寻找国内货币市场和证券市场在国际一体化过程中的利益获得和风险控制规律，以期能够为中国金融市场的扩大对外开放提供理论指导。

（一）概念界定

这里首先遇到的一个概念就是：何谓互动？怎样研究互动？不同的学者从不同的角度可能有不同解释。本书认为，互动的英文"co‐movement"，是指两个或以上运动的物体（或变量）的共同运动。从结构上看，它由水平互动和波动溢出两个效应组成。从结构上看，它有二元互动和多元互动之分。从作用上看，这种活动可以是主动的也可以是被动的，还可以是相互影响的。不仅如此，就互动本身来说，它是金融全球化的内在要求；但对正在开放的国内市场又是一把"双刃剑"，可能给开放的市场带来国际化利益，也可能会引发风险。因此，研究中国金融市场的国际互动问题，必须从各市场自身的发展特点出发，综合考虑这些因素，选用合适研究方法对各个市场的国际一体化进行全方位、多视角考察，才能真正找到其国际互动的变动规律和控制风险的有效策略。

（二）货币市场的研究视角与方法

关于货币市场的国际互动问题，我们首先选取了该市场上三大主力品种 Chibor、Shibor 和国债回购的隔夜、7 天和 14 天利率，以及 3 个月 Shibor 作为研究对象，分别运用 ADF 单位根检验、同一性检验、相关分析和 Granger 因果关系等方法检验了它们的平稳性和彼此之间的相关性和引导关系。接着选取全球六大主要货币欧元、港元、日元、英镑、新加坡元和美国国债 3 个月利率作为对照，分别运用同样的方法检验人民币 10 个品种与它们之间以及它们各自之间的相关性和引导关系。研究发现，国际货币市场各货币利率之间高度相关而且引导有序。国内货币市场 10 个主力品种之间也高度相关，虽然出现分层。但国内货币市场与国际货币市场之间的相关性明显下降很多，而且引导关系也很零碎。国内货币市场上 10 个利率有 9 个（短期）品种运行都是平稳的，仅有 3 个月 Shibor 是随机游走变量，表现与国际上同期利率相似。因此，最后我们决定运用 Johnsen 多元协整方法和 VEC 模型来检验 3 个月 Shibor 与国际六大主力货币同期利率之间的水平一致关系和波动溢出关系，并对它们之间的信息传递进行了方差分解和脉冲响应测算。研究发现 3 个月 Shibor 与国外六大货币同期利率存在显著的长期一致的协整关系，但它们之间的短期波动联系还很微弱。中国货币市场上人民币 3 个月 Shibor 全球波动仅次于港元同期利率（波动最大）。但其波动信息源主要是自身，既不受国际市场影响，对国际市场的影响也很小。

（三）证券市场的研究视角与方法

鉴于国内证券市场之间的关系紧密（相关文献已经研究），我们选取了道琼斯中国 88 指数、上证综合指数研究中国证券市场的国际互动。为了更加全面、科学而又准确地认识规律，本书采取了先整体后具体的策略来分析研究国内证券市场国际互动关系与变化特点。

整体分析首先把全球证券市场按照发展水平、区域和中国所在新兴市场圈层三个标准进行结构划分，然后按照划分标准分别选取了全球 11 个（包括中国证券指数在内的）有代表性指数的日收盘价作为考察对象。除了中国证券市场指数选用道中 88 外，全球 10 个主要指数依次为全球指数、发达指数、发展中指数、欧洲指数、美洲指数、拉美指数、亚太（含日本）指数、亚太（除日本）指数、金砖国家指数、大中华指数。它们综合在一起正好能够从整体、发展水平、区域和中国所在新兴市场圈层等视角更好地反映中国证券市场的国际环境。因此，运用经典的协整检验、因果分析和 VAR（或 VEC）模型等方法分别从整体、发展水平、区域和中国所在新兴市场圈层等来逐一检验中国证券市场指数与它们之间的关系，以便真正实现把中国证券市场国际化放在全球视角考察的目的。之所以采用经典的协整检验、因果分析和 VEC 模型来研究，一是因为这些方法在相关研究领域被广泛认可和应用，二是这些方法足够且得当。协整检验和因果分析能够同时检验中国证券市场与国际市场指数间的同步一致关系和相互引导关系。而 VEC 模型可以逐一用来检验中国证券市场与不同地区、不同发展水平和不同圈层的指数之间的关系，因为该模型能够同时给出长期一致和短期波动关系，而且还提供灵敏度分析（方差分解和脉冲响应）。研究发现，中国证券市场指数波动全球最大，与国际市场之间（静态）协整关系已经客观存在，但完全是被动接受。

具体分析则不同，它是在整体分析的基础上采用更先进适用的方法来分析中国与不同层次具体国家/地区证券市场之间的互动关系，一是希望对中国证券市场的国际互动规律认识更加透彻，二是期望研究结果能够与整体分析互相照应。在与发达证券市场关系检验中，我们采用滚动协整方法检验了中国证券市场与全球六个主要发达证券市场之间的动态协整关系，为全面认识国内证券市场的国际一体化过程提供了全新的视角。六个发达证券市场分别为美国、日本、中国香港、英国、法国、德国证券市场，代表世界证券市场主流。研究发现中国与发达证券市场之间（动态）的协整关系已经隐约出现，只是这种关系随机性很大。加入世贸组织以来中国证券市场国际一体化水平显著提高，但是高水平的一体化既可以发生在有序的国内环境也可能发生在无序的国内环境。两者的作用效果也截然不同，前者包含利益和风险，而后者仅仅属于风险。在对金砖国家市场关系研究中，本书考虑到新兴市场经济市场半开放性和其国内汇率可能剧烈变动的特点，首先分别比较了它们各自单市场投资和跨市场投资收益率之间的差异；接着进一步运用二元 EGARCH 模型系统检验了各国市场之间的相互溢出效应，研究发现金砖国家市场已不同程度地融入了全球一体化进程。各国证券收益率考虑汇率因素后出现了国际均等化倾向；不考虑时彼此差异较大。无论从水平还是从波动溢出效应看，各国市场之间已形成一定的联系，只有中国存在单市场和跨市场投资者的利益分割。中国证券市场的大国地位仍未确立。在大中华经济圈内，我们运用（动态）相关系数和三元 EGARCH 模型分别从整体和多阶段两个层面同时考察了大中华经济圈内大陆、香港和台湾三地证券市场一体化进程。研究发现三地市场收益率之间整体上已经存在一定的内在溢出关系，而且与其表现出来的静态相关系数一致。但美国金融危机后，它们之间关系却出现了显著阶段性变化，一方面，动态相关系数不断上升；另一方面，原有相互溢出效应却突然消失。美国金融危机对大中华证券市场一体化的冲击实际上是巨大的。

（四）风险控制的思路

综上分析，本书研究发现，中国金融市场（无论货币市场还是证券市场）自身波动风险全球最大，但来自国际市场的风险源相当小。尽管改革开放以来我国金融业对外开放的步伐不断加快，但是国内金融市场至今基本上仍然属于高封闭状态，受国际市场的影响很小，同时不影响国际市场。这不能不引起深思：（1）为什么改革开放 30 多年后的中国金融市场还是如此高风险、高度封闭？唯一能够解释的是，中国式的新兴经济体在发展经济的过程中，需要一个高封闭和高风险的国内金融市场环境来维持经济的高成长。（2）国际市场波动风险真的那么可怕吗？本书发现，国际一体化实际上是一把"双刃剑"，既会带来风险也会带来利益。如果通过封闭来拒绝风险，实际上也不可能分享国际利益。更何况国际市场波动风险没有国内那么大。（3）中国要不要分享金融市场国际一体化利益？如果要想分享国际利益，则当务之急就要抓住美欧因自身金融危机还未复苏之机化解中国国内存在的风险！控制国际互动风险关键在于预警和控制而不是封闭。

二、基本结构框架

为此，本书把"中国金融市场的国际互动与风险控制"作为研究对象，其基本结构框架如下：

1. 分析中国货币市场的国际互动关系与特点，探索其在国际互动中的变化规律。这是第 2 章和第 3 章的具体研究内容。

2. 研究中国证券市场的国际互动关系与特点，寻找国内证券市场在国际互动中的变化规律。第 4 章、第 5 章、第 6 章、第 7 章对此进行详细分析。

3. 第 8 章则重点讨论中国金融市场（狭义包括货币市场和证券市场）在对外开放不断扩大中的风险控制问题。

1.4 主要观点内容

本书研究发现，中国金融市场是一个独立性非常强的市场。尽管改革开放以来，其自身的发展非常迅速，对外开放步伐不断加快，但中国金融市场仍然是一个相对封闭的市场。一方面，其市场波动对国际市场影响微弱；另一方面，来自国际市场的波动信息源也十分有限。但中国金融市场整体波动水平居世界前列，只是其波动信息很少来自国外。无论是货币市场还是证券市场，其波动信息源几乎全部来自自身。来自国际市场的冲击不仅份额低而且力度小。整体上看，中国金融市场的波动有其自身的特点和表现，高成长主要靠高封闭与高风险来实现。显然，这是难以为继的，因为经济全球化、金融全球化已经成为一个不可阻挡的潮流。中国正在扩大对外开放以求能够早日分享国际金融利益。因此，中国金融业的发展战略必须尽快学会转移——从以依靠"高封闭"和"高风险"来实现高成长的过渡性战略，转移到通过"扩大开放"和"控制风险"来实现金融业的可持续发展战略。在这一过程中，如果自身的体制不完善，控制国际金融风险就不可能成功。因此，当务之急是要控制与化解自身的风险。立足自身，放眼世界，学会甄别国际一体化过程中的利益与风险；并充分分享国际分工带来的金融利益。同时，要密切关注国际风险，通过预警把国际波动风险控制在适度水平上。

一、中国金融市场的风险源在国内

中国金融市场是新兴经济体市场，而新兴市场的一个典型特征就是边成长边开放；在这一过程中，其市场波动风险越来越大。因此，多数国家或地区对外开放非常谨慎，担心来自国际金融市场的风险冲击会把多年积累起来的国内金融财富席卷一空。而本书研究发现，中国国内的金融市场，无论是货币市场还是证券市场，其波动信息源几乎全部来自国内而不是国外。

（一）货币市场主要利率品种运行平稳；3个月Shibor虽然随机，但波动信息源主要是自身

国内货币市场上十个主要利率品种之间整体上分为两个层次：一是以隔夜、7天

和 14 天为代表的短期利率品种，运行平稳；二是以 3 个月 Shibor 为代表的利率品种，运行随机。前者九个品种中，Chibor 隔夜、7 天和 14 天利率与 Shibor 和国债回购利率截然不同。但国债回购与 Shibor 之间除了隔夜利率不同外，7 天利率与 14 天利率实际上都无显著差异。彼此之间已经信息共享。不仅同一期限不同品种之间水平非常接近，而且同一品种不同期限利率之间体现了"时间越长价值越大"的风险定价原则。

但国内货币市场各利率与国际市场关系脆弱，不仅相关系数极低而且引导关系简单。相关系数不仅低于国内货币市场各利率之间关系而且比国际货币市场各利率关系也低很多。这表明中国货币市场与国际货币市场利率之间联系还相当薄弱。不仅如此，中国货币市场的国际信息传导也很有限，仅表现出与亚洲、欧洲货币市场之间存在一定的引导关系，而与美国、新加坡境内的货币市场之间尚无显著的"引导"和"被引导"关系。

人民币 3 个月 Shibor 尽管与国际市场存在长期协整关系，但短期波动关系非常有限。其单位根检验与国际上同期货币利率一样都是单整 I（1）序列；并且与全球六大主要货币（分别是欧元、港元、日元、英镑、新加坡元和美债）同期利率存在显著的多元协整关系。然而，VEC 检验结果进一步表明这种一致对人民币 3 个月 Shibor 的短期波动毫无显著约束。人民币 Shibor 不仅不受国际货币利率显著影响而且对国际货币市场的冲击也非常小。

（二）证券市场国际协整关系已隐约出现，但自身风险仍然是主体

无论是从全球视角考察还是分层次研究中国证券市场与主要发达市场、与金砖国家市场、与港台市场之间关系，都会发现全球证券市场已经融为一体。中国证券市场虽然整体上也融入全球化，但这种融入是被动的、部分的融入。仅仅表现为一种水平上的依赖，而中国市场的短期波动主要信息还是来自自身。

从整体上看，全球证券市场已经融为一体，只是中国证券市场的国际化停留在指数水平的国际一致上，其波动仍然是主要来自自身。本书运用协整检验、因果检验和 VEC 模型等方法分别从整体上和结构上多视角考察了中国证券市场指数（道中 88）与全球 10 个主要结构指数之间的关系，研究发现全球证券市场已融为一体，但各地区市场、不同发展水平指数的地位和影响截然不同。中国证券市场虽然已全面融入全球化，但这种融入仅是其指数水平的国际依赖，其国际地位和影响力实际上还比较小。

中国证券市场短期波动全球最大，但其新息①（Innovations）来源主要是自身，而且与国际市场关系十分特别，彰显出"避风港"功能。从水平看，受全球发达国家指数和发展中国家指数波动影响，却仅对全球发达国家指数有反作用。从区域看，中国证券市场的互动传递路线非常简单，影响美洲指数却仅表现为对亚太指数和拉美指数波动的显著反应。在新兴市场中的核心地位尚未形成，不仅被动接受大中华指数波动信息而且对金砖国家指数和亚太（除日本）指数的影响也很小。这些特征应该引起综合性关注。

从结构上看，与发达证券市场之间长期协整关系已隐约出现，但不确定性很大而且易受突发事件冲击。与金砖国家市场关系不密切。大中华经济圈内，大陆与港台证券市场之间已经部分一体化，但这种薄弱关系极容易被美欧金融危机冲断。

本书运用滚动协整等方法检验了中国证券市场国际一体化的动态变化。研究发现中国证券市场国际一体化已隐约出现，但不确定性大，且突发事件可能引起协整系数异常变大。中国与各发达市场之间协整一致的相互引导关系已基本形成，不过彼此之间的同步关系主要还仅停留在周期分量上。而且，国际波动关系还相当弱小，尽管表现出关系不对等。加入世贸组织后中国证券市场国际一体化水平似乎难以定性，但实际上是显著提高的；其间美欧金融危机导致中国市场国际一体化全面下降以及一体化水平出现分化。

课题研究发现，金砖国家证券市场相互之间因投资、贸易等经济活动的存在而形成一定的联系。各国股票收益率不考虑汇率时彼此差异较大，考虑后则出现了国际均等化倾向。无论从水平还是从波动溢出效应看，只有中国存在单市场和跨市场投资者的利益分割。中国证券市场的大国地位仍未确立。当务之急是要走出中国在金砖国家中核心而不主导的困局。

本书运用三变量 EGARCH 模型从整体上考察了大中华经济圈内大陆、香港和台湾三地证券市场一体化进程；然后再分析其同期动态相关性并据其是否出现显著变化进行时段划分；最后对三地市场一体化进行多阶段比较。研究发现三地市场已存在一定的内在溢出关系，与所表现出来的静态相关性较为一致。但次贷危机发生后，相互

---

① 新息即引起某变量波动的信息，在时间序列方程里表现为残差。某个时间序列 $x(t)$ 若表示为：$x(t) = x(t) + \varepsilon(t)$，其中 $x(t)$ 由 $x(t)$ 的历史数据确定，在无偏预测时，原始序列不包含 $\varepsilon(t)$ 的信息，因此称 $\varepsilon(t)$ 为原序列的新息。

之间的关系却出现了阶段性的显著变化：一方面，大陆与港台市场之间的动态相关系数迅速上升并稳定在0.99左右；另一方面，原有的相互溢出效应却突然消失。这一貌似上升实际下降的现象，揭示出弱小市场面对国际危机时的一种共同的无奈。

二、中国金融市场风险全球最大

中国国内金融市场波动风险并不会因为不受国际市场影响而变小。相反，国际比较发现，中国金融市场的波动风险居于世界前列。货币市场虽然短期利率九个品种运行平稳，但3个月Shibor波动仅比港元同期利率小点，而港元利率在全球同期利率波动居首位。证券市场指数全球波动最大，而且投资者亏损的概率几乎高达50%。如此高的金融风险之所以能够维持金融市场的高成长，一个主要原因是得益于该市场的相对封闭。

（一）货币市场风险的特征与表现

中国货币市场十个品种中，仅人民币3个月Shibor是随机游走的I（1）序列，其他九个短期利率是平稳的I（0）序列，但与国际市场相比，这种平稳的相对性显得十分脆弱。

1. 同一市场上既有走势高度一致的平稳利率品种同时又存在非平稳时间序列，只能说明市场交易不活跃或信息传递不充分。单位根检验结果表明国内货币市场上十个利率品种呈现出明显的两个不同层次：1个月以内的短期利率品种均为平稳的I（0）变量；1个月以上的长期利率品种（如人民币3个月Shibor）为随机游走的I（1）变量。不仅如此，这两类利率的走势与国际关系也迥然不同。前者走势高度一致，似乎与国内经济周期密切相关，而与国际主要货币利率关系很弱；后者虽然也受到国内经济周期影响但却与国际市场有显著的协整关系。这表明中国货币市场仍然是一个相对封闭的小市场，不仅交易不活跃而且信息传递不畅。

2. 货币市场利率与报价利率关系倒挂。Shibor与市场定价体系（如国债回购利率）的同一期限利率标的实际上都是同一期限人民币利率，相互关系理应合理。然而其关系不顺，该属于同一类的不能归类，不该归类的却变得几乎雷同。比如Chibor和Shibor，彼此同期利率之间差异过大，不仅数值有别而且关系不密切。而Shibor与国债回购利率分属于两个不同系统，彼此同期利率几乎没有显著差异。不仅如此，Shibor对国债回购利率表现出极强的"被引导"倾向。这些都与国际货币市场发展相悖。国际上，货币市场的基准利率如伦敦的 LIBOR、中国香港地区的 HIBOR 和美国联邦基金利率在市场上起基准作用，同一货币市场同一品种遵循"一价原则"。如果有不同价格那是市场结构差别或者风险不同的反映。

可见，中国货币市场如果不尽快解决报价基准利率与市场定价利率关系倒挂问题，就不可能真正实现基准利率的市场化形成和资金市场化配置功能。

3. 同一品种不同期限利率差异过大，存在套利风险。理论上讲，同一品种不同期限的利率适当拉开，有助于体现时间价值和风险。但国内货币市场上这种利差过大。无论 Chibor、Shibor 还是国债回购，在隔夜、7 天和 14 天（甚至 3 个月）利率水平上的差距达到足够套利的程度。而且随着期限的延长，彼此之间的利差越大。这表明中国货币市场上人民币利率的时间价值在估算中出现了双重标准。尽管随着期限的延长、风险也在增大，利率水平自然应该逐渐上升。但是过大的利差必然会吸引跨期套利者的追逐。

4. 3 个月 Shibor 已经与国际市场一致，表明一旦有机会国际资本随时会冲击国内货币市场。研究发现，国内人民币 3 个月 Shibor 与欧元、港元、日元、英镑、新加坡元和美债同期利率存在稳定的多元协整一致关系。这表明国际资本完全有条件对国内货币市场上的 3 个月 Shibor 品种进行投资套利活动。而且事实已经证明，该品种在于国际市场一致的过程中波动风险明显增大。国内货币市场上那些平稳运行的短期利率品种一旦放开，其波动幅度也会接近国际主要货币利率平均波动水平。

（二）证券市场风险特征与表现

相对来说，国内证券市场起步较早，已经有 20 多年发展历程。无论是自身成长还是对经济建设的支持，都取得了骄人成就。但在高成长过程中所暴露出来的高风险问题不容忽视。

1. 指数变动风险全球最大。样本期间中国境内无论是上海还是深圳证券市场价格指数波动频繁，波动全球最高，在大中华经济圈内比港台市场指数高，比金砖国家指数高，比亚太指数波动大。

对于中国证券市场指数剧烈波动的原因有各种各样的解释。而经典的解释还是市场原因，即长期以来一直存在的中国证券市场一、二级市场差别定价制度。该制度的最大好处是通过一级市场的低定价和二级市场的高定价来源源不断地满足上市公司筹资需求。但正是这种差别定价使得二级市场重心失衡。一方面承销商和机构投资者需要在二级市场推高股价出货,另一方面发起人可将极低成本甚至零成本获得的股票兑现,结果导致同一只股票在二级市场上翻江倒海、上下起伏,始终找不到均衡价格。可见,这个问题不解决,中国证券市场价格剧烈波动问题就不可能彻底解决。

2. 投资者亏损的概率几乎高达50%。投资者承受收益剧烈波动的大风险。很难想象,这种状况对国内投资者能有多大吸引力,除非他们是非理性的和没有其他更好的选择机会。

3. 跨国投资者能分享"均等化"利益而国内投资者不能,开放风险很大。中国证券市场在开放过程中吸引了多元化投资者,既有专门投资于本国的单市场投资者又有跨境投资的跨境投资者。前者多是普通的国内散户,仅关注证券市场的收益;而后者多是国际投资机构或个人,更关注经汇率调整后的收益。然而本书发现,这两类投资者在国内证券市场上的境遇截然不同。以金砖国家为例,不考虑汇率,中国证券市场的收益率全球最低;考虑汇率因素后,收益率出现了"均等化"倾向。表明中国证券市场对于跨国投资者非常有利,而让大多数单市场投资的国人处在不利地位。可以预期,一旦许可国内投资者自由对外投资,他们也会选择跨市场投资。很难想象,当国人也能投资于比国内证券市场收益高的国际市场时,中国证券市场是否还可以维系。

三、控制风险的关键要主动"化解和预警"

很显然,中国金融市场的"高封闭"与"高风险"已经完全不适合当前经济全球化、金融一体化发展潮流。因此,中国必将进一步扩大金融市场的对外开放。在这一过程中,国际一体化是一把"双刃剑",既能够带来全球化利益又会引起国内市场波动风险。中国当务之急必须学会强身健体,主动化解自身风险以便更好地分享国际分工带来的利益;同时要学会甄别国际风险,通过预警将国内市场的波动风险控制在适度水平。

(一)要分享国际利益就必然要加快开放步伐

应该说,上述问题的出现与中国目前金融发展阶段密切相关。整体上看,中国金融市场发展起步较晚,从这个意义上看,中国金融市场在发展阶段出现一些问题是正常的,因为中国金融市场需要用"封闭"和"高风险"来维持其高成长的发展势头。但必须指出,中国金融市场封闭发展的机会越来越少。

经过 30 多年的改革开放，中国经济已逐渐全面融入全球化，并已经从开放中显著提升了经济、贸易实力。进一步发展（包括产业升级和结构调整）与效率提升（包括集约化经营、资源配置效率的提高和国际竞争力的提升）还需要借助开放来实现。更何况无论开放与否，中国金融市场已经无法脱离国际环境的影响。就当前形势看，经济全球化、金融一体化已经成为世界发展的主流。各国政府都想方设法扩大开放，试图将本国经济融入全球化，以便能够充分分享全球化带来的利益。中国也不例外，包括金融市场在内的金融业对外开放的步伐从来就没有放慢过。

可以预见，中国金融业的发展战略在不久将来应该发生转移——从以依靠"封闭"和"高风险"来实现高成长的过渡性战略转移到通过"扩大开放"和"控制风险"来实现金融业的可持续发展战略。在这一过程中，如果自身的体制不完善，控制国际金融风险就不可能成功。

（二）国际化利益与一体化水平并不一定对等

目前中国金融市场的国际一体化已经有所显现。可以预见，随着对外开放步伐的加快，中国金融市场的国际一体化水平会越来越高。

但国际一体化水平的提高是一个渐进过程，在这一过程中，稳健的国内外环境能让一国充分分享国际化利益；不健康的环境则可能使一国遭受损失。切不可盲目追求国际一体化水平的提高，否则会葬送多年积累起来的金融改革财富。国际上这方面的痛苦教训（如历次拉美金融危机及亚洲金融危机）不胜枚举。国内证券市场加入世贸组织前后一体化的变化过程也说明了这一点。

中国与发达证券市场之间一体化在加入世贸组织前后显著提高。可如果笼统地看，各发达市场与中国市场之间协整关系变化的表现不一致，根本原因是"一体化"水平既可以在有序状态下发生也可以在无序状态下发生。中国与各发达证券市场之间协整的迹统计量受加入世贸组织前的混业阶段极高与在加入世贸组织后美欧金融危机期间变低的影响。混业经营阶段的"混乱"导致国内证券市场国际一体化水平非常高，即使市场尚未开放。

如果从国内外环境稳定背景看，中国证券市场国际一体化水平在加入世贸组织后实际上明显提高了。加入世贸组织后特别是实施 QFII 制度以来，中国市场国际一体化趋势明显加快，直至 2007 年 2 月美国次贷危机出现征兆之前，尤其是亚洲的日本、中国香港两市场，中国与它们之间协整关系上升幅度最大；可能是中国与其是近邻，经济贸易关系更为紧密，经济的基础性联系更强。从误差修正系数还可以看出，各发达证券市场对中国市场误差修正系数的显著性在加入世贸组织后明显增多，由此前的不显著变成此后的基本显著，意味着国际市场短期波动对中国市场的关注度由加入世贸组织前的毫不理会到加入世贸组织后的显著提高，也即中国市场在加入世贸组织后对国际市场短期波动的影响显著增强，尽管程度非常微弱。

加入世贸组织以后，中国证券市场国际一体化显著提高主要得益于国内外平稳繁荣的经济金融环境，为中国分享国际利益提供了机遇。千万不可一味地追求国际一体化水平的提高；否则，历史上的混乱很可能还会重演。

(三) 化解自身风险乃当务之急

国际经验一再表明，一个脆弱的金融市场不可能在开放中获得国际利益；反而会在国际金融市场显得更加不堪一击，易于被国际投资者或炒家掏空财富。20世纪90年代墨西哥金融危机和亚洲金融危机、2001年俄罗斯金融危机以及2010年以来欧洲主权债务危机都表明，高风险脆弱的金融市场体系除非永远封闭，否则一旦开放随时都可能存在被来自国内外的各种冲击摧垮的风险。可见，中国金融市场要想在不断扩大的对外开放中分享国际利益，首先必须重视强身健体，做好自身的市场机制建设。此时的任何麻痹和侥幸都可能成为完全开放后的隐忧。因此，当务之急是要根据国内各市场的特点采取有效措施来防范和化解国内风险。

(四) 控制国际风险关键在预警

国际突发事件的发生通常都对中国金融市场的国际一体化产生冲击，只是这种冲击显著与否。从证券市场来看，中国与发达证券市场之间协整关系隐约出现，而且带有明显的经济周期特征，繁荣时期，协整关系增强，萧条时期协整关系也下降。它们之间的协整系数遇到突发事件异常变大。中国与金砖国家市场的互动关系、大中华内部各市场之间的一致关系，遇到美欧金融危机后都在下降。这一切表明国内金融市场遇到国际突发事件时自身有一个自我调节的适应机制。

这一机制的客观存在为我们强化对国际风险的预警控制提供了便利。因为国内各金融市场平常在运行过程中都有一个相对稳定的均值和标准差，从大数定律看，其约有95%点应该运行在"均值±1.96标准差"区间。即使其均值和标准差可能是动态的，现代计量经济学提供了可资利用的许多成熟方法（如VaR在险价值法、ARMA/ARIMA/ARFIMA族模型和GARCH族模型等）。一旦突发事件爆发，必然会引起市场价格异常波动，诱发风险上升或下降。而预警恰恰能够及实地捕捉到这种异常信息，因而可以被投资者或管理部门像预测台风等自然灾害那样所利用，让投资者及时止损，让监管者有效监督。

1.5 创新与价值

本书选题以"中国金融市场的国际互动与风险控制"作为研究对象，目的是希望运用一系列实证研究方法来检验国内各金融市场在开放过程中的国际互动关系和特点，探索其国际互动规律，为中国金融市场在不断扩大的对外开放中更好地分享国际互动利益和有效控制国际互动风险提供理论指导。本项研究成果既具有很强的理论性，又具备相当高的应用价值。

（一）主要特点与创新

与同类研究相比，本书主要特点和创新之处如下。

1. 将整个国内金融市场的国际互动及其波动问题作为研究对象，本身就是一次突破性研究。将货币市场与证券市场的互动问题放在一起来研究其国际互动规律和风险控制问题，其复杂性和艰巨性均是任何单篇文献所难以胜任的。与单个市场、单一视角和方法的现有文献相比，本书是一项涉及多市场、多视角和众多研究方法的系统工程研究。其工作量和难度都相当大，因而直到现在还仍然是一个理论和实践都急需进一步突破的课题。改革开放30多年来，中国金融业对外开放步伐不断加快，然而中国金融市场整体上仍然高度封闭，在面对国际互动问题时似乎束手无策。结果一方面想早日参与国际分工、融入全球化；另一方面又担心国际互动带来的冲击，进退两难。从这个意义上看，本书抓住了当前国内金融市场对外开放中最突出的问题并将其与国际风险控制结合起来研究，在一定程度上填补了国内在该领域研究的空缺。

2. 采取多元视角，按照先"定位"后"互动"、先"静态"后"动态"的逻辑，层层递进，在国内尚属首次。本书从价格和收益率两个视角同时考察中国货币市场和证券市场的国际互动关系与特点，其基本研究逻辑是先研究"定位"后研究"互动"、层层递进。目的是希望更加全面、系统而又准确地认识中国各金融市场的国际互动关系和特点。当然，货币市场相对来说由于品种结构比较简单，与国际市场关系也不复杂,因此适合进行整体研究。但证券市场由于国际关系比较复杂,在对其进行全球化审视时则采取了整体、水平、区域和圈层等多维尺度来比较衡量,以便更加具体深入地认识证券市场的国际互动关系。这种"逻辑"与"重点"兼顾的研究视角,能够有效地克服由于简单和机械引起的信息丢失问题。

3. 对中国货币市场国际溢出效应率先进行尝试性研究。在对外开放步伐逐渐加快的背景下,相关监管部门一直尝试开放货币市场,由此可能引起国内货币市场与国际市场出现互动。然而这一问题一直没有引起理论和实务部门的关注。本书首次对此进行了探索。

4. 传统和先进研究方法搭配运用。既能相互佐证研究成果又能够更加深入地认识中国金融市场国际互动变化规律。本书是实证研究,涉及很多实证方法和计量工具。有些比较简单实用,有些则比较先进复杂,但均服务于研究目标。课题中能够用简单方法的绝不复杂,需要复杂工具的绝不简单。因此课题运用相关与回归分析[含 VaR/VEC、ARMA(1,1)等模型]、协整分析、因果关系检验和同一性检验等方法同时从价格和收益率两个角度检验了国内货币市场和证券市场的国际互动关系问题。但为了进一步认识中国与不同发展水平证券市场之间的互动关系变化特征与规律,本书还分别采用了滚动协整方法、二元 EGARCH 模型、多阶段三元 EGARCH 模型和动态相关系数等方法来检验中国与(六个)发达证券市场之间的动态一致关系、与金砖国家市场之间的相互溢出效应、与港台市场之间一致关系的变化。这些先进研究方法与传统方法研究结论相互验证,从而显著地增强了本书研究的稳健性和可靠性。

5. 一些新的实证方法在国内首次运用,提升了本书的研究水平。本书在国内第一次运用滚动协整这一在国际学术界流行的动态研究方法。此外,在二元 EGARCH 模型基础上拓展的三元 EGARCH 模型,在国内也很少见。对于缩短国内外研究差距有一定贡献。

6. 本书得出的许多新观点、新结论,对推动中国金融市场开放发展具有重要的理论指导意义。如中国金融市场的国内风险全球最大,而风险源几乎全部来自自身。封闭不但不能阻止国际市场的冲击(如 20 世纪 90 年代初证券市场的混乱),反而限制了国内市场分享国际化利益的机会。开放是一种必然选择,但开放过程中的国际互动是一把"双刃剑"。要想充分分享国际利益,当务之急是要化解国内市场风险。控制国际互动风险关键在预警（而不是封闭）。这些观点和建议均具有很强的针对性，能够有效地推动国内金融市场开放发展。

（二）学术价值、应用价值以及社会影响和效益

本书以中国金融市场国际互动及其风险控制为研究对象，运用一系列实证研究方法，全方位、多视角地检验了中国国内货币市场、证券市场等主要金融市场的国际互动关系和特点，探索国内金融市场在不断开放中的国际互动规律。目的是希望为中国金融市场在不断扩大的开放中更好地分享国际互动利益和控制国际互动风险提供理论指导。这一研究成果的完成，无论是对学术理论发展还是对中国金融市场改革开放的实践均具有巨大的推动作用。

学术理论上，尽管近年来国内一些学者开始重视国内某些单个市场的国际互动溢出效应，但是系统研究国内金融市场的国际互动与风险控制的文献还很鲜见。本书所独创的多元视角审视和层层递进的研究逻辑，值得国内同行学者借鉴。课题运用的一些研究方法如滚动协整分析、三元 EGARCH 模型等在国际学术界广为应用，但在国内实证研究中很少见。这将有助于缩小国内、外学术研究差距，促进国内相关领域研究的发展。

实践应用上，本书研究了中国金融市场对外开放中所遇到的突出问题。它的完成必将有力地推动中国金融市场的对外开放和健康发展。长期以来困扰着国内金融市场的开放和发展。无论是监管部门还是实务部门都希望有新的理论来指导。尤其是在关于金融市场的国际互动问题上一直很矛盾。如果扩大开放，则担心国际互动风险；如果不开放，又担心分享不到国际互动利益。最终不得不在高封闭中不断维持一个高风险的金融市场。显然，这种状况亟待新的理论来指导。我们坚信，本书的许多观点、结论和方法必将会引起金融监管和实务部门的高度重视，对推动中国金融市场的健康发展和扩大对外开放产生重要的指导作用。

本书的社会影响与效益是长期而深远的。作为一部宏观实证研究，本书的社会价值有三：（1）通过促进国内金融市场健康发展和金融资源配置效率的提高，更好地服务于整个国民经济健康发展；（2）通过提高国内金融市场对国际互动的驾驭能力，更好地分享国际利益，提高中国金融的国际地位和综合实力；（3）通过金融市场开放有序制度的建设降低国内金融市场风险，进而实现国内金融市场由投机向投资的转换和回归。

2

中国货币市场的国际定位与利率决定

2.1 问题的提出

货币市场是指期限在一年以内、以短期金融工具为媒介进行资金融通和借贷的市场，是典型的以机构投资者为主体的市场。主要目的是保持资金的流动性：一方面满足资金需求者的短期资金需要；另一方面为资金充裕者的闲置资金提供盈利机会。同时还是中央银行通过公开市场操作等传导货币政策的重要渠道。

我国货币市场主要包括银行间同业拆借市场、银行间债券市场和票据市场。银行间市场已经成为我国金融市场中交易量最大的一个市场，涵盖外汇、货币、债券、衍生品等金融工具的交易市场。金融机构在银行间本币市场通过信用拆借、质押式回购、买断式回购、现券买卖、债券借贷、债券远期、利率互换、远期利率协议等交易，利用银行间市场管理资金头寸、调整资产负债结构和进行投资理财。在银行间本币市场交易的证券种类包括国债、央行票据、金融债、次级债、企业债、国际开发机构债券、短期融资券、中期票据、资产支持证券等。本币市场成员涵盖商业银行、证券公司、保险公司、信托公司、基金、企业年金等各类金融机构。银行间外汇市场是银行同业之间的外汇交易市场，实行会员管理，参与者包括外汇指定银行、具有交易资格的非银行金融机构和非金融企业。

银行间本外币市场交易量屡创新高，交易机制不断创新，原生、衍生产品序列逐渐丰富；市场主体数量和类型不断增加；人民币基准汇率和利率引人瞩目。

仅2012年前6个月，同业拆借市场交易量累计为23.7万亿元，同比增加63.3%。2012年6月，同业拆借市场累计成交4.1万亿元，交易品种以1天为主，1天品种共成交3.7万亿元，占本月全部拆借成交量的88.7%。在回购市场，2012年前6个月，债券质押式回购成交67.6万亿元，同比增加49.2%。债券买断式回购成交2.6万亿元，同比增加122.0%。6月份，债券质押式回购成交13.2万亿元，交易品种也以1天为主，1天品种共成交10.8万亿元，占本月全部质押式回购成交量的81.4%；债券买断式回购成交量为5 427.2亿元，较5月增加1.49%，交易品种同样以1天为主，共成交3 797.8亿元，占本月全部质押式回购成交量的70.0%。

市场主体数量和类型不断增加（见表2-1），截至2013年底，外汇市场成员405家，其中商业银行226家，农联社124家。本币市场成员6 362家，其中投资基金1 270家，农联社819家，商业银行364家。

表2-1   截至2013年12月31日银行间市场成员构成   单位：家

	商业银行	政策性银行	农联社	保险公司	证券公司	投资基金	基金管理公司	财务公司	其他	合计
外汇市场	226	3	124	—	—	—	—	43	9	405
本币市场	364	3	819	131	115	1 270	63	103	3 494	6 362

注：本币市场其他成员包括金融租赁公司、信托投资公司、资产管理公司、投资公司、企业年金、汽车金融公司、金融控股公司、保险产品、信托产品、基金公司特定资产组合、证券资产管理业务等。

资料来源：中国货币网，http://www.chinamoney.com.cn/fe/Channel/2360。

货币市场众多机构主体因其频繁参与交易而产生了巨大规模的交易量，其市场运行特征最终体现在资金价格即利率上。货币市场利率是货币市场乃至金融市场中最重要的变量之一，利率所反映出的问题是最基础、最核心的问题，一定程度上影响了中国货币政策的实施以及金融机构的经营管理。中国货币市场利率品种较多，如国债回购利率、上海银行间同业拆借市场利率Shibor、中国银行间同业拆借市场Chibor等，各品种利率还对应隔夜、1周、2周、1个月、3个月等不同期限。

此外，资金跨国流动十分频繁，在包括货币市场在内的全球市场进行套利或投机。在中国，除了地下渠道外，将国内货币市场与国际货币市场联系起来的合法渠道主要来自货币市场的外资会员。截至2010年底，银行间外汇市场共有外资会员104家，占市场会员总数的36%。银行间本币市场共有外资银行成员95家，新增15家，

31家外资银行通过人民币利率互换业务制度备案，18家外资银行通过人民币远期利率协议制度备案。2010年，外资金融机构在银行间本币市场交易规模占2010年度总交易规模的6.52%，在利率互换市场交易的份额已达到46.43%。表2-2显示，截至2014年5月9日，银行间本币市场的外资银行会员有86家，人民币合格境外机构投资者30家。

表2-2　　　　银行间本币市场成员统计（截至2014年5月9日）

机构性质	成员数	机构性质	成员数
国有商业银行	40	股份制商业银行	78
城市商业银行	159	政策性银行	3
外资银行	86	农村商业银行和合作银行	279
基金	1 389	基金公司	65
农村信用联社	561	信托投资公司	63
金融租赁公司	19	财务公司	106
保险公司	125	证券公司	116
资产管理公司	5	投资公司	1
汽车金融公司	10	城市信用社	4
社保基金	88	企业年金	1 227
信托公司的金融产品	665	保险公司的保险产品	96
其他投资产品	15	村镇银行	11
保险公司的资产管理公司	14	基金公司的特定客户资产管理业务	473
证券公司的证券资产管理业务	629	境外银行	81
人民币合格境外机构投资者	30	境外保险公司	9
非金融机构	148	商业银行资管	32
合格境外机构投资者	6	其他	11

注：合计6 644家。以上统计不包括：（1）已经退市的市场成员；（2）已经申请加入银行间市场但还未完成联网手续的市场成员。

资料来源：中国货币网，http://www.chinamoney.com.cn/fe/Channel/22227。

关于货币市场利率的文献主要集中在基准利率研究（方先明等，2009；李良松等，2009；冯宗宪等，2009），中国同业拆借利率期限结构（任兆璋等，2005；史敏等，2005；陈晖等，2004）。

对于利率之间的关系，研究不太多；几乎没有文献研究中国货币市场的国际溢出效应。汪波（2008）研究了货币市场上其他利率对 Shibor 的影响。钱文辉（2005）用协整运用2002年8月的月度数据为样本区间，选取30天银行间国债回购利率和30天同业拆借利率，分析两者之间的关系。认为银行间国债回购利率对同业拆借利率起着正向作用，无论从长期还是从短期看，银行间国债回购利率对同业拆借利率解释能力较强，非均衡误差的系数则反映了修正项对偏离长期均衡调整的力度。

基于以上分析，本部分将考察中国货币市场各利率之间的关系。为研究中国货币市场是否因外资机构的参与而产生国际溢出效应，本部分还将分析中国货币市场利率与国际主要币种利率之间的相关关系和引导关系。并在此基础上探讨中国货币市场主要利率的模型决定。

2.2 数据与研究方法

本部分运用单位根检验、方差分析、相关分析和因果关系检验等方法考察国内货币市场各利率之间的差异，检验它们与国际货币市场主要货币利率之间的相互作用关系。鉴于同一品种不同期限利率之间出现结构性分层，具有不同特点，3个月以内利率因其属于平稳时间序列，适用于 ARMA（p，q）模型；而3个月 Shibor 是具有一阶单位根 I（1）的时间序列，尝试运用 Johansen 多元协整模型对其与国际市场关系进行拟合。

一、数据

本部分的 Chibor、Shibor 和国债回购利率的各种期限数据，以及全球六大主要货币欧元、港元、日元、英镑、新加坡元和美元债券3个月利率均来自数据库 CEIC，采用日交易数据。鉴于 Shibor 于2007年初开始正式对外发布，故本部分样本区间从 Shibor 第一次发布日2007年1月4日始，至2012年2月底。

二、研究方法

后文研究发现，3个月 Shibor 是具有一阶单位根 I（1），尝试运用 Johansen 多元协整模型对其与国际市场关系进行拟合。多元协整方法介绍参见第3章中3.2部分的介绍。

而国债回购和 Shibor 的隔夜和 7 天利率均为平稳时间序列,且与国际市场关系比较简单,因而运用 ARMA(p,q)模型。

(一)ARMA(p,q)模型设定

ARMA(p,q)包含了自回归和移动平均两种成分,其中 p 代表自回归成分的阶数,q 代表移动平均成分的阶数。其思想是先自相关 AR,后移动平均 MA。

设变量为 $x_1, x_2, \cdots, x_N$,有

$$X_t = \sum_{j=1}^{p} a_j X_{t-j} + \sum_{j=0}^{q} b_j \varepsilon_{t-j}, \quad \varepsilon_t \sim \text{WN}(0, \sigma^2),$$

式中,$a = (a_1, \cdots, a_p)^T$ 和 $b = (b_1, \cdots, b_q)^T$,$A(z) = 1 - \sum_{j=1}^{p} a_j z^j$ 与 $B(z) = \sum_{j=0}^{q} b_j z^j$ 互质,且 $A(z) \cdot B(z) \neq 0$,$|z| \leq 1$(稳定可逆)。

(二)ARMA(p,q)模型估计方法

1. 矩(点)估计方法。

(1)先估计 α。由延伸的 Yule – Walker 方程获得 α 的估计:

$$\begin{bmatrix} \hat{a}_1 \\ \hat{a}_2 \\ \vdots \\ \hat{a}_p \end{bmatrix} = \begin{bmatrix} \hat{\gamma}_q & \hat{\gamma}_{q-1} & \cdots & \hat{\gamma}_{q-p+1} \\ \hat{\gamma}_{q+1} & \hat{\gamma}_q & \cdots & \hat{\gamma}_{q+p-2} \\ \vdots & \vdots & \ddots & \vdots \\ \hat{\gamma}_{q+p-1} & \hat{\gamma}_{q+p-2} & \cdots & \hat{\gamma}_q \end{bmatrix}^{-1} \begin{bmatrix} \hat{\gamma}_{q+1} \\ \hat{\gamma}_{q+2} \\ \vdots \\ \hat{\gamma}_{q+p} \end{bmatrix}$$

当 ε_t 是独立同分布时,有

$$\lim_{N \to \infty} \hat{a}_j = a_j, \text{a. s.}, j = 1 \sim p$$

(2)再估计 b。设:

$$z_t x_t - \sum_{j=1}^{p} \hat{a}_j x_{t-j}, t = p + 1 - N$$

同 MA(q)模型 $Z_t = B(B)\varepsilon_t$ 的数据 z_t,且:

$$\hat{\gamma}_z(k) = \sum_{j=0}^{p} \sum_{l=0}^{p} \hat{a}_j \hat{a}_l \hat{\gamma}_{k+j-l}, \quad k = 0, 1, \cdots, q$$

$\hat{a}_0 = -1$,这样就能够估计 b 和 σ^2。

2. 自回归逼近法。

(1) 构建 AR 模型。变量 $x_1, x_2, \cdots, x_N$，取 $P_0 = [\sqrt{N}]$，用 AIC 定阶法获得 $\hat{p}$ 以及 $\hat{a}_1, \hat{a}_2, \cdots, \hat{a}_{\hat{p}}$。

(2) 计算误差项：

$$\hat{\varepsilon}_t x_t - \sum_{j=1}^{p} \hat{a}_j x_{t-j}, t = \hat{p} + 1 - N$$

假设 $x_1, x_2, \cdots, x_N$ 和 $\hat{\varepsilon}_t$，t = p ˆ + 1 - N 近似满足 ARMA（p, q）模型 ≈ 回归模型：

$$x_t = \sum_{j=1}^{p} a_j x_{t-j} + \hat{\varepsilon}_t + \sum_{j=1}^{q} b_j \hat{\varepsilon}_{t-j}, \quad t = L+1, \cdots, N,$$

式中，$L = \max\{\hat{p}, p, q\}$。

(3) 设二次目标函数：

$$Q(a,b) = \sum_{t=L+1}^{N} \left(x_t - \sum_{j=1}^{p} a_j x_{t-j} - \sum_{j=1}^{q} b_j \hat{\varepsilon}_{t-j} \right)^2$$

另记 $X = \begin{bmatrix} x_{L+1} \\ x_{L+2} \\ \vdots \\ x_N \end{bmatrix}$，$\underline{X} = \begin{bmatrix} x_L & x_{L-1} & \cdots & x_{L-p+1} \\ x_{L+1} & x_L & \cdots & x_{L-p+2} \\ \vdots & \vdots & \ddots & \vdots \\ x_{N-1} & x_{N-2} & \cdots & x_{N-p} \end{bmatrix}$

$$\underline{\varepsilon} = \begin{bmatrix} \hat{\varepsilon}_L & \hat{\varepsilon}_{L-1} & \cdots & \hat{\varepsilon}_{L-q+1} \\ \hat{\varepsilon}_{L+1} & \hat{\varepsilon}_L & \cdots & \hat{\varepsilon}_{L-q+2} \\ \vdots & \vdots & \ddots & \vdots \\ \hat{\varepsilon}_{N-1} & \hat{\varepsilon}_{N-2} & \cdots & \hat{\varepsilon}_{N-q} \end{bmatrix}, \quad \beta = \begin{bmatrix} a \\ b \end{bmatrix}$$

则

$$Q(a,b) = |X - \underline{X}a - \underline{\varepsilon}b|^2$$

$$= \left| X - (\underline{X}, \underline{\varepsilon}) \begin{pmatrix} a \\ b \end{pmatrix} \right|^2 = |X - (\underline{X}, \underline{\varepsilon})\beta|^2$$

极小化：$\begin{bmatrix} a \\ b \end{bmatrix} = \{(X,\varepsilon)^T(X,\varepsilon)\}^{-1}(X,\varepsilon)^T X = \begin{bmatrix} X^T X & X^T \varepsilon \\ \varepsilon^T X & \varepsilon^T \varepsilon \end{bmatrix}^{-1} \begin{bmatrix} X^T X \\ \varepsilon^T X \end{bmatrix}$

$$\hat{\sigma}^2 = \frac{1}{N-L} Q(a,b).$$

（三）ARMA（p，q）模型检验

设已经获得 $\hat{p},\hat{q}$，$(\hat{a}_1,\hat{a}_2,\cdots,\hat{a}_{\hat{p}})$，$(\hat{b}_1,\hat{b}_2,\cdots,\hat{b}_{\hat{q}})$，$\hat{\sigma}^2$

令 $x_0 = x_{-1} = \cdots = x_{-\hat{p}+1} = \hat{\varepsilon}_0 = \hat{\varepsilon}_{-1} = \cdots = \hat{\varepsilon}_{-\hat{q}+1} = 0$

递推 $\hat{\varepsilon}_t = x_t - \sum_{i=1}^{\hat{p}} \hat{a}_i x_{t-i} + \sum_{j=1}^{\hat{q}} \hat{b}_j \hat{\varepsilon}_{t-j}$，$t = 1, 2, \cdots$

取 $m = O(N^{1/3})$ 以及 $m > \max(p,q)$，如果误差 $\{\hat{\varepsilon}_t: t = m, m+1, \cdots, N\}$ 服从正态分布，则模型适当；否则需要重新拟合模型。

2.3 利率关系分析

表 2-3 给出了中国货币市场三个主要利率品种的描述性统计。粗略地看，在隔夜、7 天和 14 天（甚至 3 个月）之间，人民币的 Chibor、Shibor 和国债回购利率水平逐渐提高。这表明人民币时间价值随着期限的延长、风险的增大而逐渐增加。至于同一期限（如隔夜、7 天或 14 天）的不同品种如 Chibor、Shibor 和国债回购利率，彼此之间差异则较小。可能是因为它们的标的均在银行间市场交易，遵循"一价原则"。但我们不能因此就草率断定 Chibor、Shibor 和国债回购同期利率无差异。是否存在差异需要进一步检验，因为它们各自形成方式有所不同。

表 2-3　　　　　　　国内货币市场主要利率的描述性特征

	均值（%）	中位数（%）	最大值（%）	最小值（%）	标准差	单位根检验
Chibor01	2.1503	1.9390	8.5220	0.8000	1.0824	I（0）
Chibor07	2.7510	2.5610	9.7140	0.8860	1.3621	I（0）
Chibor14	2.9590	2.7933	14.1910	0.9100	1.4974	I（1）

续表

	均值（%）	中位数（%）	最大值（%）	最小值（%）	标准差	单位根检验
国债回购01	2.1470	1.9280	8.8330	0.8080	1.0882	I(0)
国债回购07	2.6698	2.4403	10.1210	0.8720	1.3494	I(0)
国债回购14	2.9280	2.7760	14.1910	0.9020	1.4995	I(0)
Shibor01	2.1416	1.9220	8.5280	0.8010	1.0825	I(0)
Shibor07	2.6694	2.4390	10.0820	0.8820	1.3497	I(0)
Shibor14	2.9278	2.7710	13.5790	0.9050	1.4897	I(1)
Shibor90	3.3735	3.0710	6.4610	1.2040	1.4102	I(1)

表2-4给出了国内货币市场同期利率两两之间的检验结果。其原假设是"配对数据序列之差等于0"。如果Chibor、Shibor和国债回购两两之间同期利率无差异，那么其序列之差应该等于0，对应的t检验概率应该大于显著水平0.05。反之，如果t检验概率小于显著水平0.05，则就拒绝原假设而接受备择假设"配对数列之差不为0"，即承认它们之间有显著差异。基于此，表中九对检验表明，中国货币市场上Chibor、Shibor和国债回购利率之间不完全相同，存在着这样或那样的显著差异。具体说，Chibor隔夜、7天和14天利率与Shibor和国债回购利率显著不同。但国债回购与Shibor之间除了隔夜利率不同外，7天利率与14天利率实际上都无显著差异。

表2-4　中国货币市场Chibor、Shibor和国债回购同期利率差异检验

配对变量	均值	标准差	均值的标准差	t值	概率
Chibor01—隔夜回购	0.003265	0.042411	0.001131	2.8875	0.004***
Chibor01—Shibor01	0.008696	0.032831	0.000875	9.9351	0.000***
隔夜回购—Shibor01	0.005431	0.030944	0.000825	6.5835	0.000***
Chibor07—7天回购	0.081475	0.222364	0.005928	13.7438	0.000***
Chibor07—Shibor07	0.081788	0.211637	0.005642	14.4960	0.000***
7天回购—Shibor07	0.000313	0.066127	0.001763	0.1778	0.859
Chibor14—14天回购	0.030829	0.300074	0.008000	3.8537	0.000***
Chibor14—Shibor14	0.031052	0.286367	0.007634	4.0673	0.000***
14天回购—Shibor14	0.000222	0.097620	0.002603	0.0855	0.932

注：***表示在0.01水平上显著。

进一步从单位根检验结果看，国内货币市场上的利率结构出现明显的层次性分

化，呈现出两个典型层次。一类是两周以内的超短期利率品种，如隔夜、7 天和 14 天的 Chibor、Shibor 和国债回购利率等。其单位根检验结果均为 I（0），表示它们的时间变动趋势是平稳序列。另一类是以 3 个月 Shibor 为代表的短期人民币利率。其单位根检验结果为 I（1），表明其时变趋势是随机游走的。即像国际市场其他货币利率一样随时间作非平稳运动。这表明国内货币市场上期限越短、风险越小、水平越低的利率越平稳；反之，期限越长、风险越大、水平越高的利率品种越不确定。

与国际市场同期限利率相比，中国货币市场上 3 个月 Shibor 名义水平偏高、波动幅度居中。其均值在 3.3735% 附近，不仅比全球前三甲的伦敦英镑、欧洲欧元和离岸美元利率（它们的 3 个月利率水平依次为 2.90%、2.48% 和 2.02%）高，而且还比亚洲港元的 1.61%、新加坡元的 1.22% 和日元的 0.24% 高出不少。美国境内 3 个月国债利率平均为 1.33%，仅为中国 Shibor 3 个月利率的一半。其标准差为 1.41，均没有美元、欧元、英镑和港元利率波动大，仅大于日元和新加坡元利率波动水平。

表 2-5　　　　　　　　　国内外货币市场同期利率比较

	均值（%）	中位数（%）	最大值（%）	最小值（%）	标准差	单位根检验
3 个月 Shibor	3.3735	3.0710	6.4610	1.2040	1.4102	I（1）
3 个月欧元	2.4799	1.5400	5.3930	0.6340	1.6577	I（1）
3 个月港元	1.6074	0.4030	5.4510	0.0990	1.6833	I（1）
3 个月日元	0.5710	0.5430	0.9220	0.3320	0.2037	I（1）
3 个月伦敦英镑	2.9019	1.2290	6.9040	0.0400	2.4105	I（1）
3 个月伦敦美元	2.0192	0.6100	5.7250	0.2450	2.0429	I（1）
3 个月新加坡美元	2.0258	0.6190	5.7780	0.2500	2.0452	I（1）
3 个月新加坡元	1.2236	0.6850	3.5130	0.3440	0.9801	I（1）
3 个月美债（1）	1.3641	0.1625	5.1900	0.0000	1.8709	I（1）
3 个月美债（2）	1.3320	0.1625	5.0500	0.0000	1.8205	I（1）

2.4　溢出效应检验

从上一节分析可知，中国货币市场基本上还处在发育初期。因此，研究该种市场国际化必须首先从寻找其国际相关关系和引导关系入手。为此，本节将运用相关分析和 Granger 因果检验两种方法来比较考察中国货币市场内部各种期限利率之间、国际市场各种利率之间以及它们相互之间的作用关系。

一、国内市场利率关系

首先检验国内货币市场 Chibor 隔夜、7 天和 14 天利率，Shibor 隔夜、7 天、14 天和 3 个月利率与国债回购隔夜、7 天和 14 天利率这十个品种彼此之间的相互关系，结果如表 2-6 所示。

表 2-6　　　　　　　　国内货币市场主要利率之间的相关系数

相关系数	Chibor01	Chibor07	Chibor14	国债回购01	国债回购07	国债回购14	Shibor01	Shibor07	Shibor14	Shibor90
Chibor01	1.0000	0.9151	0.8871	0.9992	0.9282	0.8855	0.9995	0.9285	0.8899	0.7743
Chibor07		1.0000	0.9422	0.9136	0.9866	0.9464	0.9136	0.9879	0.9502	0.7843
Chibor14			1.0000	0.8868	0.9443	0.9799	0.8861	0.9444	0.9816	0.8017
国债回购01				1.0000	0.9277	0.8857	0.9996	0.9279	0.8898	0.7733
国债回购07					1.0000	0.9508	0.9274	0.9988	0.9537	0.7829
国债回购14						1.0000	0.8845	0.9507	0.9979	0.7967
Shibor01							1.0000	0.9277	0.8890	0.7733
Shibor07								1.0000	0.9540	0.7815
Shibor14									1.0000	0.8020
Shibor90										1.0000

表 2-6 列出了国内货币市场十个利率彼此之间的静态相关系数。可以看出，国内货币市场各利率品种相关程度很高，彼此之间相关系数大多在 0.9 附近，最小的也大于 0.77。在隔夜、7 天和 14 天之间，同一产品似乎间隔越近利率相关程度越高，相邻期限的利率相关系数要比相隔期限利率相关系数略大些，前者大于 0.8 后者小于 0.9（但大于 0.8）。相同期限不同品种之间利率相关系数似乎更高，达到或超过 0.98，彼此之间没有什么明显差异。3 个月 Shibor 似乎有点例外，与其他九个利率之间的相关系数整体偏低，在 0.78~0.8 之间；但是相邻系数大、相隔系数小的特征也已显现。

表 2-7 用 Granger 因果法检验了国内货币市场上各利率之间的相互引导关系。其原假设是"顶上一行变量不是左边一列变量的原因"；如果对应概率小于 0.05，则拒

绝原假设，接受备择假设"不是"。这样，我们可以看出，国内货币市场上同一品种的隔夜、7天和14天利率之间信息传递已经非常充分，不同品种不同期限利率之间信息传递也比较畅通，因为它们彼此之间相互显著引导。但是，同一期限不同品种之间信息传递却具有明显的方向性。它们之间除了14天利率相互引导外，隔夜和7天利率均信息不对等。隔夜Chibor和Shibor彼此信息无关，且都是被动接受国债回购隔夜利率单向引导。7天Chibor不影响Shibor和国债回购7天利率；可后两者的7天利率不仅相互引导而且都对Chibor有显著引导作用。可见，在半个月以内的品种中，同一期限国债回购利率起主导作用，Chibor的影响最弱，Shibor引导能力居中。不仅如此，它们与期限稍长一点的3个月Shibor之间的信息传导也不充分，表现在各自与Shibor 3个月利率之间的引导关系不完全对等。尤其是7天和14天利率（无论是Shibor自身还是Chibor和国债回购利率）均仅接受3个月Shibor引导而无显著的反向影响。各品种仅隔夜利率与Shibor3个月利率是相互引导的。这表明当前中国货币市场是以隔夜利率和3个月Shibor为"双头"引导。

表2-7　　　　　　　国内货币市场主要利率之间的相互引导关系

上行非 左列原因	Chibor01	Chibor07	Chibor14	国债 回购01	国债 回购07	国债 回购14	Shibor01	Shibor07	Shibor14	Shibor90
		0.000	0.000	0.020	0.000	0.000	0.987	0.000	0.000	0.000
Chibor01	0.000		0.000	0.000	0.000	0.000	0.000	0.000	0.000	0.000
Chibor07	0.000	0.000		0.000	0.000	0.000	0.000	0.000	0.000	0.000
Chibor14	0.869	0.000	0.000		0.000	0.000	0.000	0.092	0.000	0.000
国债回购01	0.000	0.066	0.000	0.000		0.000	0.000	0.023	0.000	0.000
国债回购07	0.000	0.000	0.000	0.000	0.000		0.000	0.000	0.000	0.000
国债回购14	0.289	0.000	0.000	0.000	0.000	0.000		0.000	0.000	0.000
Shibor01	0.000	0.172	0.000	0.000	0.000	0.000	0.000		0.000	0.000
Shibor07	0.000	0.000	0.000	0.000	0.000	0.000	0.000	0.000		0.000
Shibor14	0.000	0.137	0.380	0.000	0.051	0.464	0.000	0.076	0.433	

由此，我们可以说中国货币市场不同期限之间以隔夜和3个月利率为"双头"，引导其他期限利率；不同品种之间以国债回购隔夜和7天利率为主导。原因可能与它们的形成机制有关。Chibor与Shibor都是报价而国债回购利率是市场交易形成的。我国货币市场上银行等金融机构每天报价时总要参照货币市场利率走势。其短期报价主

要参考国内债券回购隔夜和 7 天利率;同时,国债回购 7 天利率接受 7 天 Shibor 的反向引导。当然,3 个月 Shibor 的报价由于不确定性增加可能要同时参照国内与国际两方面因素。

二、国际货币市场利率关系

本部分接着检验国际货币市场主要货币利率品种之间关系。它们分别是欧元、港元、日元、伦敦市场上的美元与英镑、新加坡市场上的新加坡元与美元、美国境内美债等品种的 3 个月利率,既覆盖了全球主要货币又增加了美元的离岸品种。结果如表 2-8 所示。

表 2-8　　　　　国际货币市场主要利率之间相关系数

	欧元	港元	日元	英镑	伦敦美元	新加坡美元	新加坡元	美债(1)	美债(2)
欧元	1.0000	0.8619	0.8409	0.9800	0.8586	0.8603	0.7271	0.7047	0.7060
港元		1.0000	0.6574	0.9254	0.9903	0.9905	0.9352	0.9251	0.9255
日元			1.0000	0.8201	0.6498	0.6526	0.5047	0.4488	0.4502
英镑				1.0000	0.9294	0.9309	0.8278	0.8088	0.8099
伦敦美元					1.0000	0.9999	0.9602	0.9478	0.9482
新加坡美元						1.0000	0.9598	0.9475	0.9479
新加坡元							1.0000	0.9679	0.9682
美债(1)								1.0000	1.0000
美债(2)									1.0000

从表 2-8 可以看出,全球主要货币市场已经高度统一。不仅同一货币在不同市场高度相关而且同一市场不同货币利率也高度一致。例如,美国境内的两个美债品种相关系数为 1,伦敦货币市场上的英镑与美元利率相关系数为 0.9294,新加坡市场上的美元和新加坡元之间利率相关系数为 0.9598。不仅如此,这三个地方的美元利率相关系数也很高,均在 0.94 以上。不同市场的不同货币利率之间相关关系虽然略有差异,特别是各货币在与其他货币利率相关系数中变动幅度明显加大。但各货币国际间的最低相关系数仍然相对较高。例如,欧元、日元和英镑的国际相关系数最低值都发生在与美债两品种上,分别为 0.70、0.45 和 0.81。港元、新加坡元和美元(含离岸美元和美债)的国际相关系数最低值均发生在与日元的相关性上,分别为 0.6574、0.5047 和 0.4488。可见,全球货币市场上不同货币利率之间相关关系的波动实际上

是日元引起的。由于日本政府长期实行本国货币"零利率"政策，这决定了日元在与其他国际货币相关系数出现了低于0.5的现象。但必须指出，日元与全球主要货币的利率相关系数没有低于0.4的。所以，我们说全球货币市场一体化水平比较高。

表2-9是进一步借助Granger因果关系检验全球主要货币利率之间的相互引导关系。其原假设与上文相似，仍然为"上行各货币不是左列货币利率的原因"。在5%显著水平上可以看出，美元利率似乎是全球货币市场的主导。不同地区美元利率已经相互引导、信息共享。不仅如此，全球货币市场以美国境内的美债利率为主导。美国境内的国债利率是唯一一个对其他货币均有引导作用的品种。即使伦敦和新加坡市场上的美元也没有美国本土美元强势，尽管它们与美国境内美元相互引导。因为它们均不引导欧元利率，而且新加坡美元还不受英镑引导，具有明显的地方特色。其次是欧元和英镑，它们的利率受美债单向引导，但对其他货币利率有引导作用。亚洲货币中日元比港元和新加坡元利率的作用还弱。港元除了不引导欧元外对全球其他货币（包括美元和美债）均有引导作用。新加坡元除了不引导美债外对其他货币利率均有引导作用。而日元除了不引导美国国债外也不引导欧元和港元利率。可见，美国境内的国债利率在全球货币市场上处绝对支配地位，它除了受港元利率的显著影响外均不受其他货币利率作用；而欧元、英镑、日元、新加坡元、港元和海外美元利率却均受美债引导。

表2-9　　　　国际主要货币市场利率之间的相互引导关系

上行非左列原因	欧元	港元	日元	英镑	伦敦美元	新加坡美元	新加坡元	美债(1)	美债(2)
欧元		0.435	0.422	0.000	0.188	0.092	0.000	0.000	0.000
港元	0.000		0.702	0.006	0.000	0.000	0.000	0.000	0.000
日元	0.000	0.000		0.000			0.001		
英镑	0.000	0.000	0.000		0.000				
伦敦美元	0.000	0.000	0.000	0.000					
新加坡美元	0.000	0.000	0.000	0.400	0.000		0.000		
新加坡元	0.007	0.000	0.000	0.000	0.000	0.000		0.000	
美债(1)	0.127	0.000	0.554	0.740	0.037		0.076		0.000
美债(2)	0.136	0.000	0.546	0.803	0.016	0.000	0.052	0.000	

三、国内外货币市场利率关系

对国内货币市场上 10 个利率品种和国际市场上的 9 个主要货币利率交叉进行相关性和引导关系检验,发现结果发生明显变化,结果如表 2-10 所示。

表 2-10　　　　　　　国内外货币市场利率之间相关系数

相关关系	欧元	港元	日元	英镑	伦敦美元	新加坡美元	新加坡元	美债(1)	美债(2)
Chibor01	0.1103	0.0206	-0.2115	0.0467	0.0013	0.0002	-0.0549	0.0017	0.0017
Chibor07	0.1801	0.0881	-0.1303	0.1222	0.0701	0.0694	0.0037	0.0567	0.0569
Chibor14	0.1712	0.0945	-0.1405	0.1184	0.0753	0.0744	0.0088	0.0656	0.0656
国债回购01	0.1062	0.0157	-0.2125	0.0419	-0.0045	-0.0056	-0.0618	-0.0049	-0.0049
国债回购07	0.1434	0.0467	-0.1625	0.0809	0.0250	0.0242	-0.0425	0.0132	0.0134
国债回购14	0.1737	0.0966	-0.1378	0.1205	0.0757	0.0749	0.0074	0.0654	0.0655
Shibor01	0.1091	0.0196	-0.2120	0.0453	-0.0001	-0.0013	-0.0567	0.0001	0.0001
Shibor07	0.1478	0.0519	-0.1591	0.0860	0.0305	0.0297	-0.0365	0.0191	0.0192
Shibor14	0.1714	0.0930	-0.1432	0.1173	0.0722	0.0714	0.0046	0.0630	0.0631
Shibor90	0.2702	0.0573	-0.0895	0.1671	0.0407	0.0401	-0.0704	-0.0099	-0.0095

从表 2-10 可以看出,国内、外两货币市场之间相关系数明显下降,不仅低于国内货币市场各利率之间关系,而且比国际货币市场各利率关系也低许多。这表明中国货币市场与国际货币市场利率之间联系还相当薄弱。但是,如此低的相关系数也揭示出一些带有规律性的结论。例如,在隔夜、7 天和 14 天之间,国内货币市场上 Chibor、Shibor 和国债回购利率的国际相关系数均表现出逐渐增大的趋势。这表明期限越长的利率品种与国际市场的联系越大。3 个月 Shibor 应该与国际货币市场最密切,因为期限越长的货币市场利率不确定性也越大。目前,它们整体相关水平都偏低,但相对来说,人民币利率与欧元、英镑和日元联系大些,与港元、美元(及美债)和新加坡元关系小些。

同样,表 2-11 的 Granger 因果关系检验也揭示出,国内货币市场的国际影响力相当小。与前两个表不同,表中直接给出了国内货币市场与国际货币市场相互引导的判断结果。在 5% 显著水平上,"互不"和"相互"分别表示国内与国际货币市场互不引导和相互引导;而"内外"和"外内"则表示只有"国内引导国际"或"国外引导国内"一种结果。可以看出,中国货币市场仅与亚洲、欧洲货币市场之间存在一定的引导关系。而与美国、新加坡境内的货币市场之间尚无显著的"引导"和"被引导"关系。不仅如此,即使与亚欧市场,其国际引导关系也很简单。中国境内的 Chibor、Shibor 和国债回购的隔夜利率引导伦敦市场上英镑和美元利率,并与日元利率互相引导。三个品种的 7 天利率除了对欧元、日元和港元有引导作用外均不接受国际货币利率的显著引导。其 14 天利率对港元和日元利率有引导作用,只是 14 天 Shibor 接受香港货币市场影响。3 个月 Shibor 显著引导日元并接受欧元信息的影响。可见,国内货币市场上利率期限越短(如 7 天和隔夜品种)越封闭,除了受几乎不变的日元影响外根本就不接受其他国际货币利率作用。反之,期限越长的利率则越容易受欧元和港元等变动幅度大的国际影响。

表 2-11　　　　　　国内外货币市场利率之间相互引导关系

引导关系	欧元	港元	日元	英镑	伦敦美元	新加坡美元	新加坡元	美债(1)	美债(2)
Chibor01	互不	互不	相互	内外	内外	互不	互不	互不	互不
Chibor07	内外	内外	内外	互不	互不	互不	互不	互不	互不
Chibor14	互不	内外	内外	互不	互不	互不	互不	互不	互不
国债回购01	互不	互不	相互	内外	内外	互不	互不	互不	互不
国债回购07	互不	内外	内外	互不	互不	互不	互不	互不	互不
国债回购14	互不	内外	内外	互不	互不	互不	互不	互不	互不
Shibor01	互不	互不	相互	内外	内外	互不	互不	互不	互不
Shibor07	互不	内外	内外	互不	互不	互不	互不	互不	互不
Shibor14	互不	相互	内外	互不	互不	互不	互不	互不	互不
Shibor90	外内	互不	内外	互不	互不	互不	互不	互不	互不

注:"互不"和"相互"分别表示国内与国际货币市场互不引导和相互引导;"内外"和"外内"则表示只有"国内引导国际"或"国外引导国内"。

综合以上三个方面检验结果,可以说国内货币市场已经高度统一,同一品种的不同期限利率已经相互引导,同一期限不同品种之间以国债回购为主导,其次是 Shibor,而 Chibor 最为被动。它们中的隔夜利率与 3 个月 Shibor 呈现出"双头"引导态势。国际主要货币市场也已经高度融合,发达货币以美债利率为核心,主导欧元、日元、新加坡元和英镑。它们(除欧元)均与港元信息互享。但是,中国货币市场的国际一体化水平还很低,尽管已经表现出期限结构越长的利率国际联系越密切的态势。目前,短期利率如隔夜、7 天和 14 天利率运行平稳,基本上不随国际市场变化。

而3个月Shibor随机游走,既受国内隔夜利率影响又受国际市场影响。它们对国际市场的影响还是局部和零碎的。

2.5 主要利率模型决定

至此,我们可以对中国货币市场上起主导作用的几个货币利率决定进行拟合。它们分别是国债回购的隔夜和7天利率、Shibor7天和3个月利率。需要指出的是具体模型将根据各变量自身的特点予以选择。鉴于国债回购和Shibor的隔夜和7天利率都是平稳时间序列,且与国际市场关系比较简单,因而运用ARMA(p,q)模型。而3个月Shibor是具有一阶单位根I(1)的时间序列,且与国际关系稍显复杂,所以尝试运用Johansen多元协整模型对其与国际市场关系进行拟合。

一、隔夜Shibor和回购利率的决定

隔夜利率在国内货币市场上最为关键,不仅与国内市场其他所有期限利率信息共享而且在国际市场上都有一定影响(不仅与伦敦市场而且还与日元利率信息共享)。尤其是国债回购隔夜利率居首位,其次是隔夜Shibor,因此这里首先对它们进行ARMA(p,q)模型拟合。在对模型自回归系数和偏回归系数进行观察后发现,它们存在一阶自相关和一阶移动平均相关,因此采用ARMA(1,1)。相关统计量见表2-12。可以看出,两模型的拟合优度调整R^2达到0.89,表明方程拟合比较好。DW值都在2附近,表明残差项无自相关,是白噪声分布。AR和MA的倒根与其拟合系数相同,表明模型可逆。结合考虑对数似然值和相关信息准则,我们可以说两个ARMA模型是稳定的、可接受的。

表2-12   隔夜利率ARMA(1,1)模型拟合结果的检验统计量

模型类型	国债回购隔夜利率	隔夜Shibor
R^2	0.888546	0.889221
调整R^2	0.888387	0.889064
对数似然比	-570.3924	-558.732
D-W值	2.004323	2.006459

续表

模型类型	国债回购隔夜利率	隔夜 Shibor
Akaike 准则	0.815636	0.79905
Schwarz 标准	0.826835	0.810249
F - 值	5592.59	5630.955
对应概率	0.00	0.00
Inverted AR Roots	0.93	93
Inverted MA Roots	-0.07	-0.0.7

因此，我们可以用 ARMA（1，1）模型来描述中国货币市场上国债回购隔夜利率和隔夜 Shibor 的基本走势（表2-13）。它们都围绕着一个均值作自回归运动，而且各变量系数均在1%水平上显著。前者均值为2.152，一阶自回归系数为0.935，一阶移动平均系数为0.069；后者对应的三个系数依次为2.146、0.935 和 0.074。

表2-13　国债回购隔夜利率和隔夜 Shibor 的 ARMA（1，1）模型比较

模型类型	国债回购隔夜利率	隔夜 Shibor	模型差异检验	
自变量	系数 （标准差）	系数 （标准差）	系数差异 （标准差）	t 值
C	2.15227 (0.1568)	2.14624 (0.1577)	0.006033 (0.00593082)	1.01723
AR（1）	0.93469 (0.0101)	0.93456 (0.0101)	0.000124 (0.000380929)	0.32552
MA（1）	0.06936 (0.0272)	0.07384 (0.0282)	-0.004482 (0.001044895)	-4.2894

那么，前述检查出来的国债回购隔夜利率与隔夜 Shibor 之间的差异来自哪里？表2-13右边一栏给出了它们三个对应自变量之间的差异检验。研究发现它们对应的均值和自回归项系数都无实质性差异，仅对应的移动平均系数存在显著差异。可见，国债回购隔夜利率和隔夜 Shibor 的唯一差异仅在误差项的移动平均系数上，前者相对小些而后者相对大一点。

二、7 天 Shibor 和国债回购利率的决定

7 天利率品种自身走势是平稳的，与隔夜和14 天利率品种之间信息共享，除了

接受 3 个月 Shibor 单向引导外。在国际上对港元、日元和欧元均有显著的引导作用。不过，与隔夜利率品种不同，7 天利率品种中的国债回购和 Shibor 是信息共享的，它们都引导 Chibor 并且通过 Chibor 间接引导欧元利率。因此，这里也用 ARMA（1，1）模型对这两个利率进行拟合。表 2-14 列出了相关的模型拟合结果，其含义和数值与隔夜利率模型一致。可见，7 天利率品种的两个模型也是稳定可靠的。

表 2-14　　　7 天利率 ARMA（1，1）模型拟合结果检验统计量

模型类型	国债回购 7 天利率	7 天 Shibor
R^2	0.89148	0.89134
调整 R^2	0.89133	0.89118
对数似然比	-854.17	-855.51
D-W 值	1.99111	1.99021
Akaike 准则	1.21931	1.2212
Schwarz 标准	1.2305	1.2324
F-值	5763.01	5754.12
对应概率	0.00***	0.00***
Inverted AR Roots	0.93	0.93
Inverted MA Roots	-0.09	-0.1

注：***表示在 1% 水平上显著。

因此，我们可以据此写出中国货币市场上决定国债回购 7 天利率和 7 天 Shibor 的两个 ARMA（1，1）具体模型：

$$\begin{cases} r_{scngzhg07} = 2.68036 + 0.93349 AR(1) + 0.09469 MA(1) \\ r_{scnShibor07} = 2.67956 + 0.93336 AR(1) + 0.09506 MA(1) \end{cases}$$

式中，各项系数均在 1% 水平上显著。可见，国内国债回购 7 天利率实际上是在 2.67956 附近平稳运动，其误差项自回归系数为 0.93349，移动平均系数为 0.09506。7 天 Shibor 围绕 2.67956 作一阶自回归移动平均运动。它们之间各项系数非常接近，而且在 5% 水平上无显著差异（表 2-15）。因此我们说，国债回购 7 天利率与 7 天 Shibor 不仅水平相等（前面已经检验），而且变化过程也是完全一致的。

表2-15　国债回购7天利率和7天Shibor两ARMA（1，1）模型比较

模型类型	国债回购7天利率	7天Shibor	模型差异检验	
自变量	系数 （标准差）	系数 （标准差）	系数差异 （标准差）	t值
C	2.68036 (0.19519)	2.67956 (0.19504)	0.0008 (0.00736)	0.10858
AR（1）	0.93349 (0.01014)	0.93335 (0.01015)	0.00013 (0.00038)	0.35288
MA（1）	0.09469 (0.02813)	0.09506 (0.02814)	-0.0004 (0.00106)	-0.3496

三、3个月Shibor的决定

3个月Shibor与短期利率（如隔夜、7天和14天利率）不同但与国际利率相似，是一个I（1）随机游走变量。在国内市场其引导所有短期利率却仅受隔夜利率影响，在国际市场上它受欧元利率直接引导并对日元利率有一定的影响。因此这里尝试用Johnsen协整方程来检验其与国际主要货币利率之间的长期决定关系。不过，需要指出的有三：（1）鉴于欧美市场交易时间比中国晚，中国货币市场实际上只能反映其前一天市场信息，因此为了更真实地反映实际，模型采用了欧美市场滞后一期的变量；（2）考虑到国内货币市场利率的平稳性和2006年以来通货膨胀的预期性，3个月Shibor自身可能有截距和趋势项，这里的模型采用带有截距和时间趋势的方程进行拟合；（3）模型中之所以没有隔夜、7天和14天国内货币市场利率，是因为如果将它们分别引入模型，其系数均不显著。由此我们便获得了中国货币市场3个月Shibor对亚洲当日日元、港元和新加坡元利率、与欧美货币市场前一天英镑、欧元和美债利率的多元协整结果。

表2-16给出了中国3个月Shibor与国外六个主要货币利率之间的协整检验结果。可以看出，它们之间至少显著存在一个多元协整方程。这表明中国3个月Shibor确实可以由国外6个主要货币利率来决定。

表 2-16　　国内外货币市场 3 个月利率之间的多元协整检验

特征根	似然比	5%临界值	1%临界值	原假设：协整方程的个数
0.04725	205.105	146.76	158.49	无**
0.03732	137.384	114.9	124.75	至少1个**
0.01901	84.1787	87.31	96.58	至少2个
0.01386	57.3239	62.99	70.05	至少3个
0.01286	37.7947	42.44	48.45	至少4个
0.00878	19.6903	25.32	30.45	至少5个
0.00524	7.35465	12.25	16.26	至少6个

注：**表示在5%的水平上显著。

该协整方程可以用下式表示：

$$r_{sh} = 3.4118\, r_{-1,eu} - 0.2710\, r_{hk} + 7.2849\, r_{jp} - 2.5936\, r_{-1,ld} + 1.3246\, r_{sg}$$
$$\quad\quad (0.8909) \quad\quad (0.3646) \quad (3.2477) \quad (0.9792) \quad\quad (0.6976)$$
$$+ 0.5386\, r_{-1,us} + 0.0064\,Tr - 8.1615$$
$$\quad (0.3296) \quad\quad (0.0013)$$

式中，括号内为标准差。r_{sh} 为国内 3 个月 Shibor。r_{hk}、r_{jp} 和 r_{sg} 分别是同期亚洲货币市场上港元、日元和新加坡元的 3 个月利率。$r_{-1,ld}$、$r_{-1,eu}$ 和 $r_{-1,us}$ 依次为滞后一期欧美货币市场上英镑、欧元和美债 3 个月利率。Tr 为时间趋势变量。结合各变量系数和标准差可以看出，国内 3 个月 Shibor 自 2006 年 10 月 9 日正式交易以来有一个随时间不断上升的趋势，平均每个交易日上升 0.0064 个百分点。其间，国际市场不同货币利率的变动对中国 3 个月 Shibor 的影响是不同的。其中，美债（滞后一期）、欧元（滞后一期）、日元和新加坡元的作用效果是正向的，表明它们的上升都将引起中国 3 个月 Shibor 的同向变化。其边际效应分别为 0.5386、3.4118、7.2849 和 1.3246。而港元和英镑（滞后一期）的作用是负向的，表明它们的上升将会引起国内 3 个月 Shibor 下跌，边际效应分别为 -0.2710 和 -2.5936。不过，如果考虑显著性，则美债（滞后一期）和港元利率的系数在 5% 水平上不显著。这样，全球六个主要货币中实际上只有欧元（滞后一期）、英镑（滞后一期）日元和新加坡元利率对中国 3 个月 Shibor 有显著影响。原因可能与美元、港元的特殊性有关。美元是全球主导货币，中国持有大量美元外汇。巨额美元外汇储备大大降低了人民币利率对其边际反应，使得美债利率在 3 个月 Shibor 模型中的系数显著性变宽。这里港元与美元联系汇率制度自然也影响到人民币对港元的反应。不过，港元利率在模型中系数不显著的另一个主要原因可能还是人民币在香港的广泛使用。

2.6 本章小结

综上分析，本章运用单位根检验、方差分析、相关分析和因果关系检验等方法分析了国内货币市场各利率之间的差异，检验了它们与国际货币市场主要货币利率之间的相互作用关系。研究发现，国内同一期限不同品种利率之间表面上看水平非常接近，实际上彼此之间存在一定差异。

同一品种不同期限利率之间出现结构性分层，体现了"时间越长价值越大"的风险收益原则。国内各利率品种不仅高度相关而且彼此之间信息传递非常顺畅；不过，期限越短，似乎国债回购利率的主导作用越强。3个月Shibor例外，与国际同期利率相似；其水平整体上偏高，但波动幅度居中。国际货币市场利率高度相关，它们之间以美国境内的国债利率为主导。国内货币市场各利率与国际市场关系偏弱，不仅相关系数极低而且引导关系简单。中国货币市场短期利率基本上可由ARMA（1，1）模型决定，但3个月Shibor与国际市场存在协整关系。

（一）同一期限不同品种利率之间表面上看水平非常接近，实际上彼此之间存在一定差异

表面上看，同一期限不同品种（如隔夜、7天或14天的Chibor、Shibor和国债回购利率）之间差异不大。这可能与它们都是以人民币作为标的有关。同一市场上的同一种货币（同一期限的人民币利率）理应遵循"一价原则"，然而定量检验结果表明它们之间关系不尽其然。实际上彼此存在一定的差异。尤其是Chibor隔夜、7天和14天利率与Shibor和国债回购利率截然不同。但国债回购与Shibor之间除了隔夜利率不同外，7天利率与14天利率实际上都无显著差异。

（二）同一品种不同期限利率之间出现结构性分层，体现了"时间越长价值越大"的风险收益原则

无论是Chibor、Shibor还是国债回购利率，它们在隔夜、7天和14天（甚至3个月）之间水平上均呈现出逐渐增大的趋势。这表明中国货币市场上人民币利率的时

间价值得到了一定体现。随着期限的延长,风险也在增大,利率水平自然应该逐渐提高。但单位根检验结果表明十个利率品种呈现出明显的两个不同层次:一是1个月以内(包括隔夜、7天和14天)的短期利率品种,其单位根检验均为平稳的I(0)变量;二是1个月以上的长期利率品种(如人民币3个月Shibor),其单位根检验为随机游走的I(1)变量。显然,这种分层还没有从实践价值上得到充分体现。表明中国货币市场利率期限越长(超过3个月)波动风险明显越高。

(三)国内各利率品种不仅高度相关而且彼此之间信息传递顺畅;不过期限越短似乎国债回购利率的主导作用越强

各利率品种彼此之间的相关系数大多在0.9附近,最小的也大于0.77。对于同一品种不同期限(如隔夜、7天和14天)之间相关系数,似乎时期间隔越近相关程度越高。相同期限不同品种之间利率相关系数更高,达到0.98或以上,彼此之间没有明显差异。3个月Shibor似乎有点例外,与其他9个利率之间的相关系数整体偏低,在0.78至0.8之间。原因可能与国内货币市场上利率品种之间信息传递流畅有关。同一品种不同期限(如隔夜、7天和14天)利率之间信息已经相互引导。同一期限不同品种利率之间信息传递也畅通无阻。14天利率之间相互引导显著。隔夜和7天利率均呈现出信息导向。隔夜Chibor和Shibor虽然彼此无关,且都接受隔夜国债回购利率单向引导。7天Chibor不影响7天Shibor和国债回购利率;可后两者不仅相互引导而且还都对Chibor有显著引导作用。可见,在半个月内,期限越长,不同品种利率的信息越共享;期限越短,它们之间的信息越来越依赖国债回购利率。其次是Shibor,而Chibor作用最弱。

(四)3个月Shibor似乎例外,与国际同期利率相似;其水平整体上偏高,但波动幅度居中

国内3个月Shibor不仅走势与其他9个利率品种不同,而且与它们之间的信息传递不对等。其尽管与隔夜利率各品种之间互相引导,但对于7天和14天利率仅表现出单向引导关系。可见,3个月Shibor有点例外,和国际上同期利率一样都是I(1)序列。但与国际市场相比,其均值在3.3735%附近,不仅比全球前三甲的伦敦英镑、欧洲欧元和离岸美元利率(它们的3个月利率水平依次为2.90%、2.48%和2.02%)高,而且还比亚洲港元的1.61%、新加坡元的1.22%和日元的0.24%高许多。美国境内3个月国债利率平均为1.33%,不到中国Shibor 3个月利率的一半。当然,其标

准差为 1.41，均没有美元、欧元、英镑和港元利率波动大，尽管比日元和新加坡元利率波动要高。

（五）国际货币市场利率高度相关，它们之间是以美国境内的国债利率为主导

全球主要货币市场已经高度统一。不仅同一货币在不同市场高度相关而且同一市场不同货币利率也高度一致。虽然不同市场的不同货币利率之间相关关系略有差异，但各货币的最低国际相关系数仍然相对较高。不仅如此，它们之间以美元利率为主导，而美元利率以美国境内国债利率为主导。美国境内的国债利率是唯一一个对其他货币均有引导作用的品种。即使伦敦和新加坡市场上的美元也没有美国本土美元强势，尽管它们与美国境内美元相互引导。因为它们均不引导欧元利率，其次是欧元和英镑利率，它们受美债单向引导，并引导其他货币利率。亚洲货币中日元比港元和新加坡元利率的影响还弱。港元除了不引导欧元外对全球其他货币（包括美元和美债）均有引导作用。新加坡元除了不引导美债外对其他货币利率均有引导作用。而日元除了不引导美国国债外也不引导欧元和港元利率。

（六）国内货币市场各利率与国际市场关系偏弱，不仅相关系数极低而且引导关系简单

国内、外币市场之间相关系数很低，不仅低于国内货币市场各利率之间关系而且比国际货币市场各利率关系也低许多。这表明中国货币市场与国际货币市场利率之间联系还相当薄弱。不仅如此，中国货币市场的国际信息传导也很有限，仅表现出与亚洲、欧洲货币市场之间存在一定的引导关系，而与美国、新加坡境内的货币市场之间尚无显著的"引导"和"被引导"关系。中国 Chibor、Shibor 和国债回购的隔夜利率引导伦敦市场上英镑和美元利率，并与日元利率互相引导。它们 7 天利率引导欧元、日元和港元利率；它们的 14 天利率引导港元和日元利率，仅 14 天 Shibor 同时接受港元利率反作用。可见中国货币市场短期利率（1 个月以内）品种几乎不受国际市场影响。当然，3 个月 Shibor 显著引导日元并接受欧元信息作用。

（七）中国货币市场短期利率基本上是由 ARMA（1、1）模型决定，但 3 个月 Shibor 与国际市场存在协整关系

3

中国货币市场的国际互动

3.1 问题的提出

在开放经济条件下，货币市场会受到外资流动的影响。由此可能引起国内货币市场与国际市场出现互动。

在对外开放步伐逐渐加快的背景下，相关监管部门一直尝试开放货币市场，在活跃交易、提高市场效率的同时，将国内货币市场与国际货币市场联系起来。2002年11月，央行和证监会联合发布《合格境外机构投资者境内证券投资管理暂行办法》，允许QFII投资国债、可转换债券、企业债券和除境内上市外资股以外的股票。2003年9月，外汇管理局发布《关于银行间外汇市场开展双向交易的通知》，允许中国外汇交易中心各会员单位通过银行间外汇市场交易系统进行买卖双向交易，增强了我国货币市场与外汇市场之间的资金联系。2004年2月25日，中国银行（香港）有限公司作为交易成员正式进入银行间外汇市场进行平盘交易，标志着中国货币市场首度将网络和服务延伸至境外。2005年9月《货币经纪公司试点管理办法》施行，其主营业务包括境内外外汇市场交易、境内外货币市场交易、境内外债券市场交易、境内外衍生产品交易，将境内外货币市场联结起来。2006年4月5日，中国交易中心与芝加哥商业交易所在上海举行国际货币产品交易合作协议文本互换仪式。2010年8月16日，中国人民银行批准境外人民币清算行等三类机构试点运用人民币投资银行间债券市场。此外，银行间外汇市场具有集中竞价与双边询价两种交易模式，支持人民币对9种外币（美元、欧元、日元、港元、英镑、林吉特、俄罗斯卢布、澳大利亚元和加拿大元）的即期，人民币对7种外币（美元、欧元、日元、港元、英镑、澳大利亚元和加拿大元）的远期、掉期，人民币对5个外币（美元、欧元、日元、港元、英镑）的货币掉期和期权交易，以及9组外币对（欧元/美元、澳元/美元、英镑/美元、美元/日元、美元/加元、美元/瑞士法郎、美元/港元、欧元/日元、美元/新加坡元）的即期、远期和掉期交易。

在以上政策实践下，越来越多的外资金融机构参与中国货币市场交易，在全球范围内对流动性和资产组合进行管理，可能成为联通国内外市场的桥梁。那么，中国货币市场与国际货币市场的联系如何？是否存在互动关系？就作者所知，目前还没有文献研究中国货币市场利率的国际溢出效应。本部分将对此进行检验分析。

3.2　数据与研究方法

一、数据

本部分研究人民币3个月Shibor以及全球六大主要货币欧元、港元、日元、英镑、新加坡元和美元债券3个月利率之间的国际互动关系，包括长期一致关系和短期波动关系。运用Johnsen多元协整检验来拟合长期一致关系；短期波动关系运用VEC模型进行检验。

样本为日数据，来自数据库CEIC。鉴于Shibor于2007年初开始正式对外发布，故本部分样本区间从第一次发布日2007年1月4日开始，至2012年2月底。

二、研究方法

上一章检验发现，人民币3个月Shibor和全球六大主要货币（包括欧元、港元、日元、英镑、新加坡元和美元债券）同期利率都是非平稳的随机变量，且它们的单位根检验结果都为I（1）。因此，本部分运用经典的Johansen多元协整及VEC模型拟合长期一致与短期波动关系，这些方法在相关领域获得广泛应用，适合于检验中国货币市场人民币 3 个月 Shibor 与国际 6 个主要货币 3 个月利率之间是否存在国际互动。

多元协整检验是双变量协整检验的一种拓展。对于人民币 3 个月 Shibor 与国际 6 个主要货币 3 个月利率之间长期一致关系，检验方程可表示为

$$Y = \sum_{i=1}^{6} k_i X_i + b + \varepsilon$$

式中，Y 为因变量；X_i（i = 1, 2, …, 6）为自变量；k_i 和 b 分别为对应自变量的系数和常数项；ε 为残差项，如果残差序列平稳，表明多元随机变量 Y 与 X_i 之间存在长期稳定的协整关系；反之则无协整关系。考虑到各币种利率走势，本部分选择第四种方式进行检验。

如果存在协整关系，可构建 VEC 模型。该模型是建立在协整检验基础上的有约束 VAR 模型，其基本形式如下：

$$dX_{i,t} = \alpha + \gamma_i CointEq1 + \sum_{i=1}^{I}\sum_{j=1}^{4} \beta_{i,t-j} dX_{i,t-j} + \varepsilon_i$$

式中，dX 为一阶差分变量，反映的是变量之间的短期波动关系。$CointEq1$ 是协整向量，反映的是变量之间的长期一致关系。与前述协整方程不同之处在于这里的表达形式为向量。α 是常数项，γ 为误差修正系数，β 是因变量滞后变量系数，ε 为残差项。

该模型能够同时检验变量间的长期一致关系和短期波动关系，还可以在此基础上进一步通过方差分解和脉冲响应函数给出随机新息的相对重要性比较和内生变量对误差变化的反映程度。

3.3 模型拟合结果

首先来看人民币 3 个月 Shibor 与国际上 6 个主要货币（同期）利率之间的长期一致关系和短期波动关系。前者是运用 Johnsen 多元协整检验来拟合；后者则是运用 VEC 模型进行检验。

一、长期一致关系模型

鉴于中国人民币 3 个月 Shibor 与全球 6 个主要货币（同期）利率都是单整 I（1）系列，适合于多元协整检验，表 3-1 给出了中国人民币 3 个月 Shibor 和全球 6 个主

要货币（分别是欧元、港元、日元、英镑、新加坡元和美债）同期利率之间的Johnsen多元协整检验结果。可以看出，它们之间至少存在一个多元协整方程。这表明中国人民币3个月Shibor已经与国际市场主要货币（同期）利率之间基本形成了长期一致的变动关系。

表3-1　　国内外货币市场3个月利率之间的多元协整检验

特征根	似然比	5%临界值	1%临界值	原假设：协整方程的个数
0.04725	205.105	146.76	158.49	无**
0.03732	137.384	114.9	124.75	至少1**
0.01901	84.1787	87.31	96.58	至少2
0.01386	57.3239	62.99	70.05	至少3
0.01286	37.7947	42.44	48.45	至少4
0.00878	19.6903	25.32	30.45	至少5
0.00524	7.35465	12.25	16.26	至少6

注：**表示在5%的水平上显著。

它们之间的协整向量可以表示如下（小括号内为标准差，中括号内为t值）：

$$\text{CointEq1} = r_{Shibor-1} - 2.707863\, r_{eu-1} - 0.584065\, r_{hk-1} - 1.887125\, r_{jp-1} + 1.643514\, r_{ld-1}$$
$$\phantom{\text{CointEq1} = r_{Shibor-1}}\ (0.8210)\qquad\quad (0.5191)\qquad\quad (2.5958)\qquad\quad (0.8458)$$
$$- 1.976353\, r_{sg-1} + 1.133579\, r_{us-1} - 0.003968^{*}\, Tr + 4.263412$$
$$\ (0.8127)\qquad\quad (0.5846)\qquad\quad (0.0015)$$

式中，$r_{Shibor-1}$、r_{eu-1}、r_{hk-1}、r_{jp-1}、r_{ld-1}、r_{sg-1}、r_{us-1}分别表示滞后1期的3个月人民币Shibor、欧元利率、港元利率、日元利率、英镑利率、新加坡元利率和美债利率（之所以用滞后一期变量表示是因为其协整向量实际上就是后边VEC模型中的协整误差，而这里的系数与当期协整系数是一致的）。CointEq1是一个服从$N(0,1)$的白噪声向量。它表明人民币3个月Shibor与全球6个主要货币（同期）利率之间存在长期稳定的水平变动关系。这种关系中除了港元利率和日元利率不显著外，欧元利率、英镑利率、新加坡元利率和美债利率都在5%显著水平上系数显著。因此，我们可以说同一时期的人民币Shibor与欧元利率和新加坡元利率同向变动；与英镑利率和美债利率是反向变动的；与港元利率和日元利率虽有同向变动趋势，但不显著。

需要指出的是，这种同期协整方程由于时区差异原因不能用来说明人民币3个月

Shibor 的国际决定。因为欧美等货币市场所在的时区往往比亚洲市场迟几个小时（甚至半天时间）才收盘。因此，与其说上式决定了人民币 3 个月 Shibor 水平，不如说该式反映了美欧等货币市场当期利率对包括人民币 3 个月 Shibor 在内的亚洲货币利率长期一致关系的一种依从。从这个意义上说，上一章中用欧美市场前一天收盘价来检验与亚洲货币市场利率的协整方程，就可以用来说明人民币 3 个月 Shibor 的决定。即

$$r_{sh} = 3.411778\, r_{-1,eu} - 0.270988\, r_{hk} + 7.284864\, r_{jp} - 2.593625\, r_{-1,ld} + 1.324634\, r_{sg}$$
$$(0.8909) \qquad (0.3646) \qquad (3.2477) \qquad (0.9792) \qquad (0.6976)$$
$$+ 0.538566\, r_{-1,us} + 0.006421 \text{Tr} - 8.161535$$
$$(0.3296) \qquad\qquad (0.0013)$$

该式表明，人民币 3 个月 Shibor 主要由日元利率、新加坡元利率、（滞后 1 期）欧元利率和（滞后 1 期）英镑利率决定，港元利率和（滞后 1 期）美债利率系数不显著。其中，英镑利率的系数为负，而其他 3 个货币利率的系数为正。

对比两个协整方程，不难发现人民币 3 个月 Shibor 确实已经与国际主要货币利率之间存在长期一致关系。主要特征有：

（1）引导美国国债利率水平而不受美债利率引导。
（2）与欧元利率水平、英镑利率水平之间相互引导。
（3）始终受新加坡元利率水平引导。
（4）始终不受港元利率水平引导。
（5）受日元利率水平引导。

二、短期波动关系模型

鉴于前文检验结果已经表明协整关系的存在，这里进一步运用 VEC 模型来分析中国货币市场 3 个月 Shibor 与国际上六大主要货币同期利率之间的短期波动关系。结果表明变量滞后期定为 6 对应的 AIC、SC 最小；且对数似然值为 21 562，表明模型拟合较好。因此我们可以用该模型来说明它们之间的波动关系（见下文各表）。可以看出，全球六大货币中仅美元利率波动方程中的常数项系数显著，表明这个货币利率自身波动幅度较大，而其他 4 个货币利率与人民币 Shibor 的波动幅度相对较小。7 个利率方程中欧元、日元和英镑利率受协整向量显著影响，而且系数都为正数，表明这 3 种货币利率一旦偏离长期一致关系就有自动调整回归功能，调整速度由大到小依次为英镑、欧元和日元利率。其余 4 个货币利率的误差调整系数均不显著，表明它们一旦

短期波动发生偏离，难以向长期协整关系自动回归。彼此之间各滞后变量系数显著性各异，表明中国 Shibor 与全球各主要货币利率波动之间相互作用关系迥异。

（一）中国 Shibor 短期波动：仅受自身滞后影响，而不受其他货币利率显著作用

表 3-2 是中国货币市场 Shibor 的波动方程。从系数显著性看，中国 3 个月 Shibor 的短波动仅与自身的滞后波动有关。全球六大主要货币（同期）利率均对其无显著的滞后效应。这表明中国货币市场的 3 个月 Shibor 虽然长期水平已经由国际主要货币利率决定，但短期波动仅受自身滞后作用。其中，除了滞后 4 期变量系数不显著外，其余五期变量的滞后影响均显著。只是滞后 1 期作用系数最大，弹性为 0.4820。此后各期滞后效应逐渐减少，滞后 2 期作用系数即降到 0.0899，至滞后 6 期的波动弹性开始由正变负。

表 3-2　　　　　　　中国 Shibor 短期波动函数 VEC 模型

因变量		$D(r_{Shibor})$						
滞后期 n	自变量	$D(r_{Shibor}(-n))$	$D(r_{eu}(-n))$	$D(r_{hk}(-n))$	$D(r_{jp}(-n))$	$D(r_{ld}(-1))$	$D(r_{sg}(-n))$	$D(r_{us}(-n))$
1	系数	0.482028	0.10905	-0.01322	-0.11625	-0.0147	-0.00171	0.009899
	标准差	(0.0271)	(0.0856)	(0.0146)	(0.0918)	(0.0234)	(0.0274)	(0.0123)
2	系数	0.089912	0.101058	-0.0008	-0.05492	-0.00541	-0.0198	-0.00751
	标准差	(0.0302)	(0.0935)	(0.0153)	(0.0923)	(0.0236)	(0.0271)	(0.0125)
3	系数	0.08447	-0.05182	0.013024	-0.01796	0.003716	0.013974	-0.00428
	标准差	(0.0302)	(0.0927)	(0.0152)	(0.1011)	(0.0194)	(0.0269)	(0.0127)
4	系数	0.031289	0.029853	-0.01415	-0.03017	0.005347	0.003892	0.00622
	标准差	(0.0303)	(0.0919)	(0.0153)	(0.1008)	(0.0194)	(0.0270)	(0.0127)
5	系数	0.059704	0.041606	0.009459	-0.04665	-0.00055	-0.01499	-0.00369
	标准差	(0.0302)	(0.0910)	(0.0152)	(0.1242)	(0.0178)	(0.0268)	(0.0127)
6	系数	-0.09048	-0.04779	0.007743	-0.05882	-0.00117	0.009323	0.000659
	标准差	(0.0272)	(0.0816)	(0.0150)	(0.1240)	(0.0177)	(0.0266)	(0.0124)
协整向量 CointEq1		0.000197						
标准差		(0.0002)						
常数项 C		0.000894						
标准差		(0.0009)						

(二) 欧元利率短期波动：不受 Shibor 显著作用，却受其他货币利率影响

欧元利率与中国 Shibor 不同，其短期波动方程中误差调整系数为 0.0004 是显著的，表明该货币利率一旦出现短期波动，就有一个向长期一致趋势回归的要求。此外，除了中国 Shibor 外的其他货币利率的短期波动均对其有显著的滞后效应。其中，自身滞后 1 期作用系数最大，为 0.4388，此后逐渐减小，至滞后 5、6 期即无显著效应。伦敦英镑和美元利率对其影响也很及时，但前者显著性集中在滞后 1、2 期，系数均为 0.04，滞后效应似乎为正效应；后者显著性集中在滞后 1～4 期，滞后效应以负数居多。亚洲三种货币利率的作用效果也不一样，新加坡元对欧元利率的子显著影响发生在滞后 1～4 期；而日元利率和港元利率滞后效应期则延迟，前者滞后 4、5、6 期才显著，后者滞后 3、4 期效应显著。

表 3-3　　　　　　　　　欧元利率短期波动函数 VEC 模型

因变量		D(r_{eu})						
滞后期 n	自变量	D($r_{Shibor}(-n)$)	D($r_{eu}(-n)$)	D($r_{hk}(-n)$)	D($r_{jp}(-n)$)	D($r_{ld}(-1)$)	D($r_{sg}(-n)$)	D($r_{us}(-n)$)
1	系数	0.003222	0.433752	-0.00589	-0.03506	0.041486	0.018184	-0.00793
	标准差	(0.0086)	(0.0271)	(0.0046)	(0.0290)	(0.0074)	(0.0087)	(0.0039)
2	系数	0.002184	0.077459	-0.00728	-0.04404	0.040597	-0.02908	-0.00964
	标准差	(0.0095)	(0.0296)	(0.0048)	(0.0292)	(0.0075)	(0.0086)	(0.0040)
3	系数	-0.00404	0.060453	0.009526	-0.05639	0.001738	0.02395	0.01182
	标准差	(0.0096)	(0.0293)	(0.0048)	(0.0320)	(0.0061)	(0.0085)	(0.0040)
4	系数	0.006327	0.095892	-0.01028	-0.07813	0.009402	0.024219	-0.01298
	标准差	(0.0096)	(0.0291)	(0.0048)	(0.0319)	(0.0061)	(0.0085)	(0.0040)
5	系数	-0.00034	-0.0053	0.012459	0.148811	-0.00664	0.015428	-0.00102
	标准差	(0.0095)	(0.0288)	(0.0048)	(0.0393)	(0.0056)	(0.0085)	(0.0040)
6	系数	0.011576	0.006238	-0.00714	0.119353	-0.00748	0.01567	-0.00346
	标准差	(0.0086)	(0.0258)	(0.0047)	(0.0392)	(0.0056)	(0.0084)	(0.0039)
协整向量 CointEq1		0.000381						
标准差		(0.0001)						
常数项 C		-0.00038						
标准差		(0.0003)						

(三) 港元利率短期波动：不受 Shibor 和日元利率波动显著影响

与人民币 Shibor 相似，港元利率的短期波动缺乏对长期协整关系的回归效应，因

为方程中误差调整系数不显著。港元利率除不受人民币 Shibor 和日元利率波动显著影响外，其他货币利率波动均对其有显著的滞后效应。其中，自身滞后 1、2、3、6 期系数显著，不仅呈现出逐渐递减的趋势而且似乎还有"奇数期正效应、偶数期负效应"特点。欧元利率滞后 1、4 期系数显著，且短期波动引起的滞后效应均为正效应。伦敦英镑滞后 6 期系数显著，但滞后效应是负向的。美元和新加坡元利率的滞后影响则正、负兼而有之，前者利率滞后 1、2、4 期系数显著，分别为 -0.0789、0.0867 和 -0.0853；后者利率滞后 1、3、5 期系数显著，分别为 0.1197、0.1006 和 -0.1044。

表 3-4　　　　　　　　港元利率短期波动函数 VEC 模型

因变量		\multicolumn{7}{c}{$D(r_{hk})$}						
滞后期 n	自变量	$D(r_{Shibor}(-n))$	$D(r_{eu}(-n))$	$D(r_{hk}(-n))$	$D(r_{jp}(-n))$	$D(r_{ld}(-1))$	$D(r_{sg}(-n))$	$D(r_{us}(-n))$
1	系数	-0.03664	0.645705	0.224179	-0.21888	0.034233	0.119666	-0.07809
	标准差	(0.0508)	(0.1605)	(0.0274)	(0.1721)	(0.0439)	(0.0514)	(0.0230)
2	系数	-0.03092	-0.02276	-0.10303	0.017584	0.05784	-0.01873	0.086712
	标准差	(0.0565)	(0.1753)	(0.0287)	(0.1731)	(0.0443)	(0.0508)	(0.0234)
3	系数	0.047287	-0.10716	0.114319	-0.05844	-0.02291	0.106579	0.014229
	标准差	(0.0567)	(0.1738)	(0.0285)	(0.1896)	(0.0363)	(0.0504)	(0.0238)
4	系数	-0.03098	0.637411	-0.02137	0.108051	-0.01269	0.073387	-0.08531
	标准差	(0.0568)	(0.1723)	(0.0287)	(0.1889)	(0.0364)	(0.0506)	(0.0239)
5	系数	-0.05557	-0.03291	0.051785	-0.00307	-0.05139	-0.1044	0.000508
	标准差	(0.0566)	(0.1706)	(0.0285)	(0.2329)	(0.0334)	(0.0503)	(0.0238)
6	系数	0.077502	-0.21949	-0.10919	0.228178	-0.06495	-0.00178	-0.01091
	标准差	(0.0509)	(0.1530)	(0.0281)	(0.2326)	(0.0332)	(0.0499)	(0.0233)
协整向量 CointEq1		\multicolumn{7}{c}{-0.0002}						
标准差		\multicolumn{7}{c}{(0.0004)}						
常数项 C		\multicolumn{7}{c}{-0.00063}						
标准差		\multicolumn{7}{c}{(0.0016)}						

（四）日元利率短期波动：除自身外，仅受港元、英镑利率影响

日元利率短期波动方程中误差调整系数显著，表明其利率一旦出现偏离就会自动向长期协整关系调整。但该货币利率短期波动不受人民币 Shibor、欧元、美元和新加坡元利率显著影响。仅港元和英镑利率波动对其存在显著的滞后效应。其中，港元利

率滞后4期效应显著,系数为0.0132;英镑利率滞后2期效应显著,系数为0.0146,表明这两货币利率短期波动对日元利率有正向滞后作用。当然日元利率更多地受自身的滞后波动影响。其自身的滞后1~5期系数都显著,而且似乎有"奇数期正效应、偶数期负效应特征"。

表3-5　　　　　　　　　日元利率短期波动函数 VEC 模型

因变量		\multicolumn{7}{c}{$D(r_{jp})$}						
滞后期n	-0.21888	$D(r_{Shibor}(-n))$	$D(r_{eu}(-n))$	$D(r_{hk}(-n))$	$D(r_{jp}(-n))$	$D(r_{ld}(-1))$	$D(r_{sg}(-n))$	$D(r_{us}(-n))$
1	系数	0.013804	-0.0104	0.005672	0.08872	0.000478	-0.00746	-0.00237
	标准差	(0.0082)	(0.0257)	(0.0044)	(0.0276)	(0.0070)	(0.0083)	(0.0037)
2	系数	0.007017	0.005646	0.005214	-0.38787	0.014573	-0.00492	-0.00236
	标准差	(0.0091)	(0.0281)	(0.0046)	(0.0278)	(0.0071)	(0.0082)	(0.0038)
3	系数	-0.01149	-0.02008	0.002374	0.101295	-0.01079	-0.00302	-0.00291
	标准差	(0.0091)	(0.0279)	(0.0046)	(0.0304)	(0.0058)	(0.0081)	(0.0038)
4	系数	0.003007	0.022955	0.013235	-0.13931	0.002684	0.005937	-0.00338
	标准差	(0.0091)	(0.0276)	(0.0046)	(0.0303)	(0.0058)	(0.0081)	(0.0038)
5	系数	-0.0067	-0.01499	-0.00268	0.091312	-0.00672	-0.0014	-0.00195
	标准差	(0.0091)	(0.0274)	(0.0046)	(0.0374)	(0.0054)	(0.0081)	(0.0038)
6	系数	-0.00475	0.004947	0.002951	0.012622	-0.00208	-0.00453	0.000632
	标准差	(0.0082)	(0.0245)	(0.0045)	(0.0373)	(0.0053)	(0.0080)	(0.0037)
协整向量 CointEq1		\multicolumn{7}{c}{0.000171}						
标准差		\multicolumn{7}{c}{(0.000061)}						
常数项 C		\multicolumn{7}{c}{-0.00013}						
标准差		\multicolumn{7}{c}{(0.0003)}						

(五)英镑利率短期波动:既受发达货币利率作用又受人民币 Shibor 影响

伦敦英镑利率波动不仅受长期协整关系影响而且受所有货币利率滞后作用。误差调整系数0.0010在七个方程中最大,表明该货币利率一旦偏离长期一致关系会以最快速度向其回归。其中,欧元利率和其自身的滞后1期系数都显著,分别为0.2880和0.1229,可见欧洲本地市场信息传递很及时,而且都是正效应。美元国债利率滞后6期系数显著,为0.0979,可见英镑对美债利率的反应比较迟缓,尽管也是正反应。亚洲的人民币 Shibor 和新加坡元利率的滞后效应也比较迟缓,新加坡元利率滞后

4 期系数才显著,为 0.1346;人民币 Shibor 滞后 6 期系数才显著,为 0.1603,可见这两个货币利率波动对英镑利率都有一个正向滞后效应。不过,港元和日元利率对英镑利率的波动影响是不仅及时而且持续。港元 1、4、5、6 期系数显著,分别为 0.0778、0.0470、0.0698 和 -0.0565;日元利率滞后 1、2、4、5、6 期系数显著,分别为 0.3477、0.6637、-3.1475、0.4300、0.5221,可见这两种货币利率对英镑利率的影响也是正向的。

表 3-6　　　　　　　　英镑利率短期波动函数 VEC 模型

因变量		D(r_{ld})						
滞后期 n	-0.21888	D($r_{Shibor}(-n)$)	D($r_{eu}(-n)$)	D($r_{hk}(-n)$)	D($r_{jp}(-n)$)	D($r_{ld}(-1)$)	D($r_{sg}(-n)$)	D($r_{us}(-n)$)
1	系数	0.002497	0.287998	0.077783	0.347651	0.122283	0.057099	-0.02904
	标准差	(0.0324)	(0.1024)	(0.0175)	(0.1098)	(0.0280)	(0.0328)	(0.0147)
2	系数	-0.02757	-0.12888	0.019104	0.663707	-0.02931	0.004971	0.008381
	标准差	(0.0361)	(0.1118)	(0.0183)	(0.1104)	(0.0283)	(0.0324)	(0.0149)
3	系数	-0.01609	0.064368	-0.00784	0.131009	0.045789	0.043767	0.007935
	标准差	(0.0362)	(0.1108)	(0.0182)	(0.1209)	(0.0231)	(0.0322)	(0.0152)
4	系数	0.007892	0.141154	0.047033	-3.14749	0.033673	0.134552	-0.02036
	标准差	(0.0362)	(0.1099)	(0.0183)	(0.1205)	(0.0232)	(0.0322)	(0.0152)
5	系数	-0.07198	-0.17611	0.069767	0.429992	-0.01712	-0.01665	-0.00533
	标准差	(0.0361)	(0.1088)	(0.0182)	(0.1486)	(0.0213)	(0.0321)	(0.0152)
6	系数	0.16086	0.147472	-0.05648	0.522082	-0.00608	-0.0337	0.037853
	标准差	(0.0325)	(0.0976)	(0.0179)	(0.1484)	(0.0212)	(0.0318)	(0.0149)
协整向量 CointEq1		0.000999						
标准差		(0.0002)						
常数项 C		-0.00124						
标准差		(0.0010)						

(六) 新加坡元利率短期波动:不受人民币 Shibor 和英镑利率显著影响

新加坡元利率的短期波动不仅受自身的滞后影响而且还受欧元利率、港元利率、日元利率和美元利率波动的影响。其中,自身滞后 2、4、5、6 期系数显著,分别为 0.0856、-0.0848、0.1148 和 -0.0613,可见新加坡元利率的自我影响时间跨度长,且有"涨跌互现"特征。美债利率滞后 2、5 期系数显著,分别是 -0.0462 和

0.0426，其大小相等、方向相反。日元利率滞后 2、4 期系数显著，分别是 0.2283 和 0.4741，对新加坡元利率的影响是正向叠加效应。欧元利率滞后 4、5、6 期系数显著，分别为 −0.2383、0.3183 和 −0.2319，似乎对新加坡元利率的影响以负向为主。港元滞后 1、3、6 期系数显著，分别为 0.0859、−0.0335 和 0.0544，涨跌互现，且对新加坡元利率影响时间跨度较长。

表 3−7　　　　　　　　　新加坡元利率短期波动函数 VEC 模型

因变量		D(r_{sg})						
滞后期 n	−0.21888	D(r_{Shibor}(−n))	D(r_{eu}(−n))	D(r_{hk}(−n))	D(r_{jp}(−n))	D(r_{ld}(−1))	D(r_{sg}(−n))	D(r_{us}(−n))
1	系数	0.002294	0.058995	0.085862	−0.02979	0.038799	0.047921	0.019161
	标准差	(0.0268)	(0.0846)	(0.0145)	(0.0907)	(0.0231)	(0.0271)	(0.0121)
2	系数	−0.00284	−0.13182	0.016119	0.228292	0.035586	0.085574	−0.04625
	标准差	(0.0298)	(0.0924)	(0.0151)	(0.0912)	(0.0234)	(0.0268)	(0.0123)
3	系数	0.024828	0.174659	−0.03346	−0.14754	0.028967	0.011763	0.001194
	标准差	(0.0299)	(0.0916)	(0.0150)	(0.0999)	(0.0191)	(0.0266)	(0.0126)
4	系数	−0.01552	−0.23831	−0.02472	0.474051	−0.01648	−0.08476	−0.00018
	标准差	(0.0299)	(0.0908)	(0.0151)	(0.0996)	(0.0192)	(0.0266)	(0.0126)
5	系数	−0.00439	0.318339	−0.02085	−0.07055	0.015828	0.114828	0.042565
	标准差	(0.0298)	(0.0899)	(0.0150)	(0.1227)	(0.0176)	(0.0265)	(0.0125)
6	系数	−0.00026	−0.23192	0.054368	0.010399	0.001672	−0.06131	−0.01124
	标准差	(0.0268)	(0.0806)	(0.0148)	(0.1226)	(0.0175)	(0.0263)	(0.0123)
协整向量 CointEq1		−0.0000742						
标准差		(0.0002)						
常数项 C		−0.0015						
标准差		(0.0008)						

（七）美债利率短期波动：仅受欧元利率、港元利率与其自身的滞后影响

美债利率短期波动方程中误差调整系数不显著，表明其一旦出现波动不会向协整向量自动调整。不仅如此，人民币 Shibor、日元利率、英镑利率和新加坡元利率，均对其没有显著的滞后效应。美元利率仅受欧元利率、港元利率和其自身的滞后影响。其中，欧元利率的滞后 1、6 两期系数显著，分别为 −0.4425 和 00.4628，可见欧元对美元利率的影响具有周冲销效应，即滞后 1 期与滞后 6 期的影响系数大小相当、方

向相反。港元利率滞后1、2、5期系数都显著,而且都是正效应,表明美元利率随港元利率同向变动,只是两种效应随着滞后期延长而递减。其自身的滞后1、2、3期系数显著,分别为0.18807、-0.13236和-0.20706,可见美元利率波动能够在随后的两三天内迅速消化,尽管波幅较大。

表3-8　　　　　　　　　　美债利率短期波动函数VEC模型

因变量		D(r_{us})						
滞后期 n	-0.21888	D(r_{Shibor}(-n))	D(r_{eu}(-n))	D(r_{hk}(-n))	D(r_{jp}(-n))	D(r_{ld}(-1))	D(r_{sg}(-n))	D(r_{us}(-n))
1	系数	0.065819	-0.44245	0.150914	-0.13829	-0.03081	-0.05765	0.18807
	标准差	(0.0605)	(0.1908)	(0.0326)	(0.2047)	(0.0521)	(0.0612)	(0.0273)
2	系数	-0.06194	-0.11446	0.081287	-0.06464	-0.01485	-0.07535	-0.13236
	标准差	(0.0672)	(0.2085)	(0.0341)	(0.2058)	(0.0527)	(0.0604)	(0.0278)
3	系数	0.035607	-0.0032	-0.02047	-0.10345	0.030301	0.055092	-0.20706
	标准差	(0.0674)	(0.2066)	(0.0339)	(0.2254)	(0.0431)	(0.0600)	(0.0283)
4	系数	0.004893	-0.11717	0.024871	-0.20878	0.02066	0.003068	0.038804
	标准差	(0.0675)	(0.2049)	(0.0341)	(0.2247)	(0.0432)	(0.0601)	(0.0284)
5	系数	-0.04739	-0.2739	0.105202	-0.23762	0.014647	-0.04004	-0.03889
	标准差	(0.0673)	(0.2028)	(0.0338)	(0.2770)	(0.0397)	(0.0598)	(0.0283)
6	系数	0.043756	0.462823	-0.05174	-0.13475	0.045321	0.03401	0.012333
	标准差	(0.0605)	(0.1820)	(0.0334)	(0.2766)	(0.0395)	(0.0593)	(0.0277)
协整向量 CointEq1		0.0000636						
标准差		(0.0005)						
常数项 C		-0.004213						
标准差		(0.0019)						

3.4　方差分解与脉冲响应

本部分将分析各个利率之间的方差分解和脉冲响应。既然上文已经检验出中国3个月Shibor与全球六大主要货币(同期)利率之间的相互作用关系。那么,这种相互关系式如何发挥作用的?只有通过方差分解和脉冲响应才能具体测定。

一、方差分解

简单地说,方差分解就是对变量波动部分进行分解。它能够更加清晰地展示每一个变量波动的各个起因及其相对影响程度。据人民币 3 个月 Shibor 和 6 个主要货币的同期利率来说,它们各自的方差大小不同,差别较大。变动最大的前三位分别是港元利率、人民币 Shibor 和美债利率;变动最小的依次是日元利率、欧元利率和新加坡元利率。彼此之间信息传递差异较大,尽管各自方差变动信息一半以上都来自自身。最封闭的依次是人民币 Shibor、日元利率、美债利率和新加坡元利率,它们方差变动的 90% 以上信息来自自身。最开放的依次是英镑利率、欧元利率和港元利率,它们都有 15% 以上的信息来自外部货币利率。国际影响最大的是英镑利率、欧元利率和港元利率。影响力最小的依次是人民币 Shibor 和美债利率。具体货币利率的方差分解如表 3-9 所示。

表 3-9　　　　　　　　　　　　Shibor 方差分解

时期	标准差	r_{Shibor}	r_{eu}	r_{hk}	r_{jp}	r_{ld}	r_{sg}	r_{us}
1	0.0299	100.0000	0.0000	0.0000	0.0000	0.0000	0.0000	0.0000
2	0.0536	99.8650	0.0328	0.0283	0.0461	0.0088	0.0001	0.0188
3	0.0762	99.6290	0.1388	0.0639	0.1207	0.0166	0.0088	0.0222
4	0.0987	99.5063	0.2217	0.0680	0.1641	0.0132	0.0111	0.0156
5	0.1210	99.3508	0.3190	0.0939	0.2027	0.0088	0.0115	0.0134
6	0.1437	99.1887	0.4330	0.1105	0.2305	0.0074	0.0156	0.0143
7	0.1649	99.0334	0.5388	0.1143	0.2713	0.0102	0.0159	0.0161
8	0.1849	98.8748	0.6453	0.1136	0.3160	0.0181	0.0153	0.0168
9	0.2038	98.7247	0.7446	0.1121	0.3559	0.0310	0.0134	0.0182
10	0.2217	98.5788	0.8377	0.1107	0.3921	0.0488	0.0114	0.0206

(一) 人民币 Shibor 方差分解:波动方差较大,几乎全部来自自身

从表 3-9 可以看出,人民币 Shibor 的方差主要来自其自身,其次是欧元利率、日元利率和港元利率,最后是英镑利率、美债利率和新加坡元利率。在未来 10 期内,人民币 Shibor 的标准差由 0.0299 增大到 0.2217,其自身的方差解释率由 100% 降到 98.58%,但仍然处在支配地位。期间,欧元利率的方差解释率由 0 上升至 0.84%;日元利率的方差解释率由 0 上升至 0.39%;港元利率的方差解释率由 0 上升至

0.11%。它们累计方差解释率只有1.34%,可见其影响非常小。而英镑、美债和新加坡元的方差解释率更是微乎其微。

(二) 欧元利率方差分解:波动方差较小,主要来自自身和英镑利率

从表3-10可以看出,欧元利率变动的方差解释率主要是其自身,但不像人民币Shibor那么高。其次是英镑利率和新加坡元利率的方差解释率,累计占比15.16%。第三层次解释率是人民币Shibor、美债利率、港元和日元利率。在未来10期内欧元利率的标准差由0.0095升至0.0721,其自身的方差解释率由100%下降到84.46%,但仍然是主体。期间,英镑利率的方差解释率由0上升至13.68%,新加坡元利率的解释率由0升至1.68%,两者分别居于第二和第三位。中国人民币Shibor的方差解释率由0升到0.21%,居第四位。美债、港元和日元利率的方差解释率微乎其微,三者累计占比只有0.16%。

表3-10 欧元利率方差分解

时期	标准差	r_{Shibor}	r_{eu}	r_{hk}	r_{jp}	r_{ld}	r_{sg}	r_{us}
1	0.0095	0.0230	99.9770	0.0000	0.0000	0.0000	0.0000	0.0000
2	0.0167	0.0103	98.8655	0.0226	0.0021	0.9731	0.0745	0.0519
3	0.0237	0.0055	96.2065	0.0652	0.0032	3.4304	0.0447	0.2446
4	0.0306	0.0034	94.2791	0.0492	0.0021	5.4300	0.0371	0.1992
5	0.0377	0.0042	92.3874	0.0617	0.0075	7.2286	0.1211	0.1895
6	0.0448	0.0058	90.6601	0.0445	0.0056	8.7791	0.3253	0.1796
7	0.0518	0.0199	88.9356	0.0334	0.0043	10.0987	0.7109	0.1971
8	0.0587	0.0525	87.3364	0.0272	0.0034	11.3237	1.0636	0.1932
9	0.0655	0.1146	85.8420	0.0222	0.0031	12.4556	1.3914	0.1711
10	0.0721	0.2093	84.4644	0.0183	0.0029	13.4825	1.6794	0.1432

(三) 港元利率方差分解:波动方差最大,除了自身主要来自欧元利率

从表3-11可以看出,港元波动的方差主要来自其自身,其次是欧元利率、新加坡元利率和英镑利率,它们的累计方差解释率为13.4%;第三层次是美债利率、人民币Shibor和日元利率。在未来10期内,港元利率波动的标准差由0.0561上升至0.2335,其自身的方差解释率由100%降为85.88%,仍然是主体,虽然没有人民币Shibor那么高但与欧元自我解释率相近。期间,欧元利率的解释率由0上升到10.55%,新加坡元利率方差解释率由0升至1.57%,英镑利率的解释率由0上升至1.29%,三者累计占比13.41%。美债利率、人民币Shibor和日元利率的方差解释率

微乎其微，三者加起来不到1%。

表3–11　　　　　　　　　　　港元利率方差分解

时期	标准差	r_{Shibor}	r_{eu}	r_{hk}	r_{jp}	r_{ld}	r_{sg}	r_{us}
1	0.0561	0.0565	0.2738	99.6697	0.0000	0.0000	0.0000	0.0000
2	0.0895	0.0259	1.2846	98.1260	0.0371	0.0416	0.1381	0.3468
3	0.1124	0.0334	2.3838	96.7963	0.0423	0.2494	0.2459	0.2490
4	0.1342	0.0280	2.9422	95.8533	0.0310	0.4610	0.5053	0.1791
5	0.1556	0.0327	4.2913	93.9521	0.0241	0.6393	0.8698	0.1908
6	0.1761	0.0861	5.9305	91.8792	0.0189	0.7760	0.9763	0.3330
7	0.1924	0.1055	7.3450	89.9820	0.0165	0.9146	1.1287	0.5076
8	0.2067	0.1094	8.4574	88.5223	0.0147	1.0504	1.2754	0.5704
9	0.2204	0.1034	9.4856	87.2084	0.0157	1.1711	1.4203	0.5955
10	0.2335	0.0941	10.5285	85.8789	0.0188	1.2924	1.5687	0.6186

（四）日元利率方差分解：波动方差较小，绝大部分来自自身，虽然一定程度来自港元利率

日元利率波动信息主要来自自身，其次是港元利率波动的影响，其他货币利率波动的影响微乎其微。在未来10期内，日元利率的标准差由0.0090上升至0.0241，其自身的方差解释率100%降至97.17%，处于绝对支配地位，与人民币Shibor类似。期间，港元利率的方差解释率由0上升至2.12%，是其波动的第一大外部信息源。其他货币利率包括美债、英镑、欧元、新加坡元利率和人民币Shibor累计解释率不到1%，几乎可以忽略。

表3–12　　　　　　　　　　　日元利率方差分解

时期	标准差	r_{Shibor}	r_{eu}	r_{hk}	r_{jp}	r_{ld}	r_{sg}	r_{us}
1	0.0090	0.2672	0.0405	0.1208	99.5714	0.0000	0.0000	0.0000
2	0.0133	0.1257	0.0643	0.2688	99.4989	0.0019	0.0358	0.0047
3	0.0148	0.2397	0.0594	0.5390	98.8478	0.1657	0.1205	0.0280
4	0.0163	0.2312	0.0631	0.7131	98.5576	0.1848	0.1840	0.0662
5	0.0178	0.2118	0.0550	1.2430	98.0236	0.1733	0.1848	0.1086
6	0.0192	0.1900	0.0472	1.6329	97.6396	0.1695	0.1707	0.1499
7	0.0205	0.1667	0.0413	1.8185	97.4682	0.1612	0.1884	0.1557
8	0.0217	0.1506	0.0368	2.0255	97.2644	0.1623	0.2146	0.1459
9	0.0229	0.1367	0.0335	2.0928	97.2014	0.1682	0.2310	0.1365
10	0.0241	0.1273	0.0306	2.1229	97.1653	0.1738	0.2532	0.1269

(五) 英镑利率方差分解：波动方差中等，除自身外，主要来自港元、欧元和日元利率

英镑利率国际依赖性最高，尽管其自身的方差解释率仍然是主体，但是外部信息源已经占 19.4%。尤其是港元、欧元、日元和新加坡元利率，在英镑利率波动中的方差解释率都大于 1%。在未来 10 期内英镑利率波动的标准差由 0.0358 上升至 0.1592，其自身的方差解释率由 94.65% 降到 80.63%，尽管仍然是主体，但降幅最大。这表明英镑利率受国际市场影响最大。当然，影响较大的既不是美债利率也不是人民币 Shibor，而是港元、欧元、日元和新加坡元利率，它们的方差解释率依次为 8.19%、4.58%、4.26% 和 2.04%。

表 3-13　　　　　　　　　　英镑利率方差分解

时期	标准差	r_{Shibor}	r_{eu}	r_{hk}	r_{jp}	r_{ld}	r_{sg}	r_{us}
1	0.0358	0.0001	0.4261	1.8515	3.0688	94.6535	0.0000	0.0000
2	0.0555	0.0001	1.1153	3.7801	4.5858	90.3735	0.0679	0.0774
3	0.0719	0.0168	1.3834	5.0991	7.9824	85.3047	0.1213	0.0924
4	0.0871	0.0440	1.6303	5.4353	9.7892	82.8261	0.2085	0.0667
5	0.1014	0.0326	2.1821	6.1388	8.5209	82.3878	0.6847	0.0532
6	0.1155	0.1177	2.6010	7.6537	7.9559	80.4788	1.1300	0.0628
7	0.1270	0.1555	3.1918	8.3129	6.6369	80.1471	1.5030	0.0528
8	0.1382	0.1314	3.7325	8.4692	5.6233	80.1658	1.7956	0.0823
9	0.1489	0.1254	4.1483	8.3238	4.8618	80.4818	1.9367	0.1222
10	0.1592	0.1339	4.5839	8.1891	4.2642	80.6340	2.0425	0.1523

(六) 新加坡元利率方差分解：波动方差偏小，除了自身主要来自英镑利率和港元利率

从表 3-14 可以看出，新加坡元利率波动信息主要来自其自身，其次是英镑利率和港元利率构成了新加坡元利率波动的最大外部信息源。人民币 Shibor 和日元利率、欧元利率和美债利率的方差解释率均不超过 1%。在未来 10 期内，新加坡元利率波动标准差由 0.0296 上升至 0.1124，其自身的方差解释率由 98.98% 下降到 90.24%，处在绝对支配地位。期间，英镑利率的方差解释率由 0 升至 5.04%，港元利率的方差解释率由 0 升至 3.32%，两者累计方差解释率达到 8.36%，日元利率、欧元利率和美债利率的方差解释率相对比较小，分别仅有 0.96%、0.26% 和 0.16%。人民币

Shibor 的方差解释率最小,只有 0.0036%。

表 3-14　　　　　　　　　　新加坡元利率方差分解

时期	标准差	r_{Shibor}	r_{eu}	r_{hk}	r_{jp}	r_{ld}	r_{sg}	r_{us}
1	0.0296	0.0018	0.0961	0.0085	0.0001	0.9097	98.9839	0.0000
2	0.0433	0.0010	0.0450	1.1992	0.0002	1.3674	97.3042	0.0830
3	0.0558	0.0009	0.0313	2.5335	0.1522	2.1093	94.9818	0.1910
4	0.0665	0.0036	0.0861	2.7094	0.1834	2.9685	93.7518	0.2972
5	0.0751	0.0032	0.0680	2.6038	0.7499	3.5305	92.7037	0.3409
6	0.0842	0.0026	0.1699	2.2744	1.0366	3.9233	92.3193	0.2739
7	0.0919	0.0028	0.2091	2.6758	0.9835	4.3108	91.5866	0.2314
8	0.0992	0.0024	0.2426	2.9656	0.9447	4.6212	91.0143	0.2093
9	0.1060	0.0021	0.2658	3.1597	0.9452	4.8495	90.5912	0.1865
10	0.1124	0.0036	0.2639	3.3217	0.9641	5.0448	90.2350	0.1669

（七）美债利率方差分解：波动方差较大，主要来自自身和港元利率

从表 3-15 可以看出，美国国债利率的波动信息主要来自自身，其次是港元利率，人民币 Shibor 和其他货币利率如欧元、英镑、日元和新加坡元利率等方差解释率则都不超过 1%。在未来 10 期内，美债利率波动标准差由 0.0667 上升至 0.2046，其自身的方差解释率由 100% 下降到 92.1%，仍然处于主导地位。期间，港元利率方差解释率由 0 上升至 5.71%，是其波动的最大外部信息源。其次是英镑利率、欧元利率和日元利率波动，它们的方差解释率分别为 0.87%、0.73% 和 0.52%。人民币 Shibor 和新加坡元利率的方差解释率分别只有 0.041% 和 0.046%，微乎其微。

表 3-15　　　　　　　　　　美国债利率方差分解

时期	标准差	r_{Shibor}	r_{eu}	r_{hk}	r_{jp}	r_{ld}	r_{sg}	r_{us}
1	0.0667	0.0006	0.0022	0.0005	0.0013	0.4605	0.1856	99.3493
2	0.1041	0.0415	0.1058	0.6560	0.0280	0.5908	0.1032	98.4747
3	0.1280	0.0435	0.2747	1.9802	0.0799	0.7637	0.0734	96.7846
4	0.1409	0.0483	0.4356	2.7995	0.1467	0.8496	0.0607	95.6597
5	0.1522	0.0559	0.6039	3.2660	0.2478	0.8712	0.0602	94.8950
6	0.1638	0.0519	0.8756	4.3534	0.3401	0.8804	0.0566	93.4420
7	0.1751	0.0477	0.8730	5.1505	0.4066	0.8723	0.0553	92.5946
8	0.1856	0.0439	0.8181	5.4805	0.4581	0.8698	0.0518	92.2778
9	0.1954	0.0426	0.7687	5.5643	0.4941	0.8662	0.0489	92.2152
10	0.2046	0.0408	0.7322	5.7051	0.5227	0.8683	0.0461	92.0849

二、脉冲响应

脉冲响应测定的是不同变量对其各自自变量变动的响应方向与响应程度。通常用自变量当期变动一个标准差引起因变量在未来一定时期（如10期）内的反应变化来表示。就人民币3个月Shibor和国际6个主要货币同期利率来看，它们各自的国际冲击不同，因而彼此之间的脉冲响应差别较大，尽管各自自身的冲击都是正效应且相对较大。人民币Shibor对港元利率和英镑利率的冲击是负的，而对其他货币利率的冲击为正；对其自身冲击最大，其次是对港元和美债利率，对日元利率冲击最小。欧元利率对日元利率和美债利率冲击为负而对其他货币利率冲击为正；对其响应最大的是港元利率和其自身，最小的是日元利率。港元利率对人民币Shibor和欧元利率的冲击是负的而对其他货币利率的冲击为正；对其响应最大的除了自身外还有美债利率和英镑利率，响应最小的是欧元利率。日元利率对欧元利率、港元利率和美债利率的冲击为负数而对其他货币利率的冲击为正效应；整体上对该货币利率的脉冲响应偏小，其中最小的是欧元利率和港元利率的响应。英镑利率除了对美债利率冲击为负数外对其他货币利率冲击均为正；其自身的脉冲响应最大，而人民币Shibor和日元利率对其响应最小。新加坡元利率对人民币Shibor和日元利率的冲击不仅为负数而且数值最小；而对其他货币利率冲击均是正效应，其中自身的脉冲响应最大。美债利率对欧元利率、港元利率、日元利率和新加坡元利率的冲击为负数而对其他货币利率的冲击是正效应；其自身脉冲响应最大，其次是港元利率的响应，对其货币利率的冲击均较小。各货币具体利率的脉冲响应如下：

（一）人民币Shibor脉冲响应：最大是对其自身，最小是对英镑、新加坡元和美债利率

人民币Shibor的脉冲响应分为两种：一种是正向响应，主要是对自身、欧元利率、英镑利率和美债利率的反映。其中，自身的冲击最大，其次是欧元利率的冲击，美债利率和英镑利率的冲击相对更小。它们各自当期一个标准差变动，将会分别引起人民币Shibor在未来10期内平均同向变动0.0672、0.0054、0.0009和0.00075个标准差。另一种是负向响应，主要是对亚洲货币日元、港元和新加坡元利率的反应。它们当期一个标准差的变动，将会分别引起人民币Shibor在未来10期内平均反向波动0.00384、0.00212和0.00063个标准差。无论哪一种响应，从绝对值看，人民币Shibor 对自身的脉冲响应最大,其次是对欧元、日元和港元利率的脉冲响应,而对美债利率、英镑利率和新加坡元利率的脉冲响应最小。

表 3-16　　　　　　　　　　　人民币 Shibor 脉冲响应

时期	r_{Shibor}	r_{eu}	r_{hk}	r_{jp}	r_{ld}	r_{sg}	r_{us}
1	0.029936	0	0	0	0	0	0
2	0.04439	0.000971	-0.000902	-0.001151	-0.000503	-0.0000514	0.000735
3	0.054067	0.002669	-0.001703	-0.002385	-0.000843	-0.000714	0.000866
4	0.062546	0.00368	-0.001707	-0.002998	-0.000564	-0.000754	0.000486
5	0.069653	0.005011	-0.002669	-0.0037	0.0000099	-0.000776	0.000665
6	0.076931	0.00653	-0.003009	-0.004229	0.000497	-0.00124	0.000993
7	0.080404	0.007563	-0.002877	-0.005119	0.00111	-0.001057	0.001193
8	0.082888	0.008607	-0.002784	-0.005853	0.001853	-0.000952	0.001175
9	0.084865	0.009416	-0.002782	-0.006309	0.002582	-0.000573	0.001342
10	0.086356	0.010126	-0.002796	-0.006701	0.003333	-0.000216	0.001605
平均	6.72E-02	5.46E-03	-2.12E-03	-3.84E-03	7.47E-04	-6.33E-04	9.06E-04

(二) 欧元利率脉冲响应:最大是对其自身,最小是对日元利率

欧元利率的脉冲响应也分为两类:一类是以自身为代表的正向响应,包括对英镑利率、新加坡元利率和人民币 Shibor 的反应,都是正向的。它们当期一个标准差的变动,将会分别引起欧元利率在未来 10 期内平均同向波动 0.02、0.0073、0.0021 和 0.00062 个标准差。另一类是对美债利率、港元利率和日元利率的响应,表现为负向效应。它们当期一个标准差的变动,将会分别引起欧元利率在未来 10 期内平均反向波动 0.00076、0.00015 和 0.000033 个标准差。可见,从绝对值看,欧元利率的脉冲响应分四个等级:最大的是对其自身的响应,其次是对英镑利率和新加坡元利率的响应,第三是对美债利率、人民币 Shibor 和港元利率利率的响应,最小的是对日元利率的响应。

表 3-17　　　　　　　　　　　欧元利率脉冲响应

时期	r_{Shibor}	r_{eu}	r_{hk}	r_{jp}	r_{ld}	r_{sg}	r_{us}
1	-0.000144	0.009469	0	0	0	0	0
2	-0.0000895	0.013615	-0.000251	-0.0000764	0.001645	0.000455	-0.00038
3	0.0000497	0.016334	-0.000551	-0.000111	0.004076	-0.00021	-0.00111
4	0.0000154	0.018462	-0.000305	-0.0000371	0.005614	0.000309	-0.000698
5	0.00017	0.02081	-0.000647	-0.000295	0.007219	0.001174	-0.000913
6	0.000235	0.022458	-0.000123	-0.0000704	0.008562	0.002192	-0.000953
7	0.000649	0.023873	0.0000663	-0.0000605	0.009754	0.003546	-0.0013
8	0.001129	0.024941	0.000203	0.0000532	0.010915	0.004192	-0.001169
9	0.001761	0.025849	0.000105	0.000123	0.011978	0.004793	-0.000819
10	0.002444	0.026665	-0.00000576	0.000141	0.012921	0.005259	-0.000335
平均	6.22E-04	2.02E-02	-1.51E-04	-3.33E-05	7.27E-03	2.17E-03	-7.68E-04

（三）港元利率脉冲响应：最大是对其自身和欧元利率，最小是对日元利率

从绝对值看，港元利率的脉冲响应分三个层次：最大的是对其自身和欧元利率的脉冲响应，最小的是对日元利率，居于中间的是对美元、英镑、新加坡元利率和人民币 Shibor。其中，港元利率对美债利率、人民币 Shibor 和日元利率的脉冲响应是负向反映。它们当期一个标准差的变动，将分别引起港元利率在未来 10 期内平均反向波动 0.0048、0.0016 和 0.000046 个标准差。但对于欧元利率、英镑利率、新加坡元利率和其自身，港元利率的脉冲响应则是正向的。它们当期一个标准差的变动，将分别引起港元利率在未来 10 期内平均正向波动 0.022、0.0075、0.0083 和 0.068 个标准差。

表 3-18　　　　　　　　　　　港元利率脉冲响应

时期	r_{Shibor}	r_{eu}	r_{hk}	r_{jp}	r_{ld}	r_{sg}	r_{us}
1	0.001335	0.002937	0.056034	0	0	0	0
2	0.000539	0.00971	0.068705	-0.001723	0.001825	0.003326	-0.005271
3	-0.001464	0.014076	0.066054	-0.001539	0.005306	0.004472	-0.001912
4	-0.000909	0.01513	0.071005	-0.000507	0.00718	0.007744	0.000904
5	-0.001695	0.022555	0.073996	0.000479	0.008467	0.010932	-0.003732

续表

时期	r_{Shibor}	r_{eu}	r_{hk}	r_{jp}	r_{ld}	r_{sg}	r_{us}
6	-0.004335	0.028285	0.075806	0.000149	0.009266	0.009601	-0.007553
7	-0.003513	0.029657	0.069384	-0.00051	0.009895	0.010724	-0.0092
8	-0.002774	0.029896	0.067122	0.000414	0.010493	0.011268	-0.007465
9	-0.001874	0.031566	0.067545	0.00116	0.010972	0.012055	-0.006762
10	-0.001034	0.033632	0.06669	0.001617	0.011643	0.012852	-0.006923
平均	-1.57E-03	2.17E-02	6.82E-02	-4.60E-05	7.50E-03	8.30E-03	-4.79E-03

（四）日元利率脉冲响应：最大是对自身与港元利率，最小是对人民币Shibor与欧元利率

日元利率对人民币Shibor、港元利率、英镑利率和自身的脉冲响应是正效应。它们当期一个标准差变动，将分别引起日元利率在未来10期内平均波动0.000035、0.0011、0.00028和0.0074个标准差。但日元利率对于美债利率、欧元利率和新加坡元利率的脉冲响应是负效应。它们当期一个标准差的变动，将分别引起日元利率在未来10期内平均反向波动0.00023、0.000078和0.00035个标准差。总的看，日元利率的脉冲响应相对较小，最大的是对其自身与港元利率的响应，最小的是对欧元利率和人民币Shibor的响应，它们没有一个达到1%标准差水平。

表3-19　　　　　　　　　　　日元利率脉冲响应

时期	r_{Shibor}	r_{eu}	r_{hk}	r_{jp}	r_{ld}	r_{sg}	r_{us}
1	-0.000465	-0.000181	0.000313	0.008981	0	0	0
2	-0.0000778	-0.000285	0.000615	0.009771	0.0000573	-0.000252	-0.0000913
3	0.000552	-0.00013	0.000842	0.006425	0.000601	-0.000449	-0.000231
4	0.000296	-0.000193	0.000843	0.006689	0.000357	-0.000474	-0.000338
5	0.000234	-0.0000783	0.001426	0.006919	0.000238	-0.000308	-0.000409
6	0.000173	-0.00000709	0.001443	0.007038	0.000276	-0.000211	-0.000457
7	-0.0000475	0.0000106	0.001282	0.007131	0.000233	-0.000406	-0.000322
8	-0.000101	-0.000000129	0.001387	0.007044	0.000298	-0.000471	-0.000185
9	-0.0000782	0.0000449	0.001191	0.00713	0.000341	-0.000446	-0.000166
10	-0.000135	0.0000332	0.001133	0.007165	0.000349	-0.000501	-0.00013
平均	3.51E-05	-7.86E-05	1.05E-03	7.43E-03	2.75E-04	-3.52E-04	-2.33E-04

(五) 英镑利率脉冲响应：最大是对其自身和港元利率，最小是对美债利率和人民币 Shibor

英镑利率仅对人民币 Shibor 的脉冲响应表现为负效应，且数值相当小。人民币 Shibor 当期一个标准差变动将会引起英镑利率在未来 10 期内平均反向波动 0.00048 个标准差。英镑利率对其他货币利率的响应都是正效应。其中，最大的是对其自身和港元利率的脉冲响应。它们当期一个标准差变动将分别引起英镑利率未来 10 期内平均同向波动 0.044 和 0.013 个标准差。对美债利率的脉冲响应最小，在未来 10 期内平均仅有 0.00038 个标准差，与对人民币 Shibor 的响应相当。英镑对欧元利率、新加坡元利率和日元利率的脉冲响应居于中间水平，它们当期一个标准差的变动将引起英镑利率在未来 10 期内平均波动 0.0099、0.0061 和 0.0027 个标准差。

表 3-20 英镑利率脉冲响应

时期	r_{Shibor}	r_{eu}	r_{hk}	r_{jp}	r_{ld}	r_{sg}	r_{us}
1	0.0000303	0.002337	0.004872	0.006272	0.034833	0	0
2	0.0000368	0.00538	0.009637	0.010106	0.039681	0.001447	-0.001545
3	-0.000931	0.006095	0.012129	0.016474	0.040299	0.002044	-0.001546
4	-0.001573	0.007228	0.012207	0.018179	0.043329	0.003092	-0.000538
5	0.000101	0.010018	0.014762	-0.01149	0.04663	0.007383	-0.000629
6	-0.003513	0.011075	0.019745	-0.013619	0.047614	0.008963	-0.001707
7	-0.003064	0.012958	0.017889	0.003074	0.046837	0.009576	0.000369
8	-0.0000253	0.014065	0.016619	0.00179	0.048774	0.01002	0.002682
9	0.001645	0.014383	0.015103	-0.002015	0.050338	0.009299	0.003374
10	0.002478	0.015549	0.015151	-0.001627	0.050874	0.00939	0.00339
平均	-4.82E-04	9.91E-03	1.38E-02	2.71E-03	4.49E-02	6.12E-03	3.85E-04

(六) 新加坡元利率脉冲响应：最大是对其自身，最小是对人民币 Shibor

新加坡元利率仅对美债利率的脉冲响应表现为负效应，并且数值相对较小。当期美债利率一个标准差的变动将会引起新加坡元利率在未来 10 期内平均波动 0.0007 个标准差，数值仅比人民币 Shibor 大一点。新加坡元利率对其他货币利率的响应均为正效应。其中，最大的是对其自身的响应，最小的是对人民币 Shibor 的响应，它们当期一个标准差的变动，将分别引起新加坡元利率在未来 10 期内平均波动 0.034 和 0.00012 个标准差，彼此之间相差约 300 倍。新加坡元利率对英镑利率、港元利率、日元利率和欧元利率的脉冲响应居中,它们当期一个标准差的变动将分别引起新加坡元利率在未来 10 期内平均波动 0.0076、0.0049、0.0029 和 0.0013 个标准差,尽管顺次减小,但都比最大效应小 10 倍左右。

表 3–21　　　　　　　　　　新加坡元利率脉冲响应

时期	r_{Shibor}	r_{eu}	r_{hk}	r_{jp}	r_{ld}	r_{sg}	r_{us}
1	-0.000126	-0.000917	-0.000272	-0.0000234	0.002821	0.029425	0
2	0.0000527	-0.0000424	0.004729	-0.0000489	0.004199	0.030902	0.001246
3	-0.0000955	-0.000363	0.007514	0.002177	0.006333	0.033724	-0.002097
4	0.000365	0.001682	0.00639	0.001834	0.008093	0.034427	-0.00268
5	0.00014	0.000157	0.005193	0.005843	0.00823	0.032864	-0.002465
6	0.0000687	0.002865	0.003797	0.005584	0.008889	0.036289	0.000438
7	0.000227	0.002372	0.008061	0.00311	0.009291	0.034624	0.000387
8	0.000025	0.002488	0.008099	0.003134	0.009502	0.034832	-0.001016
9	0.0000483	0.002452	0.007965	0.003649	0.009514	0.035068	-0.000614
10	0.000467	0.001871	0.008053	0.003958	0.009633	0.035031	-0.000372
平均	1.17E-04	1.26E-03	5.95E-03	2.92E-03	7.65E-03	3.37E-02	-7.17E-04

(七)美债利率脉冲响应:最大是对其自身和港元利率,最小是对新加坡元利率和人民币 Shibor

美债利率对人民币 Shibor、港元利率、新加坡元利率和其自身的脉冲响应是正效应。它们当期一个标准差变动,将分别引起美债利率在未来 10 期内平均同向波动 0.0011、0.014、0.001 和 0.062 个标准差。美债利率对于欧元利率、日元利率和英镑利率的脉冲响应是负效应。它们当期一个标准差变动,将分别引起美债利率在未来 10 期内平均反向波动 0.0048、0.0042 和 0.0059 个标准差。但从绝对值看,美债利率脉冲响应最大的是对其自身和港元利率的响应,其次是对英镑利率、欧元利率、日元利率、人民币 Shibor 和新加坡元利率的响应。

表 3-22　　　　　　　　　美债利率脉冲响应

时期	r_{Shibor}	r_{eu}	r_{hk}	r_{jp}	r_{ld}	r_{sg}	r_{us}
1	-0.000161	0.000313	0.000144	-0.000242	-0.00453	0.002875	0.066527
2	0.002116	-0.003373	0.008432	-0.001725	-0.006598	0.00171	0.079064
3	0.001623	-0.005794	0.015923	-0.003174	-0.007821	-0.000915	0.072056
4	0.001566	-0.006437	0.015203	-0.004003	-0.006592	0.000134	0.055886
5	0.001833	-0.007314	0.014184	-0.005321	-0.005766	0.001382	0.054791
6	0.000984	-0.009742	0.020269	-0.005812	-0.005853	0.001114	0.055424
7	0.000848	-0.005727	0.020285	-0.005784	-0.005594	0.001331	0.057671
8	0.000699	-0.003774	0.017589	-0.005762	-0.005681	0.000938	0.058382
9	0.001071	-0.003419	0.015378	-0.005554	-0.005575	0.000905	0.058477
10	0.000892	-0.003574	0.016193	-0.005479	-0.005702	0.0008	0.057569
平均	1.15E-03	-4.88E-03	1.44E-02	-4.29E-03	-5.97E-03	1.03E-03	6.16E-02

3.5　本章小结

综上分析，本章运用 Johnsen 多元协整和 VEC 模型检验了中国人民币 3 个月 Shibor 与全球 6 个主要货币同期利率之间的互动关系（包括长期一致关系和短期波动关系），并进一步运用方差分解和脉冲响应技术对它们彼此之间的信息传递和相互冲击进行了量化测定。研究发现，中国货币市场上的人民币 3 个月 Shibor 水平已经与国际市场上 6 个主要货币的同期利率形成长期一致的协整关系；但短期波动溢出关系仍然十分脆弱。其波动方差整体偏大，但信息来源几乎全部来自自身。国际货币市场尽管来自自身的信息都超过 50%、彼此脉冲响应各异，但人民币 3 个月 Shibor 的冲击总是最小。进一步扩大货币市场开放，提升人民币的国际地位还任重道远。

（一）长期一致的协整关系已经形成，只是这种协整关系仅对欧元、日元和英镑利率的短期波动产生约束

无论是否考虑时区因素，中国人民币 3 个月 Shibor 与 6 大主要货币同期利率之间均显著存在多元协整关系。不过，这种一致有两点不足：一是这种一致关系还没有覆盖全部 7 个货币利率。人民币 Shibor 引导美国国债利率水平而不受美债利率引导，与

欧元利率水平、英镑利率水平之间相互引导，始终受新加坡元利率水平引导，受日元利率水平引导但始终不受港元利率水平引导。二是这种协整对短期波动的作用还不够强。仅欧元、日元和英镑利率表现出显著的误差调整系数，表明这三种货币利率一旦偏离长期一致关系就有一个自动回复修正功能。而包括人民币 Shibor 在内的其他四个货币利率的误差调整系数均不显著，尚未显示出长期一致对短期波动关系的回归约束。

（二）国际货币利率之间互动关系各异，人民币 3 个月 Shibor 不受国际货币利率显著影响

国际货币市场上 6 个主要货币利率彼此之间溢出效应不尽相同。欧元利率短期波动不受人民币 Shibor 显著影响，但受所有其他货币利率作用。港元利率短期波动不受人民币 Shibor 和日元利率的滞后作用，却受其他货币利率的显著影响。日元利率除了自身的短期波动外仅受港元和英镑利率影响，而不受其他货币利率的显著作用。英镑利率受所有货币利率短期波动影响，甚至包括人民币 Shibor 短期波动的影响。新加坡元利率不受人民币 Shibor 和英镑利率显著影响，但受其他货币利率波动影响。美债利率短期波动仅受欧元利率、港元利率与其自身的滞后影响。可见，人民币 Shibor 在国际货币市场上影响范围还狭窄，仅表现出对英镑利率有显著影响。不仅如此，其自身的短期波动也仅受自身滞后影响，而不受其他货币利率显著作用。

（三）人民币 3 个月 Shibor 波动偏大，但信息来源几乎全部来自自身

全球货币市场中变动最大的前三位分别是港元利率、美债利率和英镑利率；变动最小的依次是日元利率、欧元利率和新加坡元利率；而人民币 3 个月 Shibor 的波动方差与港元利率接近。尽管各自波动的信息一半以上都是来自自身，但比较起来，最封闭的依次是日元利率、美债利率和新加坡元利率，最开放的依次是英镑利率、欧元利率和港元利率；而人民币 3 个月 Shibor 的 98.6% 波动信息来自自身，比日元利率还封闭。不仅如此，人民币 3 个月 Shibor 的脉冲响应也是自身最大。其当期一个标准差变动将会引起自身在未来 10 期内平均波动 0.0672 个标准差；这一数值比国际六大主要货币的共同冲击绝对值和还大。当然，各货币利率对人民币 Shibor 的冲击效应也不一样。人民币 Shibor 对欧元、英镑和美债利率的响应是正的而对港元、日元和新加坡元利率的响应为负效应。

（四）全球国际影响最大的是英镑利率、欧元利率和港元利率，最小的是人民币 Shibor

从它们各自的方差分解看，这 3 个货币利率均有对其他货币解释率超过 1% 的表现，而人民币 Shibor 在各货币利率中方差解释率始终处在极低水平。从脉冲响应看，各货币利率自身的冲击都是最大、彼此之间响应层次各异，但人民币 Shibor 的冲击总是处在底层。美债利率对自身响应最大、对人民币 Shibor 的响应最小。新加坡元响应最大的是对其自身，最小的是对人民币 Shibor。日元利率脉冲响应最大的是对自身与港元利率，最小的是对人民币 Shibor 与欧元利率。英镑利率对其自身和港元利率响应最大，对美债利率和人民币 Shibor 则脉冲响应最小。欧元利率脉冲响应有四个层次，人民币 Shibor 的冲击处在倒数第二层。港元利率对欧元利率和其自身响应最大，对日元响应最小，人民币 Shibor 虽然居于中间层次，但排行最后。

4

中国证券市场的全球化视角审视[①]

4.1 问题的提出

中国证券市场自20世纪90年代初建立以来发展非常迅速;特别是进入21世纪以后,国际地位不断上升。一些规模指标如总市值已经名列前茅。这不能不引起人们对其国际地位与影响力更高的期待。

中国资本市场的发展历程较短,但从来没有停止过对外开放的步伐。早在证券市场设立之初,就推出了面向境外投资者的B股市场、允许内地企业到境外发行上市等开放政策。在加入世贸组织时对证券服务业开放所作的承诺包括:(1)外国证券机构可以不通过中方中介直接从事B股交易;(2)外国证券机构驻华代表处可以成为所有中国证券交易所的特别会员;(3)允许外国服务提供者设立合资公司,从事国内证券投资基金管理业务,外资比例不超过33%,加入世贸组织后3年内,外资比例不超过49%;合资公司可以从事A股的承销,B股和H股、政府和公司债券的承销和交易,以及发起设立基金;外国证券类经营机构可以从事财务顾问、投资咨询等金融咨询类业务。对这些承诺,中国政府没有任何推迟,到2003年11月已全部兑现。在世贸组织承诺之外,我国还主动实施了合格境外机构投资者(QFII)、合格境

[①] 本书提及的"中国证券市场"均是指中国大陆证券市场,特注。

内机构投资者（QDII）等一系列对外开放的制度安排。不断增加 QFII 投资额度，为其投资国内金融市场提供便利。如，2012 年上半年，经国务院批准，证监会、人民银行及外汇局决定新增 QFII 投资额度 500 亿美元，从而使得 QFII 总投资额度达到 800 亿美元。证监会还于 2012 年 7 月 27 日公布了《关于实施〈合格境外机构投资者境内证券投资管理办法〉有关问题的规定》，降低 QFII 资格要求，简化审批程序，放宽 QFII 开立证券账户、投资范围和持股比例限制，并进一步完善了监管制度。统计数据显示，截至 2012 年 8 月 13 日，QFII 总数已经达到 176 家。QFII 大举进入 A 股市场的步伐正在加快，2012 年上半年净买入证券 95.13 亿元，较 2011 年下半年增加了一倍以上。股票资产约占 QFII 总资产的七成。截至 2012 年 6 月底，QFII 账户总资产合计 2 759.34 亿元，较 2011 年底上升 9.06%；其中股票资产 1 929.65 亿元，较 2011 年底上升 8.55%。中国人民银行在 2012 年 7 月 13 日发布的《2012 年中国金融稳定报告》称，要适当加快引进合格境外机构投资者（QFII）的步伐，增加其投资额度；逐步扩大人民币合格境外机构投资者（RQFII）试点范围和投资额度，适时推出双向跨境交易所交易基金（ETF）。证监会则在 2012 年 8 月就修订《外资参股证券公司设立规则》和《证券公司设立子公司试行规定》公开征求意见。其主要的修改是将外资在合资券商中的持股比例上限从三分之一提高到 49%。另外，合资券商可申请的业务范围也将有所扩大，申请条件由持续经营 5 年缩短到 2 年。按照修订后的规则，我国港澳台地区投资者参股证券公司的，比照适用该规则的规定。合资券商目前从事的主要是投行业务，未来符合条件的将可以申请证券经纪、咨询、资产管理等业务。

于是，一些学者开始关注中国证券市场的国际化问题。例如，赵振全等（2005）发现纽约、香港存在信息传导关系，上海市场却处于封闭状态。韩非等（2005）研究了 2000 年到 2004 年底中国股市与美国股市的联动性，发现中美股市的相关性很弱。陈漓高等（2006）研究了 1991 年到 2005 年的样本，发现美国对中国股市有微弱的影响。张兵等（2010）认为中国股市对美国的引导作用很弱，但美国股市对中国股市的波动溢出呈现不断增强之势。张碧琼（2005）发现香港、伦敦、纽约对上海、深圳市场日收益波动有显著性影响；而上海和深圳之间，上海和深圳分别与香港市场之间存在显著的双向日收益波动溢出现象。李红权等（2011）认为，美股处于主导地位，对港股、A 股市场具有金融传染效应；A 股市场已具有影响外围市场的能力。

然而，迄今为止尚未出现把中国证券市场放在全球化背景下多视角研究的文献。显然，这对于一个正在成长并且不断扩大开放的中国证券市场来说是很不够的，若不及时予以填补，则中国证券市场的对外开放就很可能会出现类似"盲人摸象"的缺陷，还谈什么提升国际地位？

为此，本部分拟将中国证券市场放在全球化背景下，分别从整体、区域结构、发展水平和外围新兴市场层次四个视角来同时考察其国际化关系，目的就是希望更好地推动中国证券市场国际化。在数据处理上，本部分选取全球有代表性的 10 个指标。

与同类研究相比，本部分的最大特点在于视角新和结论严密。（1）通过构建一个立体化的全球证券市场结构指数体系来全方位考察中国证券市场国际化，只有这样才符合全球证券市场一体化发展要求。因此，本部分的研究有助于克服传统的孤立考察中国证券市场国际化的局限，从而避免"盲人摸象"各执一词的后果。（2）运用经典的协整检验、因果分析和 VEC 模型来考察中国证券市场国际化，得出的一些结论相互呼应，因而自然是可信的，值得相关决策部门和投资者参考。例如，中国证券市场已经融入全球化，只是首先表现在指数水平的长期一致。中国证券市场短期波动全球最大，而且其信息来源主要来自自身，在周边新兴市场中的影响非常小等这些问题应该引起重视。

4.2 数据与研究方法

为了克服传统的单方面考察的局限，本部分将把中国证券市场放在全球化背景下来研究。首先把全球证券市场根据整体以及按照发展水平、区域和中国所在新兴市场圈层三个标准进行结构划分，据此分别选取了中国证券指数以及全球 10 个有代表性指数作为考察对象。除了中国证券市场指数（用 scn 表示）选用道中 88 外，全球 10 个主要指数依次为全球指数、发达国家指数、发展中国家指数、欧洲指数、美洲指数、拉美指数、亚太（含日本）指数、亚太（除日本）指数、金砖国家指数、大中华指数，分别用 sa01、sa02、……、sa10 表示。它们综合在一起正好能够从整体、发展水平、区域和中国所在新兴市场圈层等视角更好地反映中国证券市场的国际环境。因此，运用经典的协整检验、因果分析和 VAR（或 VEC）模型等方法分别从整体、发展水平、区域和中国所在新兴市场圈层等来逐一检验中国证券市场指数与它们之间的关系。由此可以真正做到全面、客观而又准确地认识中国证券市场国际化。

上述11个变量的数据来自Datastream，为1993年底至2011年底的日收盘价。表4-1给出了其描述性特征。可以看出，全球各指数均值和标准差各不相同，各自有不同的走势。而且它们均是JB统计量拒绝服从正态分布、单位根为I（1）的随机变量。这为它们之间的Granger因果关系检验和Johnsen协整关系检验提供了理论前提。与此同时，我们也隐约看到中国证券市场一些独特的个性化特征，如其指数的标准差特别大，而且峰度和偏度也特别高；表明中国证券市场指数波动大、且分布不集中又不对称。这些个性化特点决定了中国证券市场在全球化过程中通常会表现出与众不同的特征。

表4-1　　中国与全球（主要区域和结构）指数的描述性基本特征

股指名称	均值	中位数	最大值	最小值	标准差	偏度	峰度	JB统计量	单位根
道中88（scn）	159.636	137.9	530.54	39.42	86.59	1.70	6.46	4234.99	I(1)
全球指数（sa01）	155.543	156.79	243.03	83.79	39.65	0.00	2.20	116.28	I(1)
发达国家指数（sa02）	151.97	153.495	229.82	82.39	38.01	-0.06	2.12	141.90	I(1)
发展中国家指数（sa03）	257.054	190.76	612.79	99.16	131.72	1.04	2.71	797.05	I(1)
欧洲指数（sa04）	144.759	147.955	228.14	69.62	41.88	-0.09	2.07	161.81	I(1)
美洲指数（sa05）	152.187	159.49	234.16	62.29	44.10	-0.45	2.33	230.34	I(1)
拉美指数（sa06）	349.561	208.2	1020.74	63.83	269.43	0.98	2.50	740.66	I(1)
亚太（含日本）指数（sa07）	188.147	186.835	304.89	113.04	37.93	0.58	3.13	248.36	I(1)
亚太（除日本）指数（sa08）	229.094	206.965	464.23	117.5	70.63	1.14	3.42	969.86	I(1)
金砖国家指数（sa09）	501.711	515.23	884.94	200	179.06	0.08	1.93	88.18	I(1)
大中华（sa10）	199.092	185.95	405.23	103.72	53.86	0.85	3.56	582.07	I(1)

之所以采用经典的协整检验、因果分析和VEC模型来考察中国证券市场国际化，除了上述数据特征适合采用这些方法外，主要是因为这些经典方法已经在相关领域获得广泛应用，而且足以把中国证券市场放在全球背景下来同时进行整体考察和结构考察。整体上，协整检验和因果分析能够同时检验中国证券市场与国际市场指数间的同步一致关系和相互引导关系。而结构上，VEC模型可以逐一用来检验中国证券市场与不同地区、不同发展水平和不同圈层的指数之间的关系，因为该模型能够同时给出长期一致和短期波动关系，而且还提供灵敏度分析（即方差分解和脉冲响应）。

（一）Johansen 多元协整检验

Johansen 多元协整检验是双变量协整检验的一种拓展。对于中国证券市场和全球 10 个主要指数之间的同步一致关系，检验方程可用（4.1）式表示：

$$Y = \sum_{i=1}^{10} k_i X_i + b + \varepsilon \tag{4.1}$$

式中，Y 为因变量，X_i（$i=1, 2, \cdots, 10$）为自变量；k_i 和 b 分别为对应自变量系数和常数项；ε 为残差项，但对协整检验很重要。如果残差序列平稳，则表明多元随机变量 Y 与 X_i 之间存在长期稳定的协整关系；反之，则它们之间无协整关系。这样，该模型就可以用来检验中国证券市场是否融入全球化或对全球市场产生依赖关系。不过，需要指出的是 Johansen 多元协整检验有 5 种情况，考虑到全球各结构指数的走势，本部分选择第四种方式进行检验。

（二）Granger 因果关系检验

本部分将运用该方法全面检查中国证券市场与全球 10 个主要结构指数之间相互引导关系。其原假设是"甲变量不是乙变量的格兰杰原因"。如果检验结果显示小于临界概率 5%，则拒绝原假设，接受备择假设"甲变量是乙变量的格兰杰原因。"显然，该方法是非常适合检验中国证券市场指数与全球各主要指数之间的引导关系。

（三）VEC 模型

该模型是建立在协整检验基础上的有约束 VAR 模型，其基本形式如下：

$$dX_{i,t} = \alpha + \gamma_i CointEq1 + \sum_{i=1}^{I} \sum_{j=1}^{4} \beta_{i,t-j} dX_{i,t-j} + \varepsilon_i$$

式中，$CointEq1$ 是协整向量，反映的是变量之间的长期一致关系。其假设前提与前述协整方程完全相同，唯一不同的仅是这里的表达形式为向量（而前者是方程）。dX 为一阶差分变量［下标 i 是变量编号，下标（$t-j$）为变量滞后期］，反映的是变量之间的短期波动关系。方程中，α 是常数项，γ 为误差修正系数，β 是因变量滞后变量系数，ε 为残差项，可见，该模型能够同时检验变量间的长期一致关系和短期波动关系。此外，还可以在此基础上进一步对模型进行灵敏度分析，通过方差分解和脉冲响应函数给出随机新息的相对重要性比较和内生变量对误差变化的反应程度。这样，该模型便可以分别从发展水平、区域和中国所在新兴市场圈层等角度对中国证券市场国际化进行结构性剖析。

4.3 中国证券市场国际化的整体考察

为了能够从整体上把握中国证券市场国际化,这里我们将同时运用 Johansen 多元协整检验和格兰杰因果关系检验两个方法把中国证券市场放在全球化背景下,分别从"同步一致"和"先后引导"两个视角来检验中国证券市场指数与全球10个主要结构指数之间的相互作用关系。

一、"同步一致"关系检验

中国证券市场与全球证券市场的同步一致关系,可以运用上述的多元协整模型检验其指数与全球10个主要结构指数(均为单整随机变量,前已检验)之间的协整关系来考察。不过,需要指出的是,这里我们把中国证券市场指数(道中88)分别放在其他10个指数的首位和末位,进行了两次检验,目的是希望能够同时从"融入"和"接受"两个视角分析中国证券市场与国际市场同步一致关系。研究发现,无论哪种次序,多元协整方程均显著存在。于是得到两个模型(见表4-2)。

表4-2　　　　中国证券市场指数与全球指数之间的总协整方程

模型 1			模型 2		
变量	系数	标准差	变量	系数	标准差
ln(sa01)	1	—	ln(scn)	1	—
ln(sa02)	-0.4141	(0.09276)	ln(sa01)	343.0983	(68.8282)
ln(sa03)	0.010733	(0.01840)	ln(sa02)	-142.0717	(42.0823)
ln(sa04)	-0.1218	(0.03383)	ln(sa03)	3.6826	(6.4090)
ln(sa05)	-0.3108	(0.05019)	ln(sa04)	-41.8039	(15.8088)
ln(sa06)	-0.0120	(0.00469)	ln(sa05)	-106.6284	(26.3335)
ln(sa07)	-0.1148	(0.02038)	ln(sa06)	-4.1187	(1.4078)
ln(sa08)	-0.0241	(0.01043)	ln(sa07)	-39.3988	(10.0187)
ln(sa09)	-0.0070	(0.00394)	ln(sa08)	-8.2770	(3.6654)
ln(sa10)	-0.0123	(0.00753)	ln(sa09)	-2.3931	(1.2849)
ln(scn)	0.002915	(0.00093)	ln(sa10)	-4.2343	(1.7335)
C	0.031323	(0.00972)	C	10.7469	(3.3569)

注:(1)模型格式为各变量与对应的系数乘积之和等于0(限于篇幅将右边的"=0"省略);(2)标准差指对应系数标准差。

模型 1 以全球指数（sa01）作为"因变量"而将中国证券市场指数（scn）作为 10 个"自变量"之一，表达的是全球指数对包括中国指数在内的其他结构指数的长期依赖关系。从各系数及其对应的标准差可知，全球证券市场已经融为一体，不同地区指数对全球指数的形成均有显著影响。其中，美洲指数（sa05）影响弹性最大，为 0.3108；其次分别为欧洲（sa04）、亚洲（sa07）和拉美（sa06）指数。从发展水平看，发达市场指数（sa02）起主导作用，其指数影响弹性为 0.4141；而发展中指数（sa03）和金砖国家指数（sa09）的系数在 5% 水平上不显著。但是，中国证券市场指数（scn）、大中华指数（sa10）和亚太（除日本）指数（sa08）对全球指数的影响显著，尽管它们的作用弹性还比较小。

模型 2 则是以中国证券市场指数（scn）作为"因变量"，以全球 10 个主要指数作为"自变量"，反映的是中国市场对国际市场指数的依赖关系。除了发展中指数在 5% 显著水平上不显著外，全球指数和其余 8 个结构指数的系数均显著。从区域看，中国证券市场指数主要受美洲市场指数影响，其弹性系数为 106.63，即美洲市场指数变动 1% 中国证券指数将随之变动 106.6%；其次是欧洲指数、亚太指数和拉美指数。从发展水平看，中国证券市场指数也仅受发达市场指数影响而不受发展中国家指数显著作用。发达市场指数变动 1%，中国证券市场指数将随之变动 142.1%。在新兴市场中，中国证券市场指数与大中华指数、亚太（除日本）地区指数和金砖国家指数关系均显著。不过，大中华指数、亚太（除日本）地区指数和金砖国家指数在模型中的弹性系数分别只有 4.234、8.277 和 2.393，还比较小。

二、"先后引导"关系检验

因果关系检验的是变量之间的先后引导关系。对于中国证券市场指数与全球 10 个主要指数关系，可以运用上述 Granger 因果关系模型来检验。表 4 - 3 给出了它们两两之间的相互引导关系的检验结果。其原假设为"左边变量不是上边变量的 Granger 原因"，表中数值为对应原假设的检验概率。很显然，如果表中概率小于 5%，则拒绝原假设，接受备择假设"左边变量是上边变量的 Granger 原因"。这样可以说，全球证券市场尽管整体上已经连成一体。但彼此之间相互作用机制是不完全一样的，可能是"单向引导"也可能是"双向引导"，还可能彼此引导关系不显著。对比这些差异就可以进一步发现，全球证券市场实际上是以发达国家指数为主、发展中指数为辅的市场。从区域看,美洲指数是主导,拉美市场最为封闭,亚太(含日本)指数和欧洲指数开放度较高。中国证券市场指数、大中华指数和金砖国家指数主要还处在被动接受国际市场影响的被动状态。具体特点如下。

1. 从发展水平看,发展中国家指数与发达市场指数已相互引导;不过,它们与各地区指数之间引导机制不尽相同。美洲指数仅引导不同发展水平指数而不受它们引导。拉美指数仅单向引导发展中国家指数,而与发达市场指数关系不显著。亚太指数和欧洲指数与不同发展水平指数之间信息共享、指数相互影响。而中国证券市场及其相关指数却表现出一种被动的依从关系。中国证券市场指数和大中华指数对新兴市场和发达国家指数都缺乏显著的反向引导。金砖国家指数也仅对新兴市场有显著作用而对发达国家指数无引导作用。

2. 从区域看,美洲市场最发达,在全球处于主导地位。其指数不仅引导不同发展水平指数而且也显著引导其他各地区指数;而反过来,却不受它们引导。拉丁美洲市场最不发达且对美洲市场跟得太近,其指数仅显著影响欧、亚地区指数和受美洲市场指数引导。亚太(含日本)指数除了与欧洲指数相互引导外,则完全处在接受其他地区指数单向引导的被动境地。中国证券市场指数和大中华指数也是如此,对全球各地区指数不存在显著影响,处在单向接受各地信息状态。

3. 从亚太区域内部看,包括日本的亚太指数与不包括日本的亚太指数相互引导,而且对中国证券市场指数与大中华指数也有显著引导作用。中国证券市场指数与大中华指数之间也是双向引导关系。但是,中国证券市场指数在亚太地区作用不显著,仅大中华指数对除日本的亚太指数才有显著的反向因果关系。

4. 从与金砖国家指数看,因果关系是金砖国家指数引导中国证券市场指数,而后者却无反向引导关系。

表 4-3　　中国证券市场与全球主要指数之间 Granger 因果关系检验

概率值	全球指数	发达指数	新兴指数	欧洲指数	美洲指数	拉美指数	亚太指数	亚太(除日本)指数	金砖国家指数	大中华指数	道中88
全球指数		0.002	0.000	0.000	0.808	0.139	0.000	0.000	0.000	0.000	0.000
发达国家指数	0.000		0.000	0.000	0.886	0.112	0.000	0.000	0.000	0.000	0.000
发展中国家指数	0.000	0.002		0.001	0.513	0.833	0.000	0.000	0.014	0.000	0.000
欧洲指数	0.000	0.000	0.000		0.896	0.478	0.000	0.000	0.017	0.000	0.000
美洲指数	0.000	0.000	0.000	0.000		0.000	0.000	0.000	0.000	0.000	0.036

续表

概率值	全球指数	发达指数	新兴指数	欧洲指数	美洲指数	拉美指数	亚太指数	亚太(除日本)指数	金砖国家指数	大中华指数	道中88
拉美指数	0.011	0.189	0.000	0.000	0.169		0.000	0.000	0.000	0.000	0.000
亚太(含日本)指数	0.000	0.000	0.000	0.000	0.091	0.508		0.004	0.000	0.000	0.000
亚太(除日本)指数	0.000	0.000	0.000	0.079	0.234	0.722	0.000		0.000	0.000	0.000
金砖国家指数	0.104	0.113	0.000	0.000	0.686	0.732	0.000	0.000		0.000	0.000
大中华	0.928	0.871	0.527	0.776	0.967	0.879	0.553	0.041	0.107		0.000
道中88	0.961	0.876	0.574	0.730	0.688	0.851	0.766	0.988	0.134	0.000	

注：表中数值为 Granger 因果关系检验概率。原假设为"左边第一列各指标不是右边第一行各指标的原因"。

综合两方面结果，我们可以说，全球证券市场已经融为一体，中国证券市场整体上已经融入全球化。但不同地区、不同水平市场指数在其中的地位和作用各不相同。在以发达的美洲证券市场为主导的背景下，中国证券市场指数、大中华指数和亚太（除日本）指数都对全球指数有显著作用，影响力还比较小。另一方面，全球（除发展中）证券市场指数对中国证券市场指数的形成具有显著的决定作用。从区域看，美洲指数对中国证券市场指数的引导作用最大，其次是欧洲指数、亚太（含日本）指数和拉美指数。新兴市场中仅大中华指数与中国证券市场指数存在相互引导关系，而亚太（除日本）指数和金砖国家指数仅表现出对中国证券市场指数单向显著引导关系。

4.4 中国证券市场国际化的结构性剖析

至此，我们有必要进一步运用 VEC 模型对中国证券市场与全球 10 个主要指数之间关系进行结构性分析。该模型一个最大特点就是能够同时从长期一致、短期波动和灵敏度分析三个层面变量间相互作用关系。不过，为清晰起见，这里我们将全球 10 个指标分成三组，分别从发展水平、区域和中国所在新兴市场圈层三个层面来考察中国证券市场的国际化关系。

一、与不同发展水平指数关系比较

世界各国证券市场发展水平参差不齐,究竟中国证券市场处在什么发展水平?与发达市场还是与发展中市场更接近?下文运用 VEC 模型将中国证券市场指数(scn)与全球发达市场指数(sa02)和发展中国家指数(sa03)放在一起进行拟合,以便能够更好地从全球化视角认识中国证券市场的发展水平。

(一)长期一致关系检验

中国证券市场指数对发达市场指数和新兴市场指数的长期依赖关系,可以用协整模型(4.2)表示:

$$\ln(scn) = -5.192046 + 1.335228 \ln(sa02) + 0.639507 \ln(sa03) \quad (4.2)$$
$$\qquad\qquad\qquad\quad (0.44390) \qquad\qquad (0.25748)$$
$$\qquad\qquad\qquad\quad [3.00797] \qquad\qquad [2.48368]$$

式中,ln 为各个市场指数的自然对数,圆括号和方括号内数字分别为对应系数的标准差和 t 值。可以看出,在 5% 显著水平上,发达市场指数和发展中国家指数在模型中的系数都显著,而且对中国证券市场指数的作用都是正效应。这表明中国证券市场指数已经与全球(无论发达还是新兴)市场指数形成了高度一致的协整关系。在发展中国家指数不变情况下,发达市场指数变化 1%,中国证券市场当期指数同向变动 1.35%;反之,在发达市场指数不变情况下,发展中国家指数变化 1%,中国证券市场当期指数同向变化 0.64%。唯一不同的是中国证券市场指数对发达国家指数的依赖程度比对发展中国家指数依赖程度大,约大 1 倍。

(二)短期波动关系分析

中国证券市场与发达国家和发展中国家指数之间的短期波动关系见表 4-4。可以看出,发达国家指数和发展中国家指数各自都存在一定的滞后作用,但全球一体化进程中发达国家指数的主导作用非常明显。中国证券市场同时受发达国家指数和发展中国家指数影响,但作用机制不同。与发达国家指数之间是双向"此长彼消"关系,而与发展中国家指数之间是同步关系。这种相互作用机制的差异表明中国证券市场发展水平的特殊性。

表 4-4　　　中国与发达国家指数和发展中国家指数之间的 VEC 模型

因变量	D (ln (scn))		D (ln (sa02))		D (ln (sa03))	
自变量	系数	t 值	系数	t 值	系数	t 值
CointEq1	-0.0027	[-2.83081]	0.000437	[1.12337]	-0.0004	[-1.07714]
D (ln (scn (-1)))	-0.0425	[-2.79337]	-0.0038	[-0.59268]	0.001539	[0.23870]
D (ln (scn (-2)))	0.013935	[0.91446]	0.001863	[0.29415]	-0.0001	[-0.01364]
D (ln (scn (-3)))	0.019856	[1.30375]	-0.0161	[-2.53909]	-0.0073	[-1.12914]
D (ln (scn (-4)))	0.038781	[2.57454]	-0.0145	[-2.31450]	-0.0097	[-1.51884]
D (ln (sa02 (-1)))	-0.1260	[-2.67139]	0.135140	[6.89276]	0.360194	[18.0246]
D (ln (sa02 (-2)))	0.025435	[0.51818]	-0.0825	[-4.04195]	-0.0758	[-3.64376]
D (ln (sa02 (-3)))	-0.0127	[-0.25853]	0.029386	[1.44093]	0.039903	[1.91968]
D (ln (sa02 (-4)))	-0.0903	[-1.85824]	0.027067	[1.34018]	0.039570	[1.92229]
D (ln (sa03 (-1)))	0.338706	[7.30183]	0.003545	[0.18389]	0.059228	[3.01426]
D (ln (sa03 (-2)))	0.055931	[1.19718]	0.003531	[0.18186]	0.029746	[1.50308]
D (ln (sa03 (-3)))	0.011118	[0.23807]	-0.0246	[-1.26589]	0.002061	[0.10419]
D (ln (sa03 (-4)))	0.086949	[1.99712]	-0.0119	[-0.65942]	-0.0398	[-2.15686]
C	7.79E-05	[0.22276]	0.000130	[0.89576]	0.000220	[1.48835]

注：这里 CointEq1 = ln (scn (-1)) - 1.335228ln (sa02 (-1)) - 0.639507。

1. 在全球证券市场一体化进程中，发达市场指数起主导作用，尽管它们各自的滞后影响显著。突出表现在它们之间相互作用机制完全不对等。发达国家指数的滞后 1 期、2 期变动不仅显著地影响其自身变动而且对当期发展中国家指数也有显著作用。但发展中国家指数的滞后波动丝毫不影响发达市场指数当期变动，除了其滞后 1、4 期变化显著影响其自身外。

2. 中国证券市场波动同时受发达国家指数和发展中国家指数影响；但作用机制截然不同，发达市场指数滞后 1 期波动将会引起中国证券市场指数反向波动，而发展中国家指数滞后 1 期波动将引起中国市场指数正向波动。反过来，中国市场指数仅对发达国家指数有显著的滞后作用，而不影响发展中国家指数短期波动。而且，对发达市场指数的反作用效果也是负向的，不过滞后期延迟到 3、4 期。这充分表明中国证券市场是一个特殊市场：一方面，中国证券市场不像新兴市场那样对发达市场跟得紧。一般发展中国家指数随着发达国家指数同向变动，且这种跟随仅仅表现为一种单向变动；而中国证券市场指数与发达国家指数之间已经呈现出双向不一致关系（即

"发达国家指数涨中国指数跌，中国指数涨发达国家指数跌"）。唯一能够解释的是中国证券市场已经引起国际发达市场"炒家"的关注，成为他们跨市投资的重要舞台，在投资组合中起到分散风险的作用。另一方面，中国证券市场还不够发达，对新兴市场的国际影响力仍然不显著，虽然对发展中国家指数反应显著。

3. 仅中国证券市场存在显著的短期误差修正效应，全球发达市场指数和发展中国家指数的误差修正系数均不显著。

（三）方差分解与脉冲响应

那么，中国证券市场与不同发展水平指数之间的相互作用量化关系如何？这里有必要进一步通过方差分解和脉冲响应予以分析。

中国证券市场与全球发达市场和发展中国家指数之间的方差分解结果见表4-5和图4-1。可以看出，发达市场是全球的主导，其指数波动小且新息几乎全部来自自身而发展中国家指数波动相对较大，而其新息来源尽管不小，但还是主要来自发达国家指数。中国证券市场指数波动比全球大得多，其指数与发达国家指数和发展中国家指数之间相互作用都很小，显得相当封闭。

表4-5 中国证券市场与发达国家和发展中国家指数之间方差分解一览表

方差分解变量	时期	1	2	3	4	5	6	7	8	9	10
ln（scn）	标准差	0.022945	0.031743	0.038845	0.045034	0.050856	0.056007	0.060692	0.065031	0.069084	0.072884
	ln（scn）	100	99.26379	98.43776	97.88851	97.41805	97.02315	96.71085	96.46497	96.26769	96.10074
	ln（sa02）	0	0.082987	0.516193	0.811753	0.937716	1.102191	1.249827	1.369202	1.467772	1.555311
	ln（sa03）	0	0.653219	1.046045	1.299739	1.644236	1.874661	2.039324	2.16583	2.264539	2.343951
ln（sa02）	标准差	0.00954	0.01444	0.01771	0.02044	0.02293	0.02516	0.02717	0.02904	0.03079	0.03244
	ln（scn）	0.05386	0.07533	0.07333	0.14405	0.29208	0.39003	0.45348	0.504	0.54399	0.57281
	ln（sa02）	99.9461	99.9244	99.9258	99.851	99.6867	99.5709	99.4931	99.4304	99.38	99.3427
	ln（sa03）	0	0.00029	0.00085	0.00497	0.02124	0.0391	0.05347	0.06559	0.07606	0.08452
ln（sa03）	标准差	0.00972	0.01603	0.02067	0.02455	0.02789	0.03083	0.03348	0.03592	0.03821	0.04036
	ln（scn）	0.26302	0.2287	0.23278	0.27122	0.38169	0.48543	0.56211	0.62642	0.68061	0.72431
	ln（sa02）	39.6056	52.8528	55.6049	57.0017	58.4316	59.3722	60.0131	60.4835	60.8449	61.1312
	ln（sa03）	60.1314	46.9185	44.1623	42.7271	41.1867	40.1424	39.4248	38.8901	38.4745	38.1445

1. 发达市场指数波动偏小，其新息来源主要是自身，来自发展中国家指数的新息占比很小。在未来10期内其平均波动为0.023个标准差。其中，来自自身的新息

占比高达 99.65%；而来自中国和发展中国家指数的新息占比仅有 0.31% 和 0.04%。可见，发达市场指数在全球具有绝对的独立性和主导性。

2. 发展中国家指数波动偏大，其新息来源不是自身最大，而是主要来自发达市场。在未来 10 期内，发展中国家指数平均波动为 0.0278 个标准差。其自身的新息占比达到 43.02%，但发达市场指数在其中的占比更高，为 56.53%，这表明超过一半以上的发展中国家指数波动是来自发达市场，而不是其自身。发展中国家指数波动主要来自发达市场。

3. 中国证券市场波动不仅比发达国家指数而且比发展中国家指数还大，其新息主要来自自身。在未来 10 期内，中国证券市场指数平均波动 0.061 个标准差。其中，来自自身的新息占比高达 97.56%；而来自发达市场和发展中的冲击分别仅占 0.91% 和 1.53% 可见，中国证券市场还相当封闭。

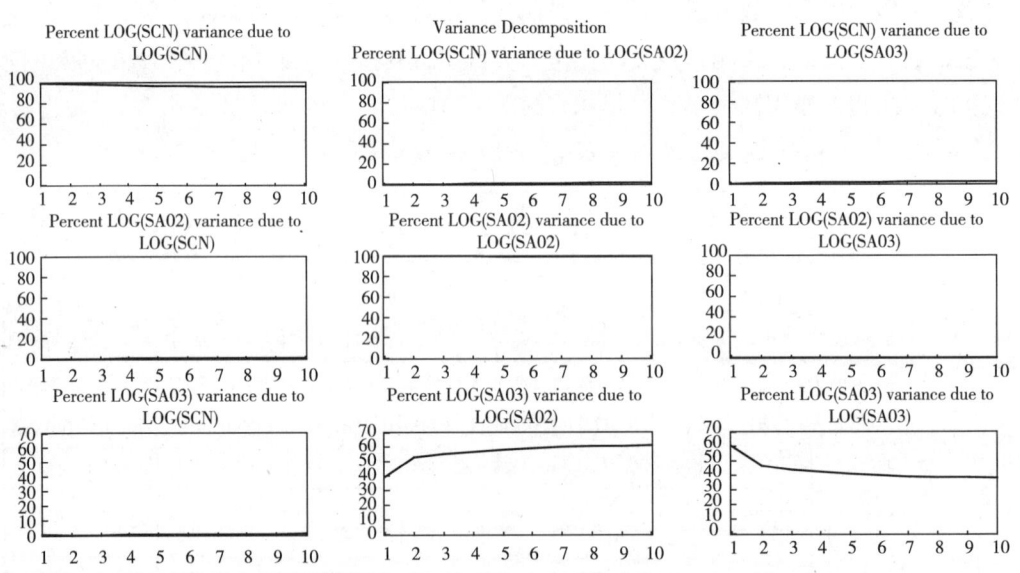

图 4-1　中国证券市场与发达市场和发展中市场指数之间的方差分解图

中国证券市场与全球发达市场和发展中国家指数之间的脉冲响应结果见图 4-2 和表 4-6。不难发现，发达国家指数对发达国家指数和发展中国家指数的脉冲作用比较强，而发展中国家指数的脉冲作用比较弱。但中国证券市场指数仅是自身冲击最大，而对它们的脉冲响应很小。奇怪的是，中国证券市场在正向接受国际市场新息的同时却反向作用于国际指数。

表4-6 中国证券市场与发达和发展中国家指数之间的脉冲响应一览表

脉冲响应变量	期限	1	2	3	4	5	6	7	8	9	10	平均
ln(scn)	ln(scn)	0.02295	0.02177	0.02203	0.02236	0.02312	0.02289	0.02278	0.02274	0.02269	0.02259	0.02259
	ln(sa02)	0	0.00091	0.00264	0.00295	0.00279	0.00321	0.00339	0.00345	0.00349	0.00355	0.00264
	ln(sa03)	0	0.00257	0.00303	0.00325	0.00402	0.00404	0.00404	0.00406	0.00406	0.00405	0.00331
ln(sa02)	ln(scn)	-0.00022	-0.00033	-0.00027	-0.00061	-0.00097	-0.00097	-0.00094	-0.00095	-0.00095	-0.00093	-0.00071
	ln(sa02)	0.00953	0.01084	0.01025	0.01019	0.01035	0.01029	0.01021	0.01019	0.01018	0.010164	0.01023
	ln(sa03)	0	0.00002	0.00005	-0.00013	-0.0003	-0.00037	-0.00038	-0.0004	-0.00041	-0.00041	-0.00023
ln(sa03)	ln(scn)	-0.0005	-0.00058	-0.00064	-0.0008	-0.00116	-0.00128	-0.0013	-0.00134	-0.00136	-0.00137	-0.00103
	ln(sa02)	0.00612	0.00992	0.01008	0.0103	0.01054	0.01048	0.01041	0.01038	0.01037	0.01037	0.0099
	ln(sa03)	0.00754	0.00799	0.00825	0.0083	0.00793	0.00782	0.00777	0.00774	0.00773	0.00773	0.00788

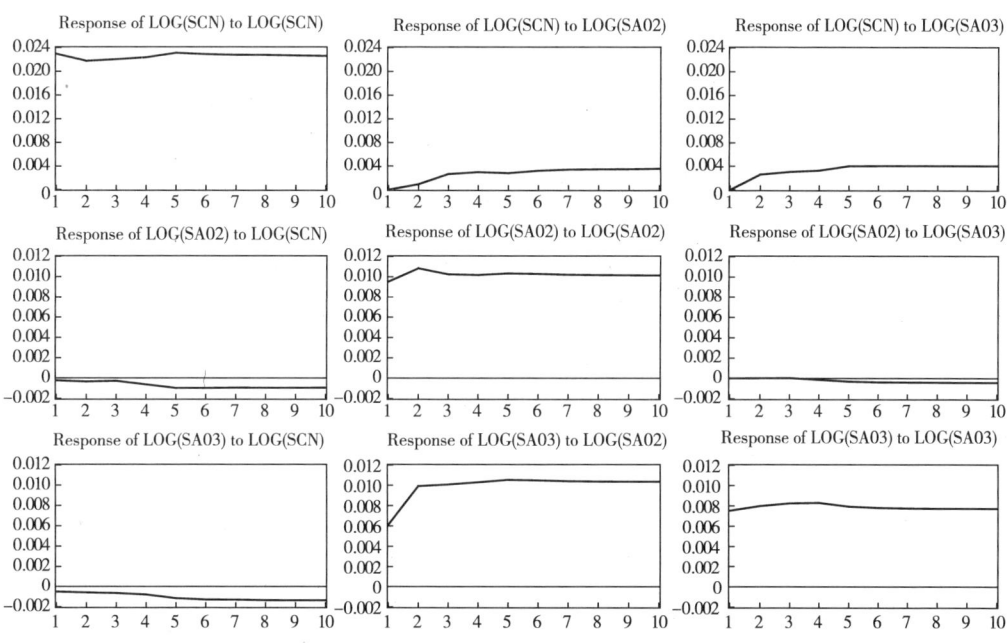

图4-2 中国证券市场与发达和发展中国家指数之间的脉冲响应图

1. 发达国家指数自身的脉冲响应是正的且最大,而中国证券市场和发展中国家指数对其脉冲作用是负的且较小。当期一个标准差变动,发达国家指数在未来10期内将会引起其自身平均波动 0.0102 个标准差；中国证券市场指数和发展中国家指数对其脉冲效应平均分别为 -0.0008 和 -0.0003 个标准差。可见，中国指数冲击作用的绝对值比一般发展中国家指数大。

2. 发展中国家指数自身的脉冲响应不比发达国家指数作用大，中国证券市场指数的冲击作用小，且为负值。当期一个标准差的变动，在未来 10 期内对发展中国家指数的平均冲击分别为 0.0087、0.0109 和 -0.0011 个标准差。

3. 中国证券指数自身的脉冲响应最大，发达国家指数和发展中国家指数对其脉冲效应都比较小。当期一个标准差变动，在未来 10 期内对中国证券市场的平均脉冲效应分别为 0.0249、0.0029 和 0.0036 个标准差。

二、与不同地区指数间关系考察

从全球化角度看，不同地区证券市场有各自不同的发展特点，将中国证券市场与全球各洲指数放在一起进行研究有助于我们更好地了解中国证券市场在全球化中的区域分布特征。因此，这里选取全球四大洲指数［即欧洲指数（sa04）、美洲指数（sa05）、拉美指数（sa06）和亚太（含日本）指数（sa07）］作为考察对象，将它们与中国证券市场指数放在一起，运用上述 VEC 模型进行拟合，以便更好地了解中国证券市场的全球化特征。

（一）长期一致关系检验

中国证券市场与全球不同地区指数之间的长期一致关系，可以用协整方程 (4.3) 表示：

$$\ln(\text{scn}) = -5.796177\ln(\text{sa04}) + 7.008844\ln(\text{sa05}) - 0.054342\ln(\text{sa06})$$
$$(1.99872) \qquad (1.97302) \qquad (0.26204)$$
$$[-2.89995] \qquad [3.55235] \qquad [-0.20738] \qquad (4.3)$$
$$+ 1.297563\ln(\text{sa07}) - 7.814844$$
$$(0.78810)$$
$$[1.64644]$$

式中，ln 为各个市场指数的自然对数，圆括号和方括号内数字分别为对应系数的标准差和 t 值。不难看出，在 5% 显著水平上，中国证券市场与全球各洲指数之间关系并不都显著，仅欧洲指数和美洲指数对中国证券市场指数有长期稳定的协整作用；而拉丁美洲指数和亚太（含日本）指数的系数在模型中均不显著。从系数弹性看，美洲指数对中国证券市场指数影响大些，不仅绝对值大而且符号为正。在欧洲指数不变情况下，美洲指数变动1%，中国证券市场同期指数同向变动7.01%。而欧洲指数的系数弹性不仅绝对值小而且符号为负。在美洲指数不变情况下，欧洲指数变动1%，中国证券市场当期指数同向变动5.80%。原因可能是当今全球证券市场是以欧美（实际上美洲市场占核心地位）发达市场为主导。任何新兴市场的开放首先要接受来自发达市场的冲击。因此，尽管中国地处亚太，拉美地区市场发展很快，但中国证券市场指数还是与欧美指数关系密切些，与美洲指数同涨跌而与欧洲指数互涨跌。

（二）短期波动关系分析

中国证券市场与全球不同地区指数间的短期波动关系可以通过 VEC 模型给出（见表4-7）。可以看出，全球各大洲指数之间已相互联系，只是各自短期波动地位截然不同。欧洲指数全球化程度最高，美洲指数在全球处于主导地位，拉美指数最为封闭，亚太（含日本）指数对全球的依赖性最强。中国证券市场的国际波动路线比较简单，影响美洲指数而仅仅受亚太指数和拉美指数作用。

表4-7　　　　　　中国证券市场与各大洲指数之间的 VEC 模型

因变量	D (ln (scn))		D (ln (sa04))		D (ln (sa05))		D (ln (sa06))		D (ln (sa07))	
自变量	系数	t值	系数	t值	系数	t值	系数	t值	系数	t值
CointEq1	-0.0010	[-1.634]	-0.0007	[-2.471]	0.000280	[0.871]	-0.0007	[-1.669]	-0.0004	[-1.619]
D (ln (scn (-1)))	-0.0433	[-2.844]	-0.0034	[-0.473]	-0.0067	[-0.842]	-0.0094	[-0.950]	0.003307	[0.51]
D (ln (scn (-2)))	0.014448	[0.947]	0.007009	[0.967]	-0.0027	[-0.343]	-0.0068	[-0.690]	0.004446	[0.68]
D (ln (scn (-3)))	0.019681	[1.291]	-0.0114	[-1.568]	-0.0185	[-2.331]	-0.0189	[-1.919]	-0.0060	[-0.934]
D (ln (scn (-4)))	0.039016	[2.588]	-0.0080	[-1.112]	-0.0176	[-2.246]	-0.0060	[-0.619]	-0.0090	[-1.41]
D (ln (sa04 (-1)))	-0.0634	[-1.492]	-0.2797	[-13.87]	0.049077	[2.223]	-0.0521	[-1.897]	0.165941	[9.22]
D (ln (sa04 (-2)))	0.072822	[1.617]	-0.1023	[-4.786]	-0.0069	[-0.293]	-0.0103	[-0.351]	0.002761	[0.144]
D (ln (sa04 (-3)))	-0.0116	[-0.260]	-0.0916	[-4.317]	0.017331	[0.746]	-0.0304	[-1.051]	-0.0167	[-0.882]
D (ln (sa04 (-4)))	-0.0115	[-0.281]	0.052585	[2.708]	0.059595	[2.802]	0.060710	[2.294]	0.029885	[1.724]
D (ln (sa05 (-1)))	-0.0340	[-0.7931]	0.445714	[21.91]	-0.0776	[-3.483]	0.054867	[1.979]	0.308225	[16.9]
D (ln (sa05 (-2)))	-0.0647	[-1.354]	0.145576	[6.422]	-0.0574	[-2.311]	-0.0146	[-0.471]	0.044412	[2.19]
D (ln (sa05 (-3)))	-0.0433	[-0.903]	0.084838	[3.728]	0.027208	[1.091]	0.046816	[1.509]	0.069261	[3.41]
D (ln (sa05 (-4)))	-0.0537	[-1.187]	0.027696	[1.288]	-0.0439	[-1.865]	-0.0052	[-0.177]	0.033437	[1.74]

续表

因变量	D (ln (scn))		D (ln (sa04))		D (ln (sa05))		D (ln (sa06))		D (ln (sa07))	
自变量	系数	t值	系数	t值	系数	t值	系数	t值	系数	t值
D (ln (sa06 (-1)))	0.073170	[2.279]	0.037072	[2.432]	-0.0008	[-0.047]	0.119626	[5.760]	0.111801	[8.221]
D (ln (sa06 (-2)))	-0.0051	[-0.156]	0.005300	[0.343]	0.004977	[0.294]	-0.0097	[-0.460]	-0.0110	[-0.798]
D (ln (sa06 (-3)))	0.027757	[0.854]	0.021392	[1.387]	-0.0309	[-1.827]	-0.0401	[-1.908]	-0.0009	[-0.064]
D (ln (sa06 (-4)))	0.007004	[0.216]	-0.0418	[-2.723]	-0.0069	[-0.4103]	-0.0194	[-0.926]	-0.0108	[-0.786]
D (ln (sa07 (-1)))	0.293061	[7.672]	-0.0723	[-3.986]	-0.0136	[-0.6853]	0.003299	[0.133]	-0.1328	[-8.207]
D (ln (sa07 (-2)))	0.063651	[1.643]	-0.0326	[-1.772]	-0.0171	[-0.849]	-0.0184	[-0.734]	-0.0417	[-2.542]
D (ln (sa07 (-3)))	0.023755	[0.613]	0.010180	[0.553]	0.024256	[1.204]	0.043752	[1.745]	-0.0312	[-1.899]
D (ln (sa07 (-4)))	0.060068	[1.761]	0.001578	[0.097]	-0.0146	[-0.826]	-0.0092	[-0.419]	-0.0305	[-2.107]
C	0.000180	[0.515]	4.87E-05	[0.292]	0.000258	[1.415]	0.000460	[2.030]	-0.0002	[-1.109]

注：CointEq1 = ln (scn (-1)) + 5.796177ln (sa04 (-1)) - 7.008844ln (sa05 (-1)) + 0.054342ln (sa06 (-1)) - 1.297563ln (sa07 (-1)) + 7.814844。

1. 各洲指数之间短期波动效应差异较大。美洲地区指数在全球处于主导地位，其短期波动对其他各洲指数均有显著影响，而且这种影响的滞后期尽管不尽相同，但作用效果都是正向的。反过来，其短期波根本不受亚太（含日本）指数和拉丁美洲指数滞后影响，除了仅与欧洲指数形成相互作用的正向滞后效应外。欧洲市场全球化程度最高，其指数波动与其他各洲指数均有显著的相互作用。其指数与美洲和拉丁美洲指数之间的波动效应是相互对等的，不仅滞后期都是1、4期而且作用方向也相同。其指数和亚太（含日本）指数之间都是滞后1期变量系数显著，只是作用方向相反。亚太（含日本）指数对全球的依赖性最强，其当期波动受全球各洲指数滞后1期波动正向影响而自身仅滞后1期波动对欧洲指数有反向显著作用。拉丁美洲市场还比较封闭，其指数不仅尚未受亚太（含日本）指数显著作用而且对美洲市场指数也构不成影响。

2. 中国证券市场的国际波动路线比较简单。其指数波动仅对美洲指数有显著的滞后效应；反过来，也仅受亚太（含日本）指数和拉美指数滞后1期显著影响，而不受欧美指数短期波动影响。不过，两种效果截然不同，其滞后3、4期波动将会引起当期美洲指数反向波动，而亚太指数和拉美指数的滞后1期波动则正向引起其当期的波动。这两方面结合在一起可能表明，中国证券市场在接受国际市场波动的同时有抑制美洲指数波动的功效。

3. 协整向量仅对欧洲指数的短期波动有显著约束，而其他各洲指数不受其约束。在欧洲指数短期变动模型中，该向量的系数为 -0.0007。

（三）方差分解与脉冲响应

那么中国证券市场指数与全球各洲指数之间的短期波动关系如何量化？这里可以通过方差分解和脉冲响应两个方面给予描述。

中国证券市场与全球不同地区指数之间的方差分解见表4-8和图4-3。可以看出，全球各洲指数的新息冲击大小和结构差别较大，欧美指数相互融合，不仅彼此波动相等、相互冲击，而且还是其他各洲指数波动的重要信息来源，在全球处于主导地位。中国证券市场指数与它们之间的信息传递很小，其波动最大，且新息主要是自身，仍然处在封闭状态。

表4-8　　　　中国证券市场与全球不同地区指数之间方差分解一览表

方差分解	时期	1	2	3	4	5	6	7	8	9	10
ln(scn)	标准差	0.0229	0.0318	0.0390	0.0452	0.0511	0.0563	0.0611	0.0655	0.0696	0.0734
	ln(scn)	100.0000	99.1424	98.3762	97.8930	97.5573	97.2521	97.0291	96.8651	96.7333	96.6236
	ln(sa04)	0.0000	0.0293	0.3855	0.5583	0.6160	0.7051	0.7830	0.8368	0.8757	0.9085
	ln(sa05)	0.0000	0.0081	0.0280	0.0866	0.1004	0.1352	0.1605	0.1851	0.2077	0.2278
	ln(sa06)	0.0000	0.1029	0.1922	0.2941	0.3641	0.4206	0.4490	0.4716	0.4881	0.5012
	ln(sa07)	0.0000	0.7173	1.0181	1.1680	1.3622	1.4870	1.5783	1.6415	1.6952	1.7389
ln(sa04)	标准差	0.0109	0.0162	0.0198	0.0227	0.0255	0.0280	0.0303	0.0324	0.0344	0.0363
	ln(scn)	0.0895	0.0927	0.0793	0.1312	0.2351	0.3280	0.3855	0.4345	0.4787	0.5156
	ln(sa04)	99.9105	92.0844	90.2545	88.7856	88.6585	88.4057	88.1544	87.9249	87.7618	87.6257
	ln(sa05)	0.0000	7.6141	9.3731	10.7531	10.8072	10.9657	11.1558	11.3327	11.4498	11.5472
	ln(sa06)	0.0000	0.0469	0.0461	0.0788	0.0687	0.0596	0.0542	0.0485	0.0451	0.0424
	ln(sa07)	0.0000	0.1620	0.2470	0.2514	0.2305	0.2410	0.2501	0.2594	0.2646	0.2692
ln(sa05)	标准差	0.0119	0.0164	0.0196	0.0224	0.0249	0.0272	0.0292	0.0312	0.0330	0.0347
	ln(scn)	0.0088	0.0302	0.0430	0.1297	0.2891	0.3765	0.4363	0.4881	0.5289	0.5608
	ln(sa04)	37.2710	38.9037	38.7946	38.9691	39.8329	40.0958	40.2584	40.3854	40.5178	40.6284
	ln(sa05)	62.7202	61.0600	61.1327	60.8567	59.8034	59.4228	59.1792	58.9853	58.7978	58.6438
	ln(sa06)	0.0000	0.0001	0.0002	0.0214	0.0434	0.0627	0.0760	0.0846	0.0941	0.1011
	ln(sa07)	0.0000	0.0061	0.0294	0.0231	0.0312	0.0422	0.0500	0.0566	0.0615	0.0659

续表

方差分解	时期	1	2	3	4	5	6	7	8	9	10
ln (sa06)	标准差	0.0148	0.0224	0.0279	0.0322	0.0360	0.0395	0.0426	0.0456	0.0484	0.0510
	ln (scn)	0.0382	0.0758	0.1175	0.2253	0.3316	0.4080	0.4615	0.5093	0.5509	0.5865
	ln (sa04)	26.9929	26.1225	25.5742	25.1572	25.6783	25.9528	26.1185	26.1929	26.2719	26.3277
	ln (sa05)	18.6853	20.1403	20.2118	20.6207	20.6229	20.8205	20.9992	21.1522	21.2661	21.3681
	ln (sa06)	54.2836	53.6611	54.0945	53.9883	53.3583	52.8111	52.4141	52.1397	51.9058	51.7129
	ln (sa07)	0.0000	0.0003	0.0021	0.0086	0.0089	0.0077	0.0067	0.0059	0.0053	0.0049
ln (sa07)	标准差	0.0097	0.0153	0.0192	0.0223	0.0250	0.0275	0.0297	0.0318	0.0337	0.0355
	ln (scn)	0.0687	0.0600	0.0563	0.0774	0.1774	0.2793	0.3523	0.4106	0.4612	0.5032
	ln (sa04)	10.5732	29.2055	33.0749	34.6331	35.9187	37.0268	37.7246	38.2136	38.5867	38.8807
	ln (sa05)	0.0609	6.3924	9.3316	11.2147	12.2891	12.7168	13.1320	13.4543	13.7125	13.9217
	ln (sa06)	0.5972	1.7375	1.9641	2.0355	1.9280	1.7985	1.7071	1.6426	1.5944	1.5523
	ln (sa07)	88.7001	62.6046	55.5731	52.0393	49.6868	48.1785	47.0840	46.2790	45.6452	45.1422

1. 欧美市场相互融合，其指数波动不仅大小相等而且信息相互传递。在未来10期波动中，欧洲指数平均波动0.02565个标准差，其中来自自身和美洲指数的新息占比分别为89.97%和9.50%。美洲指数平均波动0.02505个标准差，其中来自自身和欧洲指数的新息占比也很高，分别为60.06%和39.57%。这两个洲指数来自中国市场、拉美指数和亚太指数的新息累计占比均不到1%。可见，欧美证券市场已经高度融合。不过，在它们内部，似乎欧洲指数比美洲指数更容易引起风险，无论是对自身还是对对方。

2. 四大洲中拉丁美洲指数波动最大，但风险独立性相对较低，其新息来源除了自身最大外，主要来自欧、美指数。在未来10期内，拉美指数平均波动0.03604标准差。其中，来自自身的新息冲击占53.03%，而来自欧、美指数的新息占比分别达到26.04%和20.59%。可见，欧美市场指数对拉美指数的冲击很大，高达46.1%。相比较，来自中国证券市场和亚太市场指数的冲击很小，分别仅占比0.33%和0.005%。

3. 亚太（含日本）指数短期波动大小与欧、美指数相当，其新息来源除了自身外主要来自欧美指数。在未来10期内，亚太指数的平均波动为0.02497标准差。其中，来自自身的新息占比54.10%，来自欧美指数的新息占比分别为

33.38%和10.63%，来自中国和拉美指数的新息占比分别仅有0.25%和1.66%。可见，与拉美指数类似，亚太指数很大程度受欧美指数冲击，两者新息累计占比高达44%。

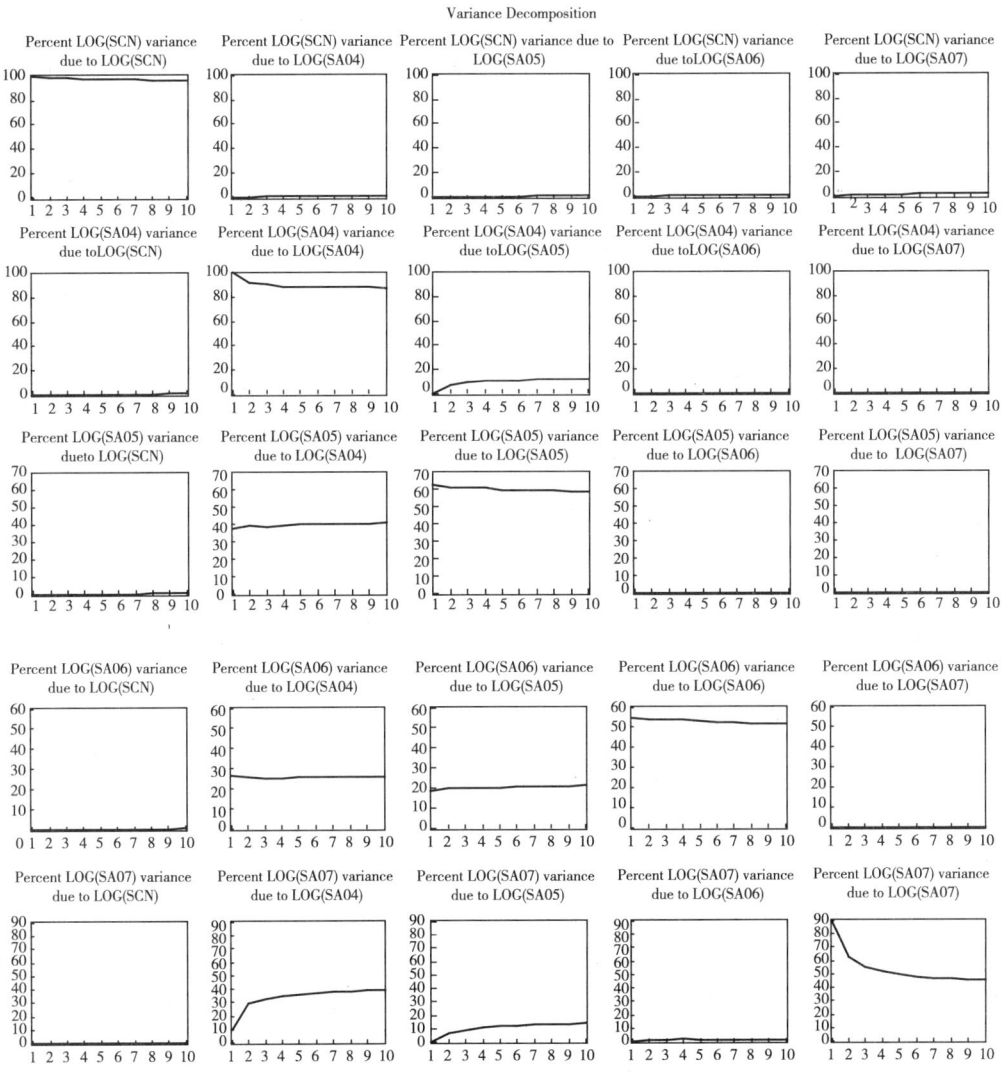

图4-3 中国证券市场与全球不同地区指数之间的方差分解图

4. 中国证券市场指数波动幅度最大，其新息主要来自自身，其次是亚太（含日本）指数的新息。在未来 10 期内，中国证券市场指数平均波动 0.05159 个标准差，不仅比欧美发达国家指数高而且比拉美指数波动还大。其中，来自自身的新息占比高达 97.75%，来自亚太指数的新息占比 1.24%，来自欧、美和拉美指数的新息占比不超过 1%。可见，中国证券市场波动主要来自自身，如果同时考虑其对全球各大洲指数冲击也相当小这个事实，则中国证券市场实际上仍然相当封闭。

表 4-9 和图 4-4 给出了中国证券市场和全球不同地区指数之间的脉冲响应关系。可以看出，全球不同地区证券市场相互冲击各不相同。欧洲指数自身的脉冲效应最大，其次是中国证券市场指数和美洲指数，美洲指数来自欧洲的脉冲响应与其自身大小相当。拉美和亚太指数相似，都是自身的脉冲响应最大，其次是欧、美指数。中国证券市场自我脉冲响应最大，其次是亚太指数与欧洲指数，美洲指数与拉美指数对其脉冲作用相当小。反之，中国证券市场的变动对全球各洲指数的冲击还很小，但作用方向（与前述水平关系相似）是负的。这表明中国证券市场的波动对全球市场变动有冲销功能，尽管其还比较微弱。

表 4-9 中国证券市场与全球不同地区指数之间脉冲响应一览表

脉冲响应变量	时期	1	2	3	4	5	6	7	8	9	10
ln(scn)	ln(scn)	0.0229	0.0219	0.0222	0.0226	0.0233	0.0231	0.0231	0.0231	0.0231	0.0230
	ln(sa04)	0.0000	0.0005	0.0024	0.0024	0.0022	0.0025	0.0026	0.0026	0.0026	0.0026
	ln(sa05)	0.0000	0.0003	0.0006	0.0012	0.0009	0.0013	0.0013	0.0014	0.0015	0.0015
	ln(sa06)	0.0000	0.0010	0.0014	0.0018	0.0019	0.0020	0.0018	0.0019	0.0019	0.0018
	ln(sa07)	0.0000	0.0027	0.0029	0.0029	0.0034	0.0034	0.0034	0.0034	0.0034	0.0034
ln(sa04)	ln(scn)	-0.0003	-0.0004	-0.0003	-0.0006	-0.0009	-0.0010	-0.0010	-0.0010	-0.0010	-0.0011
	ln(sa04)	0.0109	0.0111	0.0106	0.0102	0.0108	0.0108	0.0107	0.0107	0.0107	0.0107
	ln(sa05)	0.0000	0.0045	0.0041	0.0043	0.0038	0.0040	0.0040	0.0041	0.0041	0.0041
	ln(sa06)	0.0000	0.0004	0.0002	0.0005	-0.0002	-0.0001	-0.0002	-0.0001	-0.0002	-0.0002
	ln(sa07)	0.0000	-0.0007	-0.0007	-0.0006	-0.0004	-0.0006	-0.0006	-0.0007	-0.0006	-0.0006
ln(sa05)	ln(scn)	-0.0001	-0.0003	-0.0003	-0.0007	-0.0011	-0.0010	-0.0010	-0.0010	-0.0010	-0.0010
	ln(sa04)	0.0073	0.0072	0.0067	0.0068	0.0071	0.0070	0.0070	0.0070	0.0070	0.0070
	ln(sa05)	0.0095	0.0087	0.0084	0.0084	0.0080	0.0083	0.0082	0.0082	0.0082	0.0082
	ln(sa06)	0.0000	0.0000	0.0000	-0.0003	-0.0004	-0.0004	-0.0004	-0.0004	-0.0005	-0.0004
	ln(sa07)	0.0000	-0.0001	-0.0003	-0.0001	-0.0003	-0.0003	-0.0003	-0.0004	-0.0003	-0.0004

续表

脉冲响应变量		时期	1	2	3	4	5	6	7	8	9	10
ln（sa06）	ln（scn）		-0.0003	-0.0005	-0.0007	-0.0012	-0.0014	-0.0014	-0.0014	-0.0015	-0.0015	-0.0015
	ln（sa04）		0.0077	0.0085	0.0082	0.0079	0.0085	0.0084	0.0084	0.0084	0.0084	0.0084
	ln（sa05）		0.0064	0.0077	0.0075	0.0075	0.0073	0.0075	0.0076	0.0076	0.0076	0.0076
	ln（sa06）		0.0109	0.0123	0.0123	0.0118	0.0115	0.0114	0.0114	0.0115	0.0114	0.0114
	ln（sa07）		0.0000	0.0000	-0.0001	0.0003	0.0002	0.0001	0.0000	0.0000	0.0000	0.0000
ln（sa07）	ln（scn）		-0.0003	-0.0003	-0.0003	-0.0004	-0.0009	-0.0010	-0.0010	-0.0010	-0.0010	-0.0011
	ln（sa04）		0.0032	0.0077	0.0073	0.0071	0.0073	0.0074	0.0073	0.0073	0.0073	0.0073
	ln（sa05）		0.0002	0.0039	0.0044	0.0046	0.0046	0.0044	0.0045	0.0045	0.0045	0.0045
	ln（sa06）		0.0008	0.0019	0.0018	0.0017	0.0014	0.0012	0.0012	0.0012	0.0012	0.0012
	ln（sa07）		0.0092	0.0079	0.0076	0.0073	0.0073	0.0072	0.0072	0.0072	0.0072	0.0072

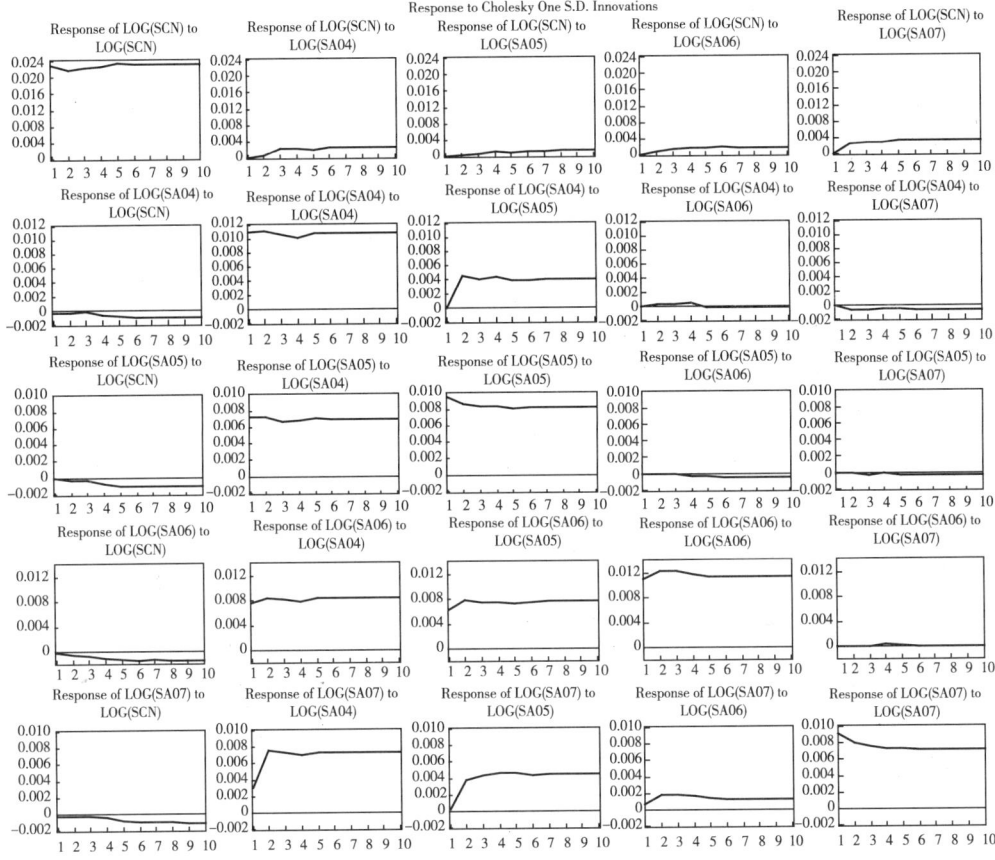

图4-4 中国证券市场与全球各大洲指数间的脉冲响应图

1. 欧洲指数自身的脉冲效应最大，其次是中国证券市场指数和美洲指数，亚太和拉美指数对其脉冲效应比较小。当期一个标准差变动，对欧洲指数的脉冲效应在未来10期内的平均值依次为 0.0107、-0.0076、0.0037、0.00055 和 0.00001 个标准差。可见，中国证券市场指数对欧洲指数的脉冲效应是负向的，这一点与众不同。

2. 美洲指数来自欧洲的脉冲响应与其自身大小相当，而亚太指数、拉美指数和中国证券市场指数对其脉冲响应不仅比较小而且方向为负。当期一个标准差变动，在未来10期内对美洲指数的平均脉冲响应依次为 0.00701、0.00841、-0.00005、-0.00028 和 -0.00075 个标准差。

3. 拉美和亚太指数相似，都是自身的脉冲响应最大，其次是欧洲、美洲指数相互之间，中国证券市场指数对其脉冲作用微弱。当期中国、欧洲、美洲、拉美和亚太指数一个标准差变动，在未来10期内对拉美指数的平均脉冲作用依次为 -0.00114、0.00828、0.00743、0.01159 和 0.00005 个标准差；对亚太指数的平均脉冲作用依次为 -0.00073、0.00692、0.00401、0.00136 和 0.00753 个标准差。可见，中国指数对两地区的脉冲效应也是负的。

4. 中国证券市场自我脉冲响应最大，其次是亚太指数与欧洲指数，美洲指数与拉美指数对其脉冲作用相当小。当期欧、美、拉美和亚太指数一个标准差的变动将分别引起中国证券市场指数在未来10期内平均波动 0.00204、0.0010、0.001550 和 00289 个标准差。这四个洲指数效果累加仍不及中国证券市场自身的一半作用。中国市场非常封闭，其指数当期一个标准差变动，将会引起其自身在未来10期内平均波动 0.02283 个标准差，对欧洲指数、美洲指数、拉美指数和亚太指数的冲击一次平均为 -0.00076、-0.00075、-0.00114 和 -0.00073 个标准差，也显得比较小。

三、与发展中国家指数关系分析

从中国证券市场所处的新兴市场圈层看，不外乎大中华指数（sa10）、亚太（除日本）指数（sa08）和金砖国家指数（sa09）三个层次。因此，运用前述的 VEC 模型将它们与中国证券市场指数（scn）放在一个系统中进行拟合，有助于我们更好地了解中国证券市场在开放过程中的层次性关系。

（一）长期一致关系检验

中国证券市场与三个典型发展中国家指数间的长期一致关系可以用协整方程

表示：

$$\ln(\text{Scn}) = -7.202511\ln(\text{Sa08}) + 0.639458\ln(\text{Sa09}) + 7.649659\ln(\text{Sa10}) + 0.59958$$
$$(1.85694) \qquad (0.66178) \qquad (1.16681)$$
$$[-3.87870] \qquad [0.96627] \qquad [6.55607]$$

模型中，ln 为各个市场指数的自然对数，圆括号和方括号内数字分别为对应系数的标准差和 t 值。可以看出，在 5% 显著水平上，金砖国家指数的系数最小且不显著，中国证券市场指数仅与亚太（除日本）指数和大中华指数存在显著一致关系。不过，两个指数的作用效果不同，前者系数 -7.20251，表明亚太（除日本）指数变动 1%，中国证券市场同期指数将反向变动 7.20%；后者系数 7.64965，表明中国证券市场指数与大中华指数变动方向一致，弹性系数为 7.65%。出现上述差异的原因可能有二：一是中国证券市场本身就是新兴市场，进入 21 纪以来才逐步扩大开放，尚未达到充分全球化、与跨州范围的金砖国家指数有显著联系的程度，因而首先仅与所处亚太（除日本）市场表现出显著的反向一致关系。二是大中华经济圈内中国大陆与港、台经济内在联系密切，而且跨市场上市的公司数量不断上升，因而作为经济晴雨表的大中华证券市场自然也表现出"同涨同跌"的共命运现象，显得与亚太指数关系不同。

（二）短期波动关系分析

中国证券市场与发展中国家指数之间的短期波动关系可以用 VEC 模型清晰表示（见表 4 - 10）。可以看出，中国大陆所处三个层次发展中国家指数波动已经相互影响，但中国证券市场与它们之间在关系上不对等，中国证券市场指数一方面受三个层次发展中国家指数波动信息的影响；另一方面，不仅对大中华指数波动无显著影响，而且对其他两指数波动作用也不大。

表 4 - 10　　　　　　中国大陆与几个发展中国家指数之间的 VEC 模型

因变量	D (ln (scn))		D (ln (sa08))		D (ln (sa09))		D (ln (sa10))	
自变量	系数	t 值	系数	t 值	系数	t 值	系数	t 值
CointEq1	0.001874	[1.023]	0.000442	[0.419]	0.001258	[0.838]	0.002193	[4.627]
D (ln (scn (-1)))	-0.0515	[-2.122]	0.004698	[0.336]	0.005050	[0.253]	-0.0027	[-0.435]
D (ln (scn (-2)))	-0.0086	[-0.352]	-0.0105	[-0.754]	-0.0009	[-0.043]	-0.0026	[-0.416]

续表

因变量	D (ln (scn))		D (ln (sa08))		D (ln (sa09))		D (ln (sa10))	
自变量	系数	t值	系数	t值	系数	t值	系数	t值
D (ln (scn (-3)))	0.027848	[1.147]	-0.0004	[-0.025]	-0.0085	[-0.427]	0.008566	[1.364]
D (ln (scn (-4)))	0.038007	[1.575]	-0.0420	[-3.033]	-0.0597	[-3.021]	-0.0027	[-0.434]
D (ln (sa08 (-1)))	0.484956	[7.790]	-0.4186	[-11.70]	-0.2864	[-5.614]	1.153951	[71.62]
D (ln (sa08 (-2)))	-0.0468	[-0.380]	-0.2192	[-3.097]	-0.1535	[-1.520]	0.109490	[3.434]
D (ln (sa08 (-3)))	-0.0506	[-0.409]	-0.1690	[-2.383]	-0.2107	[-2.083]	0.053453	[1.673]
D (ln (sa08 (-4)))	-0.0844	[-0.702]	-0.0102	[-0.148]	-0.0020	[-0.019]	0.099056	[3.186]
D (ln (sa09 (-1)))	0.080254	[1.892]	0.463331	[19.01]	0.328781	[9.460]	0.031134	[2.836]
D (ln (sa09 (-2)))	0.046287	[0.980]	0.074111	[2.734]	0.030340	[0.784]	-0.0217	[-1.772]
D (ln (sa09 (-3)))	-0.0288	[-0.608]	0.048581	[1.788]	-0.0259	[-0.669]	-0.0068	[-0.556]
D (ln (sa09 (-4)))	-0.1214	[-2.592]	0.045510	[1.692]	0.018111	[0.472]	0.006585	[0.543]
D (ln (sa10 (-1)))	0.103313	[1.106]	0.110950	[2.069]	0.083143	[1.087]	-0.0634	[-2.626]
D (ln (sa10 (-2)))	0.085852	[0.918]	0.102653	[1.912]	0.208885	[2.728]	-0.0474	[-1.958]
D (ln (sa10 (-3)))	0.189101	[2.026]	-0.0377	[-0.702]	-0.0106	[-0.139]	-0.0916	[-3.790]
D (ln (sa10 (-4)))	0.036780	[1.125]	0.016027	[0.853]	0.028858	[1.077]	-0.0004	[-0.048]
C	0.000106	[0.238]	0.000226	[0.884]	0.000594	[1.626]	-0.0001	[-1.128]

注：CointEq1 = ln(scn(-1)) + 7.202511 ln(sa08(-1)) - 0.639458ln(sa09(-1)) - 7.649659ln(sa10(-1)) - 0.599583

1. 中国大陆所处三个典型层次新兴市场的指数短期波动已经相互影响。各自模型中不仅自身的滞后变量系数显著而且还存在显著的交互滞后作用，尽管显著性的时期、系数大小和方向可能存在一定差异。亚太（除日本）指数与大中华指数模型中，自身的滞后1、2和3期系数显著为负；而金砖国家指数的滞后1、2两期变量系数均显著为正，滞后3期变量系数显著为负。

2. 中国证券市场与发展中国家指数间关系很不对称，仍然处在单向被动接受波动状态。一方面，中国证券市场指数模型中，自身的滞后1期、亚太（除日本）指数的滞后1期和大中华指数的滞后3期变量系数均显著为正，金砖国家指数滞后4期系数显著为负数。各变量均有显著滞后作用，尽管其显著期和作用方向可能不同。这表明中国市场全面接受新兴市场波动影响。另一方面，中国市场波动仅对亚太（除日本）指数和金砖国家指数有显著效应，而对大中华指数却无显著影响。不仅如此，从显著系数看，中国证券市场指数滞后4期变量对亚太指数和金砖国家指数的作用弹性明显偏小。这表明发展中国家指数对中国市场反应迟缓。

3. 只有大中华指数存在短期波动向长期一致的误差调整效应,尽管这一效应还很小,弹性仅为 0.002193。而亚太指数、金砖国家指数和中国证券市场指数的误差修正效应均不显著。

(三) 方差分解与脉冲响应

那么,中国证券市场与发展中国家指数之间短期波动关系如何传递?彼此之间变动如何发生?对这些灵敏度问题,可以通过方差分解结合脉冲响应给出明确回答。

中国证券市场指数与发展中国家指数[包括亚太(除日本)指数、金砖国家指数和大中华指数等]之间的方差分解结果见图 4-5。可以看出,不同市场指数波动及其新息来源各不相同,亚太(除日本)指数波动相对最小,且新息来自自身的比重非常小,主要来源于金砖国家指数和大中华指数。中国证券市场的新息波动相对最大,且主要来自自身,占比高达 87.386%。中国证券市场指数对发展中国家指数影响很小,同时接受新息冲击也较小(亚太指数除外)。

表 4-11　　　　中国证券市场与发展中国家指数之间方差分解一览表

方差分解变量	时期	1	2	3	4	5	6	7	8	9	10
ln (scn)	标准差	0.0187	0.0263	0.0327	0.0384	0.0436	0.0481	0.0523	0.0561	0.0597	0.0631
	ln (scn)	100.00	94.344	89.448	87.002	85.986	84.718	83.801	83.197	82.790	82.485
	ln (sa08)	0.000	5.530	8.883	10.288	11.148	12.213	12.948	13.429	13.770	14.030
	ln (sa09)	0.000	0.100	1.561	2.349	2.366	2.496	2.649	2.756	2.822	2.875
	ln (sa10)	0.000	0.026	0.108	0.361	0.500	0.574	0.603	0.618	0.618	0.611
ln (sa08)	标准差	0.0108	0.0164	0.0207	0.0242	0.0272	0.0299	0.0324	0.0346	0.0367	0.0387
	ln (scn)	0.802	0.545	0.505	0.460	0.678	0.871	1.006	1.112	1.197	1.261
	ln (sa08)	99.198	90.588	87.221	85.265	83.890	83.181	82.721	82.390	82.097	81.866
	ln (sa09)	0.000	8.771	12.029	13.969	15.084	15.583	15.904	16.137	16.355	16.534
	ln (sa10)	0.000	0.096	0.246	0.307	0.348	0.364	0.368	0.361	0.350	0.340
ln (sa09)	标准差	0.0154	0.0239	0.0301	0.0350	0.0393	0.0432	0.0467	0.0500	0.0530	0.0559
	ln (scn)	0.273	0.178	0.129	0.116	0.259	0.365	0.434	0.488	0.531	0.562
	ln (sa08)	52.955	46.391	44.019	43.422	43.039	42.858	42.697	42.550	42.393	42.255
	ln (sa09)	46.772	53.410	55.669	56.206	56.399	56.463	56.557	56.660	56.785	56.902
	ln (sa10)	0.000	0.021	0.183	0.256	0.303	0.313	0.312	0.302	0.291	0.280

续表

方差分解变量	时期	1	2	3	4	5	6	7	8	9	10
ln (sa10)	标准差	0.0049	0.0140	0.0207	0.0257	0.0299	0.0335	0.0367	0.0395	0.0421	0.0446
	ln (scn)	3.916	0.508	0.234	0.152	0.113	0.164	0.218	0.251	0.275	0.293
	ln (sa08)	1.068	78.455	77.014	75.729	74.755	74.028	73.760	73.661	73.647	73.634
	ln (sa09)	0.006	0.062	8.052	11.243	13.159	14.330	14.878	15.224	15.482	15.721
	ln (sa10)	95.010	20.976	14.700	12.876	11.974	11.477	11.143	10.865	10.596	10.352

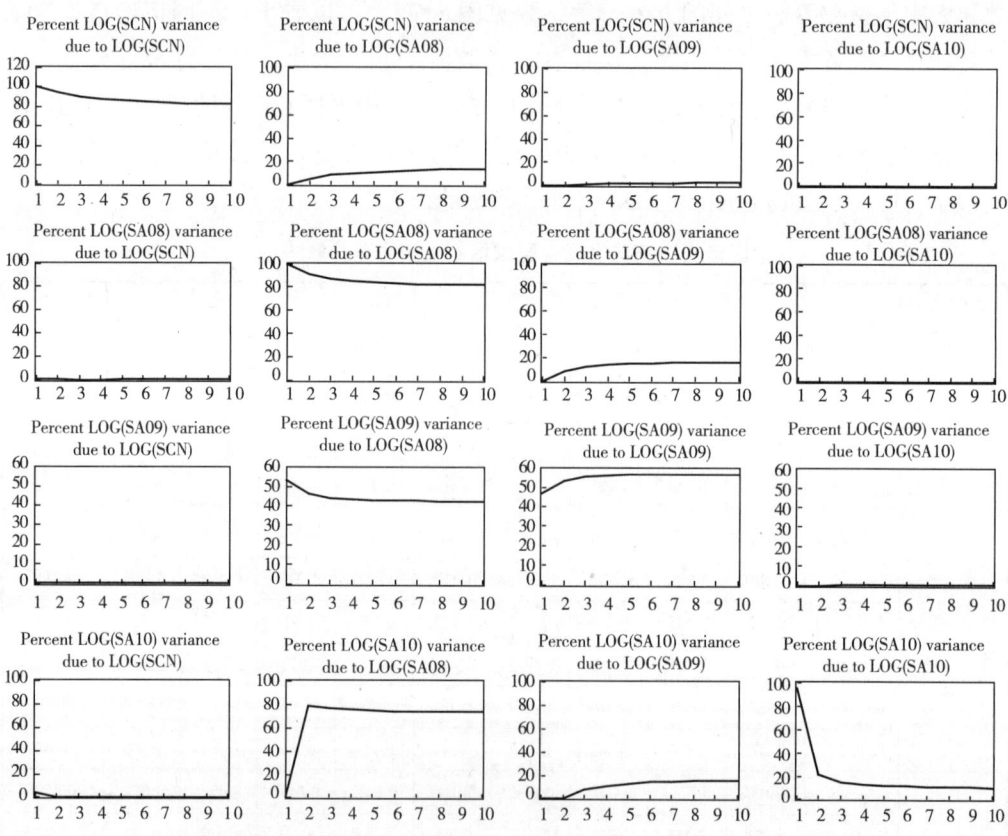

图 4-5 中国证券市场与发展中国家指数之间的方差分解图

1. 亚太（除日本）指数的新息冲击相对最小，且主要来自金砖国家指数和大中华指数，而来自自身的冲击非常小。在未来 10 期新息冲击平均为 0.02716 个标准差。

其中，有 85.84% 和 13.04% 分别来自金砖国家指数和大中华指数；而来自其自身和中国证券市场的占比分别仅有 0.84% 和 0.3%。

2. 大中华指数的新息冲击相对第二小，主要来源于亚太（除了日本）指数，其次是其自身和金砖国家指数冲击。在未来 10 期中，其新息冲击平均为 0.02916 个标准差。其中有 67.58% 来自亚太（除了日本）指数，有 21% 和 10.82% 分别来自自身和金砖国家指数。只有 0.61% 是单纯来自中国大陆。

3. 中国证券市场的新息冲击最大，且主要来自自身，其次是亚太（除日本）指数，金砖国家指数和大中华指数对中国证券市场冲击还比较小。在未来 10 期中国证券市场的波动平均为 0.0439 个标准差。其中，来自它们的新息占比平均分别为 87.38%、10.23%、1.997% 和 0.40%。

4. 金砖国家指数的新息相对第二大，主要来自自身和亚太指数，中国证券市场指数和大中华指数对其冲击都比较小。在未来 10 期中，金砖国家受到的新息冲击平均为 0.03925 个标准差，其中有 55.18% 和 44.26% 分别来自自身和亚太（除日本）指数。而来自中国证券市场指数和大中华指数的新息占比分别仅为 0.34% 和 0.23%。

中国证券市场指数与亚太（除日本）指数、金砖国家指数和大中华指数等新兴市场指数之间的脉冲响应结果见表 4 - 12 和图 4 - 6。可以看出，新兴市场中亚太（除日本）指数的脉冲效应最大，无论是其自身还是金砖国家指数和大中华指数，均对其表现出最大的脉冲响应。但中国证券市场指数自身的脉冲响应却最大。发展中国家指数对其脉冲效应是正向，而反过来的效应却是负的，可见中国证券市场对于新兴市场波动也有抑制功能。

表 4 - 12　　　　中国证券市场与发展中国家指数之间的脉冲响应表

脉冲响应	时期	1	2	3	4	5	6	7	8	9	10
ln (scn)	ln (scn)	0.0187	0.0174	0.0174	0.0181	0.0188	0.0182	0.0181	0.0182	0.0182	0.0182
	ln (sa08)	0.0000	0.0062	0.0075	0.0075	0.0078	0.0084	0.0084	0.0083	0.0082	0.0082
	ln (sa09)	0.0000	0.0008	0.0040	0.0042	0.0032	0.0036	0.0038	0.0038	0.0037	0.0037
	ln (sa10)	0.0000	0.0004	0.0010	0.0020	0.0020	0.0019	0.0018	0.0017	0.0016	0.0015
ln (sa08)	ln (scn)	-0.0010	-0.0007	-0.0008	-0.0007	-0.0015	-0.0017	-0.0017	-0.0017	-0.0017	-0.0017
	ln (sa08)	0.0107	0.0114	0.0113	0.0112	0.0111	0.0111	0.0110	0.0110	0.0110	0.0109
	ln (sa09)	0.0000	0.0049	0.0053	0.0055	0.0055	0.0053	0.0052	0.0052	0.0052	0.0052
	ln (sa10)		0.0000	0.0005	0.0009	0.0009	0.0009	0.0008	0.0008	0.0007	0.0006

续表

脉冲响应	时期	1	2	3	4	5	6	7	8	9	10
ln（sa09）	ln（scn）	-0.0008	-0.0006	-0.0004	-0.0005	-0.0016	-0.0017	-0.0016	-0.0016	-0.0017	-0.0016
	ln（sa08）	0.0112	0.0118	0.0115	0.0116	0.0116	0.0116	0.0115	0.0114	0.0114	0.0113
	ln（sa09）	0.0105	0.0140	0.0141	0.0136	0.0136	0.0134	0.0134	0.0134	0.0135	0.0134
	ln（sa10）	0.0000	0.0003	0.0012	0.0012	0.0012	0.0011	0.0010	0.0009	0.0008	0.0007
ln（sa10）	ln（scn）	0.0010	-0.0003	-0.0001	-0.0001	0.0000	-0.0009	-0.0010	-0.0010	-0.0010	-0.0010
	ln（sa08）	-0.0005	0.0124	0.0133	0.0130	0.0129	0.0128	0.0127	0.0126	0.0125	0.0125
	ln（sa09）	0.0000	0.0003	0.0059	0.0063	0.0066	0.0066	0.0063	0.0061	0.0061	0.0061
	ln（sa10）	0.0047	0.0043	0.0047	0.0047	0.0047	0.0047	0.0046	0.0045	0.0043	0.0042

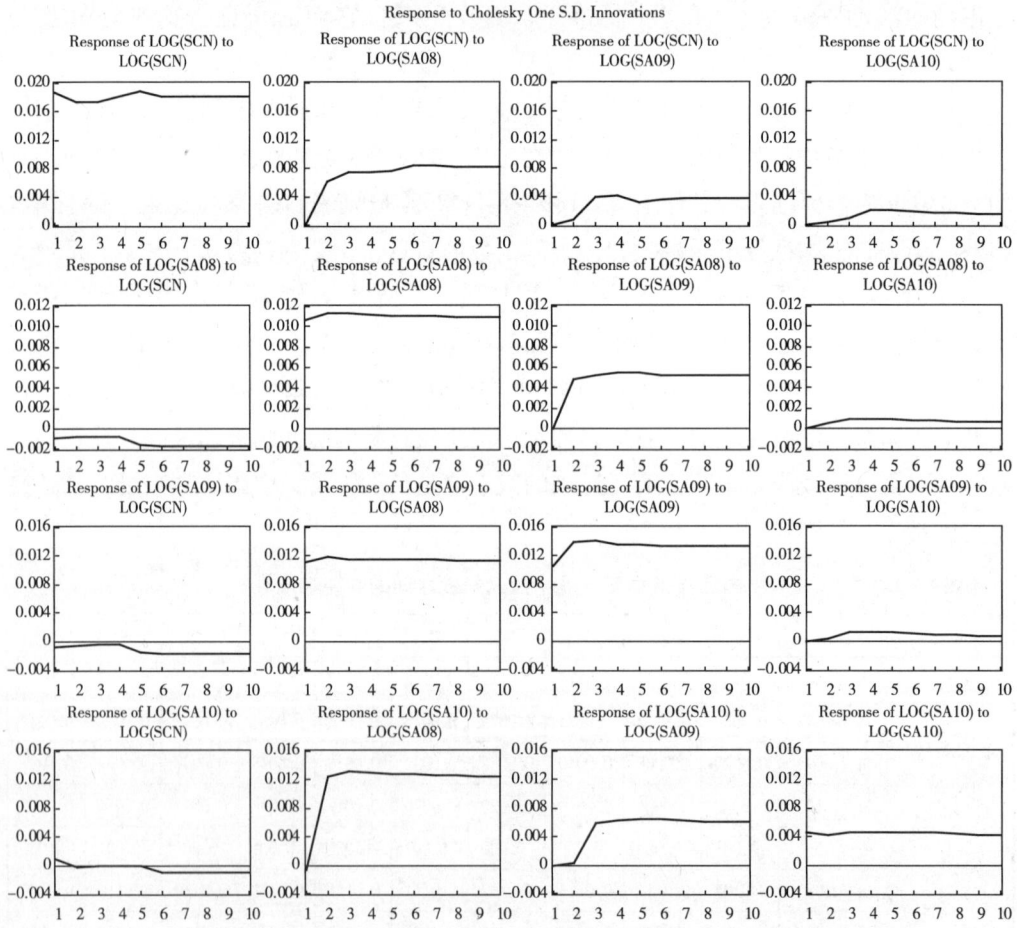

图4-6 中国证券市场与发展中国家指数之间的脉冲响应图

1. 亚太（除日本）指数自身脉冲响应最大，其次是中国证券市场指数和大中华指数，金砖国家指数的脉冲效应最小。它们当期一个标准差变动将会分别引起亚太（除日本）指数在未来10期内平均波动0.01107、-0.00069、0.00061和0.00473个标准差。可见，中国证券市场对其脉冲效应是负的。

2. 金砖国家指数对亚太（除日本）指数的脉冲响应比自身还大，中国证券市场指数和大中华指数对其作用都比较小。它们当期一个标准差的变动将分别引起金砖国家指数在未来10期内平均波动0.01149、0.01329、-0.00061和0.00084个标准差。

3. 大中华指数对亚太（除日本）指数和金砖国家指数的脉冲响应比自身都大，中国证券市场指数对其脉冲效应比较小且是负的。它们当期一个标准差变动将分别引起其在未来10期内平均波动0.01142、0.00503、0.00454和-0.0002。

4. 中国证券市场指数自身的脉冲响应最大，其次是亚太（除日本）指数对其脉冲效应，金砖国家指数和大中华指数对其脉冲效应渐次减小。它们当期一个标准差的变动将分别引起中国证券市场指数在未来10期内平均波动0.01813、0.00705、0.00308和0.00139个标准差。

综合三个层面的结构分析，我们发现，全球证券市场一体化实际上并不改变其"发达市场指数为主导、新兴市场指数为从属"的特征。而且，从区域上看，各地市场作用差异较大，欧洲指数全球化程度最高，美洲指数在全球处于主导地位，是全球市场波动的信息源；拉美指数最为封闭，亚太（含日本）指数对全球的依赖性最强。中国证券市场的国际化还仅仅是长期水平上的一致协整；其短期波动全球最大且新息来源主要是自身。中国证券市场国际波动路线比较简单，区域上表现为受亚太指数和拉美指数影响而仅对美洲指数有显著作用；水平上仅与发达国家指数表现出双向作用关系；与发展中国家指数关系还很脆弱，受大中华指数作用而没有反向影响，影响金砖国家指数而不受其作用，除了与亚太（除日本）指数相互作用外。但所有这些丝毫不动摇中国证券市场是国际市场波动的避风港这一独特属性，即国际市场波动引起中国证券市场同向变动，而中国市场的波动对国际市场波动有减弱作用。

1. 从发展水平看，中国证券市场尚不发达，但也不同于一般的新兴市场，似乎其指数仅与国际市场存在长期一致关系而短期波动仍然与国际隔离。长期上，中国证券市场指数与发达国家指数和发展中国家指数存在协整一致关系，但仅中国证券市场指数存在短期波动向长期趋势靠近的误差修正功能。短期上，中国证券市场显著接受全球发达和发展中国家指数波动影响，但仅与发达市场指数表现出显著的相互作用，而对发展中国家指数的反作用不显著。中国证券市场波动全球最大，但其新息的97%以上来自自身且对发达和发展中国家指数的脉冲作用很小，而不像发展中国家指数那样虽然波动也很大但有超过一半的新息来自发达市场。

2. 从不同区域看，全球各地市场地位差别较大，中国证券市场与它们之间关系不一。欧洲指数全球化程度最高，美洲指数在全球处于主导地位，拉美指数最为封闭，亚太（含日本）指数对全球的依赖性最强。长期上，仅欧洲指数和美洲指数对中国证券市场指数有显著的长期协整作用；而拉丁美洲指数和亚太（含日本）指数对中国的作用不显著。而且美洲指数对中国市场的影响正向而欧洲指数的影响却是负向的。短期上，中国证券市场波动比较简单，影响美洲指数而仅受亚太指数和拉美指数作用。全球拉美指数波动最大，亚太（含日本）指数波动与欧美指数相当，但前两者对后二者的信息依赖程度非常高，而欧美市场仅接受彼此新息。中国证券市场比拉美指数波动还大，可其新息来源97.7%是自身；其次是亚太（含日本）指数，占比1.24%。

3. 从所处新兴市场层次看，中国与发展中市场指数关系仍然十分脆弱。长期上，大中华指数对中国证券市场指数的作用是正向的，亚太（除日本）指数对中国证券市场指数影响是负向的，而金砖国家指数却影响不显著。短期上，中国大陆所处三个层次的发展中国家指数不仅相互作用而且都显著影响到中国证券市场；而反过来，中国证券市场的波动不仅对亚太（除日本）指数和金砖国家指数作用很小而且对大中华指数尚无显著影响。在所处三个层次中，指数波动的新息呈现出一种由外而内的传递趋势。金砖国家指数波动最大，其新息主要来自自身和亚太（除日本）；亚太（除日本）指数波动最小，且也主要来自金砖国家指数；大中华指数波动水平居中，新息主要来自亚太（除日本）指数，其次是自身和金砖国家指数的冲击。而中国证券市场波动比金砖国家指数还大，其信息主要来自自身和亚太（除日本）指数。

4.5 本章小结

综上分析,本部分运用协整检验、因果检验和 VEC 模型等方法分别从整体上和结构上多视角考察了中国证券市场指数(道中88)与全球10个主要结构指数之间的关系,研究发现,全球证券市场已经融为一体,但各地区市场、不同发展水平指数的地位和影响截然不同。中国证券市场虽然已全面融入全球化,但这种融入才仅是其指数水平的国际依赖,其国际地位和影响力实际上还比较小,中国证券市场短期波动全球最大,但其新息来源主要是自身,而且与国际市场关系十分特别,彰显出"避风港"功能。从水平看,受全球发达国家指数和发展中国家指数波动影响,却仅对全球发达国家指数有反作用。从区域看,中国证券市场的传递路线非常简单,影响美洲指数却仅表现为对亚太指数和拉美指数波动的显著反应。在新兴市场中的核心地位尚未形成,不仅被动接受大中华指数波动信息而且对金砖国家指数和亚太(除日本)指数的影响也很小。这些特征应该引起综合性关注。

(一)中国证券市场整体上已经融入全球化,但其地位和作用都还比较小

全球证券市场一体化并不能消除不同地区、不同水平市场之间差异,从区域看,美洲指数地位最强,是全球的主导,引导全球各地区指数而不受它们引导;拉美指数最弱,不受美洲之外的其他任何指数引导且仅表现出对发展中国家指数的单向引导。欧洲和亚太市场地位居中,它们指数与不同发展水平指数之间信息共享、相互影响。从水平看,发达国家指数在全球起主导作用,发展中国家指数作用不显著。可除了金砖国家指数外,中国证券市场指数、大中华指数和亚太(除日本)指数都对全球指数有显著贡献,只是它们的地位和作用还比较小。

(二)中国证券市场国际化首先表现在其指数水平的国际一致;而短期波动的新息主要还是来自自身

从长期看,中国证券市场指数与全球除了发展中国家指数外的其他9个结构指数之间已经存在显著的协整关系。从区域看,美洲指数对中国证券市场指数的引导作用最大,其次是欧洲指数、亚太指数和拉美指数。从水平看,中国证券市场指仅受发达市场指数影响而不受发展中国家指数显著作用。新兴市场中仅大中华指数与中国证券

市场指数存在相互引导关系，而亚太（除日本）指数和金砖国家指数才仅表现出对中国证券市场指数单向显著引导关系。但短期看，中国证券市场的波动与国际市场关系还很脆弱，仅与发达国家指数存在双向互动关系。而且区域路线也很简单，受亚太指数和拉美指数影响而仅影响美洲指数。不仅如此，中国证券市场短期波动的新息来源主要是自身，而且对外冲击还相当小。

（三）中国与外围发展中国家指数关系还很脆弱，完全处在被动接受信息状态；其核心功能发挥尚需时日

长期看，中国证券市场对外围三个层次发展中国家指数的依赖关系，由内向外逐渐减弱。金砖国家指数的作用不显著，只有大中华指数和亚太（除日本）指数对中国证券市场指数水平有显著贡献（前者是正向影响，后者为负向影响）。短期看，中国在所处新兴证券市场圈层中尚处于边缘境地。发展中国家指数相互影响，而且对中国证券市场指数均有显著作用；可反过来，中国证券市场的波动不仅对亚太（除日本）指数和金砖国家指数作用很小而且对大中华指数作用不显著。尤其在大中华经济圈中，中国证券市场的核心功能亟待增强。中国证券市场波动新息主要是自身；而大中华指数波动的新息来源首先是亚太（除日本）指数，其次是自身和金砖国家指数的冲击。而中国证券市场波动的作用还相当小。

（四）中国证券市场短期波动全球最大，却是国际证券市场的避风港，应该引起重视

全球各地区证券市场波动不一，拉丁美洲指数波动最大。而中国证券市场短期波动比拉美指数波动还大。尽管其新息97.75%来源自身，但这样的证券市场却可成为国际投资者的避风港。即国际市场波动引起中国证券市场同向变动，而中国市场的波动对国际市场波动有减轻作用。这不能不给予重视。

5

中国证券市场与发达市场的国际互动

5.1 问题的提出

中国自 2001 年 12 月 11 日正式加入世贸组织以来,已有十余年之久。作为经济晴雨表,中国证券市场与国际证券市场的联系即国际一体化水平怎样?是进还是退?加入世贸组织对中国证券市场的作用如何?其间经历过国际经济繁荣期,更爆发了美国次贷危机以及欧洲主权债务危机,不同国际经济金融背景对中国证券市场国际一体化是否产生不同的影响?如何应对才更有助于在分享全球化利益的同时尽量减少不利冲击?这些问题已引起了广泛关注。

证券市场一体化是全球现象。特别是 20 世纪 80 年代新的全球化浪潮席卷许多地方以来,不仅世界主要证券市场之间,全球各区域欧洲、亚洲、中东和拉丁美洲之间及其内部,市场一体化水平均在日益上升(Hardouvelis et al., 2006)。此外,新兴经济体证券市场与发达市场之间的一体化水平也在迅速上升(Chan et al., 1997; Kim et al., 2005)。

加入世贸组织以来,中国越来越深地融入世界经济之中。Agenor(2001)认为经济活动的全球化与金融市场自由化导致证券市场国际一体化程度加深。市场一体化背后的直接推动力主要包括国家间的贸易、联系日益紧密的国际投资以及依存度日益增强的金融市场活动(Bracker et al., 2003)。证券市场一体化的理论基础主要涉及两个方面：实体经济间的联系（经济基础说）与资本流动的影响（资本流动说）。

对于经济基础说，Dumas 等（2003）的模型显示实体经济联系决定股票收益率的跨国相关程度，一体化市场间的收益相关性比分割市场更高。国际金融市场具有允许跨时交易和跨状态交易的功能，因而能够影响宏观经济与国际贸易变量等相互间的联系。当国际金融市场为经济主体提供各种预期状态不确定性的保险功能时，就出现了金融市场一体化（Cole, 1988; Stockman, 1988）。根据该理论，证券市场一体化体现为国际资本市场功能的完善性。Aydemir（2004）构建了多国多产品的一般均衡模型，发现在给定国家和产业的冲击下，如果金融和商品市场一体化程度高，跨国股票收益的相关性增强。

资本流动说主要从两个角度解释证券市场一体化的理论基础。根据实际利率平价，在资本流动的完美世界中，大多数新增储蓄将离开本国去其他市场寻求更高回报，原因是本国新增储蓄收益率仅为投资者获得的税后收益。对于小国，国内储蓄的外生变化在实际利率没有变化的情况下可通过国外融通（Feldstein et al., 1980）。另一个角度是金融资产一价定律。该理论假定资本自由流动，投资者设法寻求最佳回报的结果使得各国间的收益率出现均等化（Masih et al., 1999）。根据该理论，Masih 等（1999）认为股票市场一体化的主要驱动力来自投资者在全球进行多样化资产组合时寻求更高回报的努力。当然，现实世界中的资本流动或多或少存在某些障碍，因而证券市场难以实现完全一体化。

证券市场国际一体化在带来利益的同时也会产生风险。一体化的发展会促进资本有效配置、风险分担和市场稳健发展（Pauer, 2005）。金融一体化导致资本成本下降（Martin et al., 2000; Hardevoulis et al., 1999）。世界资本市场越完善，各国经济发展会因此越强劲。此外，一体化还会提高法制水平、资本供给、当地金融机构竞争力。这些影响不仅体现在宏观层面，对产业（Rajan et al., 1998）甚至企业的影响也成立（Demirguc - Kunt et al., 1998）。但 Gourinchas 等（2003）却认为一体化水平上升几乎没有增加财富。更有甚者，证券市场一体化使得国际风险和冲击很容易传导到国内，提高了危机传染的概率（Agenor, 2001），在监管、法制不完善的国家更是如此。

与理论研究相比，实证研究更为丰富。纵观国内外文献，关于证券市场国际一体化研究基本已形成两种主要思路：一是探讨样本期内几个市场间是否存在共同的长期趋势，主要运用协整技术（Yang et al.，2003）等。自 Kasa（1992）最早运用协整技术分析全球主要证券市场间一体化水平起，该计量方法已成为主流方法之一而被广泛采用。另一思路是研究短期波动溢出效应，主要运用 GARCH 及与之相联系的模型（Kim et al.，2005；Bartram et al.；2007），或机制转换模型（Hardouvelis et al.，2006）等，用以描述证券市场间信息溢出的短期互动。近年来，也有一些学者（如 Zhu et al.，2004；陈漓高等，2006；张碧琼，2005；李红权等，2011）运用这些方法来分析中国证券市场与国际市场之间联系。有些学者（如张兵等，2010）还尝试将长期和短期分析结合起来进行考察。

一般认为，我国 A 股市场在早期基本不受国际市场波动的影响，与美国、中国香港等外围市场基本没有相关性或相关性很弱。赵振全等（2005）发现纽约、香港存在信息传导关系，上海市场却处于封闭状态。韩非等（2005）研究了 2000 年到 2004 年底中国股市与美国股市的联动性，发现中美股市的相关性很弱。陈漓高等（2006）研究了 1991 年到 2005 年的样本，发现美国对中国股市有微弱的影响。随着对外开放明显扩大，中国市场不仅在一定程度上与香港市场相互联系而且还受美国和英国市场影响。张兵等（2010）通过 2001 年 12 月 12 日到 2009 年 1 月 23 日的日交易数据研究后认为中国股市对美国的引导作用很弱，但美国股市对中国股市的波动溢出呈现不断增强之势。张碧琼（2005）运用 EGARCH 模型检验发现香港、伦敦、纽约对上海、深圳市场日收益波动有显著性影响；而上海和深圳之间，上海和深圳分别与香港市场之间存在显著的双向日收益波动溢出现象。李红权等（2011）认为，美股处于主导地位，对港股、A 股市场具有金融传染效应；A 股市场已具有影响外围市场的能力。但对次贷危机期间的互动联系存在分歧，李红权等（2011）认为互动增强，而龚朴等（2009）则发现次贷危机对内地股市冲击的程度并不高。

但不难发现，这些文献中的多数只分析了中国与美国、中国香港地区证券市场之间的互动问题；在方法应用和样本选择上基本采用全样本或将样本分成几个阶段进行静态估计。结果较难把握中国证券市场国际一体化的时变全貌。

事实上，与中国经贸联系密切的经济体除了美国、中国香港地区外，还有日本及英国、法国、德国等欧盟国家。这些发达市场不仅由于地理区域、甚至交易规则上的差异而各具特色，而且代表全球发展方向。因此仅研究某一两个市场有可能丢失信息，甚至会出现以偏概全现象。最好同时考察中国与其证券市场之间的关系。

此外，中国证券市场属于新兴市场，而新兴市场的典型特征是高成长性和多阶段性。在从封闭逐步走向开放的过程中必有一个"分水岭"，即便开放是渐进式的。在"分水岭"之前主要受国内金融体制等因素影响；在其之后，国际环境因素的变化将产生影响。

确实，笔者运用 Banerjee 等（1992）提出的含有内生结构断点单位根递归法对中国证券市场指数（上证指数）的走势检验发现，在 2001 年 6 月 25 日出现一个显著的内生断点（见图 5-1）。该点的 Dickey - Fuller 统计量最低，非常接近临界值 -4，表明此前中国证券市场可能处在一个阶段，此后又进入一个新的发展阶段，而且这两个阶段似乎截然不同。用 2001 年 6 月 25 日作为特定时点，运用 Chow 断点法检验后同样发现其 F 统计量、似然比及 Wald 统计量均拒绝没有断点的原假设，证实该日期前后确实发生了显著变化。①

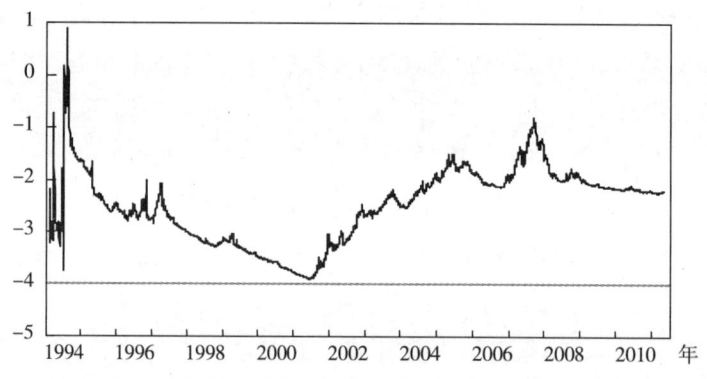

图 5-1　中国证券市场内生断点的递归检验

为什么中国证券市场的运行在 2001 年 6 月 25 日可能发生关键性转折呢？在其发展过程中，来自各方面的冲击很多，为什么该日期可能是一个具有关键意义的内生断点？可能的解释是该点与中国加入世贸组织的节点有关。其现实意义可能体现了中国证券市场在加入世贸组织前后所存在的差异。

众所周知，中国在 2001 年 12 月 11 日正式加入世贸组织，此前有一年过渡期。

---

①　周宏山等（2007）发现上证指数在 2001 年 7 月 23 日出现结构性断点。Zhang 等（2006）的研究也证实了中国证券市场存在结构性断点，他们对自行构建的指数（1995 年 1 月到 2005 年 4 月）进行检验后认为 A 股在 1998 年 3 月和 2001 年 2 月存在结构性断点。

期间和此后为适应和满足世贸组织要求，一系列改革、开放措施加速出台。例如，我国 B 股市场自 2001 年 2 月 19 日起向境内居民开放。① 这些都是为加快加入世贸组织做准备的重要改革举措。从这个角度看，2001 年 6 月 25 日似乎就在过渡期中间，它与加入世贸组织的巧合不能简单理解为一种偶然。该日期体现的可能不是其自身而是加入世贸组织在中国证券市场发展过程中的作用。②

根据经济基础说，加入世贸组织将会提高证券市场一体化水平。例如，Chambet 等（2008）认为扩大贸易开放度有助于提高金融市场一体化水平。Chinn 等（2004）发现双边贸易是股票市场跨国互动的最重要决定因素。

可见，研究中国证券市场国际一体化不能忽略其高成长性和多阶段性。如果用全样本或者将样本期简单地划分几个阶段再去拟合的静态做法，无法反映国际一体化的动态变化。而解决该问题的一个自然想法是对样本期进行滚动。即使长期关系不稳定，但通过固定样本容量，滚动观察值，估计出的统计量因添加了新信息而可以动态地反映不同时期的市场一体化水平。由此，滚动分析可以有效地衡量证券市场间动态变化，从而能够准确、及时地反映时变特征（Mylonidis et al., 2010；Awokuse et al., 2009）。

因此本部分采用滚动分析来反映中国证券市场国际互动。由于要研究加入世贸组织前后中国证券市场国际化的长期趋势，故而遵循第一种研究思路，采用协整技术也即滚动协整方法评估中国证券市场国际一体化水平及其时变特征，分析中国与经贸关系密切、起主导作用的发达证券市场之间互动程度和过程。

不仅如此，与经济基础说相关的因素如宏观经济、国际贸易等变量处于动态变化之中；而国际资本流动更与各国经济和金融制度、政策变化以及各种冲击、经济周期密切相关。这些因素的阶段性变化也可能引起证券市场一体化水平出现变化、甚至产生显著差异。加入世贸组织前，中国金融体制经历了从"混业"的无序向"分业"

---

① 2001 年 6 月 6 日，国务院正式发布《减持国有股筹集社会保障基金管理暂行办法》；2001 年 10 月 22 日，证监会暂停国有股减持政策。2002 年 6 月 24 日，国务院发出通知，停止通过国内证券市场减持国有股；2005 年 4 月 29 日，证监会发布《关于上市公司股权分置改革试点有关问题的通知》；2005 年 5 月 10 日，首个股改方案亮相。

② 加入世贸组织后中国出台了一系列改革、开放的重大措施。瑞士银行于 2003 年 7 月 9 日率先投资 A 股，QFII 第一单产生；2006 年 4 月，中国人民银行出台 QDII 相关措施并于 2007 年 7 月 5 日开始施行。为配合和适应对外开放，我国还进行一些制度改革，如从 2005 年 7 月 21 日起开始有管理的浮动汇率制度改革，2005 年 5 月证券市场开始股权分置改革。

的有序状态转换;加入世贸组织后,国际经济金融环境经历了稳定的繁荣期和动荡不已的美欧金融危机期。

从资本流动说看,不同金融体制如混业经营与分业经营对资本流动特别是热钱的规范抑制作用不同,对证券市场一体化的影响可能不同。在中国加入世贸组织前的混业经营阶段,金融业一片混乱(胡庆康等,2000)。[①] 不仅各专业银行,甚至人民银行各级分行、行业主管部门、地方政府纷纷通过全资或参股机构介入证券市场。特别是各种形式的信托投资公司成为"官办"融资窗口,大肆从国外引资借贷,大量外资借此进出中国证券市场,在交易规则、监管不到位的背景下增强了国内外市场联系及国内市场的波动。[②]

此外,GDP 增长率、国际贸易等经济基本面以及资本流动在经济繁荣期与危机期的表现不同,对市场一体化的影响也有所不同。Mylonidis 等(2010)发现从 2003 年开始、特别是 2006 年中期到 2007 年中期,良好稳定的经济金融环境强化了欧元区证券市场之间的联系;而随着次贷危机的爆发,其波动性开始上升,金融一体化趋势发生逆转。经济繁荣期,经济基本面良好,资本流动锦上添花;但在危机期间可能正好相反,资本流动特别是热钱大进大出将会带来巨大冲击。

基于以上分析,本部分选取全球六个主要发达证券市场指数,采用"先全样本滚动拟合后分段检验"的方法来分析中国证券市场的国际化水平。"先全样本滚动拟合"是指先用滚动协整法对中国与各发达证券市场之间指数进行动态拟合以提取滚动迹统计量、协整系数和时变误差修正系数。这样,可从整体上认识中国证券市场国际化的全景式时变走势图。"后分段检验"指再运用方差分析检验中国证券市场加入世贸组织前后国际一体化差异及美欧金融危机引起的新变化。这样可以更加客观准确地评估加入世贸组织的贡献和当前中国证券市场国际化形势。

与同类研究相比,本部分的主要特点和贡献有:(1)首次采用滚动协整技术分析中国证券市场国际化问题,丰富了相关研究文献,为学术界和相关决策部门从另一个全新侧面认识加入世贸组织及其后美欧金融危机对中国证券市场国际化的影响;

[①] 美国 1929 年大危机之前的金融混业情况类似。为根治金融业混乱秩序,以《商业银行法》正式实施为标志,中国开始实施分业经营。

[②] 在国际上影响恶劣的典型案例是广东国际信托投资公司,因无节制投资放贷而引发外债支付危机。与之类似并最终被关闭的信托公司比比皆是,如中银信托投资公司、中国农村发展信托投资公司、中国新技术创业投资公司、中国经济开发信托投资公司等。

(2) 选取全球六个发达证券市场研究中国与它们之间的两两互动关系，既克服了单个市场代表性的局限又避免无法辨别两个以上市场联动关系混在一起的具体效应；
(3) 提取滚动迹统计量、协整系数和误差修正系数，分别从整体和结构、长期一致和短期向长期一致调整等角度全方位考察中国证券市场国际一体化及其时变特征。在此研究基础上得出了一些新颖可信的结论与对策建议。

5.2　数据与研究方法

如上所述，加入世贸组织以来，中国对外开放步伐加快，根据经济基础说和资本流动说，中国证券市场国际一体化程度应该逐渐加深，这个动态过程可能表现出阶段性差异。本部分将对此进行实证检验。与大多数文献一致，本部分采用简化模型（Reduced Model）。由于要研究加入世贸组织前后中国证券市场国际化的长期趋势，故而遵循第一种研究思路，采用协整技术。鉴于中国证券市场因具有新兴市场的高成长性和多阶段性，以及国际一体化水平具有时变特征，因而采用滚动协整法而非常规协整法。在全面评估中国证券市场国际一体化水平及其时变特征的基础上，再进一步运用滤波、Granger 因果检验、Wilcox 符号秩检验和方差检验等方法，客观分析其在加入世贸组织前后的变化及美欧金融危机的影响。为最终的政策建议提供研究基础。

一、数据

本部分选择全球六个主要发达证券市场代表全球证券市场主体。其指数分别是美国证券市场的标普 500 指数、日本市场的日经 225 指数、英国富时 100 指数、法国 CAC40 指数、德国 DAX30 指数和香港恒生指数，分别用 us、jp、uk、fr、gm、hk 表示。中国证券市场指数取上证指数，用 cn 表示。选取这些市场的原因如下：美国在全球证券市场上一直起重要甚至主导作用；英国、德国和法国是欧盟最大的三个重要市场，随着欧盟在中国国际经济中的地位日益重要以及欧债危机的爆发，检验中国证券市场与它们之间的一体化进程基本上反映了与欧盟市场的关系；日本的经济和金融在亚洲具有重要地位；而香港作为中国的一部分，与中国内地关系非常密切。

鉴于数据的可获得性，选取 1994 年 1 月 3 日至 2011 年 6 月 30 日间各市场日收盘指数，在分析中取其自然对数。对于因节假日不同而使得各市场交易日不重合的情形，按照国际上一种通行做法，其数据采用插值法，用前一个交易日数据取代。市场指数的基本统计特征见表5-1。可以看出，中国与发达证券市场指数尽管水平和标准差不同，但其偏度、峰度都已经与发达市场一致，都不服从正态分布且具有一个单位根的随机变量，其对数也是非平稳的，因而可运用协整检验它们之间的一体化水平。

表5-1　　　　　　　中国内地与6个发达证券市场指数的基本特征

市场指数	均值	中位数	最大值	最小值	标准差	偏度	峰度	JB 统计量	单位根
美国	1124.75	1143.67	1565.15	563.84	235.191	-0.4428	2.49414	176.684	I (1)
英国	5213.99	5275.44	6930.2	3287.04	894.105	-0.2138	1.84373	258.191	I (1)
法国	4043.80	3935.58	6856.76	1721.14	1157.55	0.18127	2.45962	71.9345	I (1)
德国	5082.56	5099.48	8105.69	2096.08	1517.77	-0.0579	2.11061	136.653	I (1)
中国香港	15092.4	13833.5	31638.5	6660.42	4821.67	0.76082	2.76671	402.568	I (1)
日本	13883.9	13592.5	22666.8	7054.98	3836.3	0.28631	1.92539	251.87	I (1)
中国内地	1904.37	1594.58	6092.06	516.46	989.695	1.54846	5.64541	2818.07	I (1)

二、滚动协整的优势及其分析框架

（一）优势

中国加入世贸组织意在与国际市场更深地融合以更多地分享全球化利益，而这种融合是个动态变化过程。而且，证券市场对各种信息高度敏感，国内外宏观经济和金融冲击、制度变化、货币政策调整等均可能产生不稳定结果，可能导致长期协整关系出现变化。用全样本或者将样本期划分成几个阶段的常规分析法无法反映连续的动态过程，这是由于这样的协整研究只产生静态参数。但如果对样本期进行滚动，即采用滚动协整技术，可以衡量中国与世界主要发达证券市场之间的动态联系。

（二）分析框架

根据 Johansen（1988，1991）协整方程及其误差修正模型（VEC 模型）的静态分析框架，如果一组非平稳时间序列存在平稳的线性组合，这组序列是协整的，存在长期均衡关系。如果有协整关系，可构建 VEC 模型。协整分析从不同侧面提供了三种衡量证券市场收敛性参数：（1）迹统计量，反映国际一体化长期均衡关系是否显著；(2) 协整系数，体现市场间的直接关系；(3) 误差修正速度，为在非均衡状态向均衡状态调整的速度，是误差修正项（ECT）的估计参数，该参数值越大，证券市场间的长期一体化水平越高。协整分析框架中的这三个指标相互补充，互相印证，构成了衡量中国证券市场国际一体化的指标系统。

用 X_t 表示非平稳证券市场指数自然对数的向量。如果时间序列间有协整关系，则向量 X_t 可表示成（5.1）式的 VEC 模型形式：

$$\Delta X_t = A + \alpha\beta' X_{t-1} + \sum_{i=1}^{k-1} \Gamma_i \Delta X_{t-i} + \varepsilon_t \tag{5.1}$$

式中，β 是协整系数矩阵，β' 为其转置矩阵；$\beta' X_{t-1}$ 为 ECT，是指对长期协整关系的偏离。本部分研究的是中国与全球主要证券市场间的两两协整关系，考虑到各市场指数可能含有截距项和时间趋势，协整方程选择包括截距项和时间趋势的形式。α 为在非均衡状态的修正速度。

而本部分的滚动协整是以 Johansen 协整方程及其 VEC 模型原理（Pascual，2003；Mylonidis et al.，2010；Awokuse et al.，2009）的静态分析框架为基础，通过样本区间滚动对中国与发达证券市场指数进行动态拟合，提取滚动迹统计量、协整系数和误差修正系数。计算方法是在添加最新一个数据的同时去掉第一个数据，直至滚动完毕。然后将估计出来的参数放在对应区间中点位置。随着数据区间的推移，相应地会估计出一系列统计量，构成时变时间序列。本部分选择的时间窗口为 250 个交易日（约相当于1年）；最优滞后长度通过 AIC 和 SC 规则确定。

1. 滚动迹统计量。Johansen（1988，1991）提出了两种协整检验统计量：迹统计量和最大特征根统计量。迹统计量用以检验协整向量小于或等于 r 的零假设，计算公式为 $\lambda_{tr}(r) = -T \sum_{i=r+1}^{n} \ln(1-\hat{\lambda}_i)$，式中，$T$ 是有效观察值个数。最大特征根统计量计算公式为 $\lambda_{\max}(r|r+1) = -T \sum_{i=r+1}^{n} \ln(1-\hat{\lambda}_{i+1})$。Johansen 和 Juselius（1990）推导出其渐近分布，MacKinnon 等（1999）给出了相应的临界值。鉴于 Johansen 的两种协整检验的数据模拟结果显示 λ_{tr} 比 $\lambda_{\max}$ 要好（Cheung & Lai，1993），本部分随后的分析采用迹统计量。

为便于分析，本部分对迹统计量用 5% 的临界值进行标准化处理，如果大于1，意味着拒绝特定子区间的原假设。

2. 滚动协整系数与滚动修正速度。与滚动迹统计量相对应，滚动协整系数 β 和滚动误差修正系数 α 可通过估计获得。α 值越大，意味着短期动态（ΔX_t）对前期长期均衡偏离（$\beta' X_{t-1}$）的反应越强，修正速度越快。可以认为，对长期均衡偏离的回归速度越快，证券市场间一体化程度越高。

三、滚动时变指标的检验分析

这里需要检验分析的内容包括四个方面。（1）对滚动迹统计量的显著性进行整体评估（包括显著性比例及其内部结构性原因分析），涉及到根据波谱理论发展起来的全样本非对称信息滤波方法。该方法认为变量由许多波组成，其中由长波表示的非周期分量和短波表示的周期分量分别代表长期稳定趋势和随周期或突发事件而出现的周期性变化。若要从结构上更好地认识中国与各发达证券市场之间协整关系，有必要运用全样本非对称信息滤波方法对迹统计量进行分解。（2）中国与发达证券市场之间的迹统计量的时变关系（包括长期分量和短期分量的一致和相互引导关系）分析。前者涉及 Wilcox 符号秩检验，后者引导关系用 Granger 因果检验。（3）加入世贸组织前后国际一体化差异检验及美欧金融危机的影响分析。针对中国证券市场发展的多阶段性，将中国与各发达证券市场一体化过程分加入世贸组织前、加入世贸组织后以及加入世贸组织前的混业阶段、分业阶段与加入世贸组织后的美欧危机前阶段和危机发生阶段，分析滚动迹统计量的变化。第一部分已经分析，各阶段之间存在着显著差异，市场条件出现变化，如果不分阶段将其混在一起将难以得出客观真实的结论。（4）协整系数和误差修正系数的进一步检验。这四个方面的综合能够比较全面地把握中国证券市场国际一体化的全貌，更加客观准确地认识加入世贸组织和国际金融危机的影响。

5.3 实证分析

一、迹统计量的显著性及其结构性剖析

中国与六个发达证券市场之间的滚动协整关系，首先表现在其迹统计量的显著性

上。很显然，只有迹统计量的显著性至少达到5%才有意义。如果用标准迹统计量表示，则该值应该大于1才属于显著。从表5-2可以看出，中国证券市场与全球主要发达市场之间整体上还不存在稳定的长期协整关系，与已有研究如张兵等（2010）的结论相同，但在整个样本期间已经出现一定比例的协整一致关系。与静态协整检验结果相似，它们标准化迹统计量的均值和中位数比较接近，而且都小于1。这表明中国与发达证券市场之间一体化平均水平还不高，整体上处在分割状态。但必须指出，这只是问题的一个方面。另一方面，中国与6个发达证券市场之间事实上出现了显著的协整关系。由于滚动协整检验中的标准化迹统计量是时变的，表5-2显示其最大值均比1大，而超过临界值的迹统计量意味着中国与六个发达证券市场在该滚动子区间存在显著的协整关系。从这个意义上统计，样本期内这一事件出现概率已经达到5.3%至7.5%。其中，出现频率最高的是中美证券市场之间的协整，在整个样本期间达到7.5%；内地香港市场之间协整频率占整个样本期的5.3%；其余4个（中法、中德、中英和中日之间）标准化迹统计量显著的频率介于二者之间。

表5-2　　中国内地与发达证券市场之间滚动协整中的迹统计量特征

标准迹统计量	均值	中位数	最大值	最小值	大于1的占比	标准差	方差比	单位根
中美	0.6221	0.5736	1.9709	0.1362	7.5%	0.2344	100%	I(0)
中英	0.6068	0.5813	1.6347	0.1164	6.1%	0.2314	100%	I(0)
中法	0.6350	0.6114	2.7954	0.0734	6.6%	0.2305	100%	I(0)
中德	0.6440	0.6070	2.3528	0.1875	7.0%	0.2231	100%	I(0)
内地香港	0.6042	0.5812	2.7407	0.2017	5.3%	0.2265	100%	I(0)
中日	0.6027	0.5566	1.5667	0.1338	6.7%	0.2312	100%	I(0)

那么，这些显著性迹统计量意味着什么？它们的出现有何含义？为此，这里根据波普理论运用滤波法对其进行周期分量和非周期分量分解以分析其结构特征（见表5-3）。分解后可以看出各周期分量均值小、方差大，在迹统计量中确实反映了迹统计量中经常变动部分。而非周期分量的均值大，方差却相对较小（虽然在迹统计量总变差中占比大于50%，但相对于其自身的均值水平明显偏低），体现的则是迹统计量中持续存在的主体部分。这两个分量确实反映了迹统计量中的两个不同侧面。

表 5-3　　中国与发达证券市场滚动协整中迹统计量的结构分解

迹统计量分解	均值	中位数	最大值	最小值	大于1的占比	标准差	方差比	单位根
中美周期分量	0.0024	-0.0019	0.3128	-0.2626	0	0.1329	42%	—
中美非周期分量	0.6197	0.6014	1.6968	0.2012	3.0%	0.1830	58%	I(0)
中英周期分量	0.0026	-0.0095	0.3529	-0.2436	0	0.1333	43%	—
中英非周期分量	0.6042	0.5853	1.5962	0.1692	3.0%	0.1770	57%	I(0)
中法周期分量	0.0040	0.0246	0.3028	-0.3505	0	0.1322	42%	—
中法非周期分量	0.6310	0.6142	2.6941	0.1347	4.0%	0.1846	58%	I(0)
中德周期分量	-0.0035	-0.0163	0.2576	-0.2599	0	0.1250	42%	—
中德非周期分量	0.6475	0.6224	2.2256	0.2267	4.0%	0.1758	58%	I(0)
内地香港周期分量	0.0043	-0.0120	0.3202	-0.2158	0	0.1109	37%	—
内地香港非周期分量	0.5999	0.5803	2.4999	0.1793	3.0%	0.1928	63%	I(0)
中日周期分量	-0.0053	-0.0241	0.4189	-0.2157	0.9%	0.1321	41%	—
中日非周期分量	0.6081	0.6047	1.6192	0.1170	2.0%	0.1879	59%	I(0)

图 5-2 是以同一时间轴绘出的中国与各发达证券市场滚动协整中的迹统计量及其周期分量的时变走势图。图中 T (cn-××) 表示中国 (cn) 与各个发达证券市场 (××) 滚动协整中的标准化迹统计量，Tc 表示对应迹统计量的周期分量。T 是值为 1 的临界线。如果某个时点 T (cn-××)≥T，则表明该协整显著；反之，则不显著。我们从图 5-2 清楚地看出，每年似乎都有迹统计量显著点。但是迹统计量的显著点似乎又与周期分量的变动周期有关。一旦周期分量处在"高峰"阶段，迹统计量就可能密集出现显著，中国与发达证券市场之间出现显著协整关系的概率就会增大。例如，在 1994 年至 1995 年、1997 年至 1998 年、2000 年前后、2005 年至 2007 年初、2009 年初至 2010 年中期这五个主要时段，中国与全球六个主要发达证券市场之间迹统计量的周期分量进入"高峰"阶段。它们之间的滚动协整性也明显增多，既有全球经济平稳繁荣期也有金融危机背景。这表明中国与发达证券市场之间协整性还具有很大的不确定性。从图 5-2 还可以发现以下两点。(1) 从国际上看，如果当事国发生金融危机，则此时中国与其证券市场之间的一体化水平会相对下降，如 1997 年亚洲金融危机期间，香港（特别是 1998 年港元保卫战中）、日本与中国市场的迹统计量是下降的，2007 年发端的美欧金融危机期间，中国与美欧四国的迹统计量出现下降；如果危机国市场（如美欧）在国际上起主导作用，可能引起中国与其他市场

(如香港、日本)国际一体化水平也出现下降,只是下降幅度要小;如果当事国市场在国际上处于从属地位,其他国家市场与中国的一体化水平不但不降,反而会增强,1997年亚洲金融危机与1994年拉美金融危机期间即是如此。(2)从国内看,中国证券市场大约经历了四个发展阶段:加入世贸组织前1995年7月1日《商业银行法》实施之前的混业阶段和之后的分业阶段;加入世贸组织后至美欧金融危机前阶段和危机发生阶段。迹统计量在每个阶段乎均存在显著性,似乎混业阶段波动剧烈,加入世贸组织后至危机前的开放阶段出现显著性的频率较高。

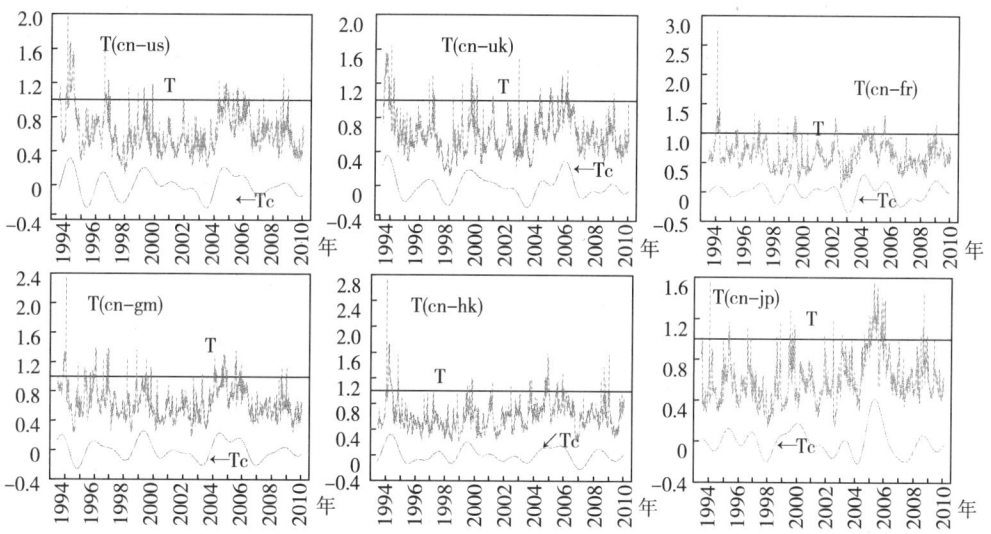

注:T(cn-××)表示中国(cn)与各个发达证券市场(××)滚动协整中的标准化迹统计量;Tc 表示对应迹统计量的周期分量;T 是值为 1 的临界线。

图 5-2 中国与发达证券市场之间滚动迹统计量

但非周期分量的基础作用不可小视。从大于 1 的占比指标看,单独的非周期分量在整个样本期内出现显著的概率约为 2%,而单独的周期分量在整个样本期出现显著的概率为 0。即使非周期分量出现"峰"时正好周期分量达至"谷",其极值之差也有大于 1 的现象出现。可见,无论考虑周期因素与否,中国与发达证券市场之间总会出现显著的协整一致。事实上,表 5-3 表明迹统计量的许多显著性是建立在长期分量和短期分量共同作用基础上。因此,我们在强调短期分量波动影响的同时还应清楚地看到长期分量在迹统计量中的基础作用。

二、滚动协整中的"同步"与"引导"关系检验

那么,中国与各发达证券市场之间协整的动态关系如何?是彼此孤立还是有一定的内在联系?为此,我们分别运用 Wilcoxon 符号秩检验和 Granger 因果关系检验来分别分析迹统计量之间的同步关系和相互引导关系。

六个迹统计量彼此之间同步性检验结果见表 5-4。该表共分三列,分别给出了迹统计量及其周期分量和非周期分量三个层次的 Wilcoxon 符号秩检验的 Z 值和对应的概率。其原假设是"纵横交叉的两个变量彼此之间变动同步";如果对应的概率小于 0.05,则拒绝原假设,接受"不同步"的备择假设。按此标准,可以说中国与六个发达证券市场之间迹统计量的时变走势并不一致。整体上看,仅中日迹统计量与中美迹统计量的时变走势显著同步,而其他迹统计量两两之间一致关系并不显著。这与它们非周期分量间脆弱的一致关系比较吻合。非周期分量之间仅有两对显著一致关系:中日与中美;内地香港与中英。相对来说,周期分量彼此之间显著一致的程度比较高。中美之间周期分量与中英、中法、内地香港之间周期分量变动趋势显著一致;中德、中法与内地香港周期分量之间走势也显著一致。这样,直接和间接显著一致的周期分量就达到五个。仅中日之间的周期分量与其余各个周期分量之间不一致关系显著。

中国与各发达证券市场间滚动协整的相互引导关系可以通过 Granger 因果关系来逐个检验(参见表 5-5)。其原假设是"左边(第一列迹统计量)不是右边(第一行迹统计量)的 Granger 原因"。如果对应概率小于 0.05,则拒绝原假设,接受备择假设(左边是右边 Granger 原因)。这里的 Granger 原因实际上就是引导关系。从表 5-5 可以看出,中国与各发达证券市场之间的滚动协整并不孤立,存在一定的先后引导关系。具体说,中美证券市场之间滚动协整不仅引导中日、中法、内地香港之间市场协整互动,而且与中英、中德之间的动态协整相互引导;中英证券市场之间的动态协整除了与中美、中德之间协整关系相互引导外,还引导内地香港、中日之间协整关系,对中法市场之间协整无显著作用。中法证券市场之间协整关系引导中日、并与内地香港之间相互引导,而对中美、中英和中德之间协整互动无显著影响。中德证券市场之间动态协整关系与中美、中英、中日、内地香港之间协整关系相互引导,但与中法之间互不影响。内地香港证券市场之间协整关系仅与中法、中德之间相互引导,

表 5-4　迹统计量间动态一致性检验（Wilcoxon 符号秩检验）

	迹统计量					非周期分量					周期分量				
	中美	中英	中法	中德	内地香港	中美	中英	中法	中德	内地香港	中美	中英	中法	中德	内地香港
中英	-11.015*** (0.000)	—				-10.246*** (0.00)					-0.715 (0.475)				
中法	6.702*** (0.000)	-18.142*** (0.000)	—			-5.013*** (0.000)	-10.402*** (0.000)				-1.42 (0.156)	-1.73 (0.084)			
中德	-10.227*** (0.000)	16.784*** (0.000)	-3.021*** (0.003)			-13.639*** (0.000)	-22.031*** (0.000)	-11.109*** (0.000)			-2.585*** (0.010)	-2.87*** (0.004)	-4.047*** (0.000)		
内地香港	-9.346*** (0.000)	-2.067** (0.039)	-12.117*** (0.000)	-12.495*** (0.000)		-8.558*** (0.000)	-0.531 (0.595)	-11.24*** (0.000)	-16.512*** (0.000)		-0.196 (0.844)	-3.288*** (0.001)	-0.345 (0.730)	-0.669 (0.504)	
中日	-0.675 (0.500)	-5.228*** (0.000)	-4.224*** (0.000)	-4.504*** (0.000)	-2.705*** (0.007)	-1.599 (0.110)	-5.853*** (0.000)	-3.796 (0.000)	-8.788*** (0.000)	-3.238*** (0.001)	-6.367*** (0.000)	-6.134*** (0.00)	-3.003*** (0.003)	-3.296*** (0.001)	-2.399** (0.016)

注：括号内为概率，无括号的为Z值；***、**分别表示在1%、5%水平上显著。

而对中美、中英市场互动无反向引导,与中日之间市场互动互不影响。中日证券市场之间协整关系仅与中德相互引导,而对中美、中英、中法、内地香港之间市场协整毫无反作用。可见,在中国与发达证券市场的两两互动过程中,中美证券市场之间的滚动协整变化起主导作用,对其他协整关系均起引导作用。其次是中英、中德之间的滚动协整关系,不仅引导中日、内地香港之间市场互动,而且对中美市场互动关系有反向引导作用。中日、中法、内地香港之间的滚动协整关系均处在从属地位。[①] 这些与Becker 等(1995)、Hamao 等(1990)的观点类似,前者认为英国股市与美国股市对来自美国股市的公告信息反应一致;后者发现在美国、英国和日本三个国家证券市场上,收益的传导方向是从美国和英国到日本、从美国到英国,反向传导的显著程度则弱得多。

表 5–5   迹统计量间的动态因果关系

零假设:左边不是右上原因		中美	中英	中法	中德	内地香港	中日
中美	F 值	—	26.193***	22.428***	18.958***	23.537***	22.521***
	概率	—	0.000	0.000	0.000	0.000	0.000
中英	F 值	2.960**	—	0.614	2.784**	4.829***	8.725***
	概率	0.019	—	0.653	0.025	0.001	0.000
中法	F 值	1.733	1.647	—	1.448	4.810***	10.940***
	概率	0.140	0.160	—	0.215	0.001	0.000
中德	F 值	3.308***	2.973**	1.831	—	4.076***	12.345***
	概率	0.010	0.018	0.120	—	0.003	0.000
内地香港	F 值	1.843	1.577	3.150**	2.954**	—	1.369
	概率	0.118	0.178	0.014	0.019	—	0.242
中日	F 值	1.283	1.314	2.101	2.551**	0.471	—
	概率	0.274	0.262	0.078	0.037	0.757	—

注:***、**分别表示在1%、5%水平上显著。

---

① 这可解释后文实证分析第四部分关于金融危机对中国证券市场国际一体化水平的不同影响。由于中美证券市场之间的滚动协整变化起主导作用,中英、中德之间的关系同样处于支配地位,美、欧在其危机期间与中国市场一体化水平显著下降引起内地香港、中日的显著下降;而在亚洲金融危机期间,内地香港、中日市场一体化水平显著下降不但不能引起美欧与中国市场国际一体化水平下降,反而因炒家主要来自美欧而增强,1994 年拉美金融危机期间的状况类似。

三、加入世贸组织前后差异及美欧金融危机影响

加入世贸组织意味着中国证券市场对外开放步伐逐步加快。如前所述，中国证券市场在加入世贸组织前后可能存在结构断点。那么，其国际一体化水平在加入世贸组织前后是否也存在差异呢？此外，2008 年美国次贷危机的全面爆发及随后的欧洲主权债务危机对全球经济、金融产生重大冲击，期间中国证券市场国际化是否受到影响？为此，我们针对中国证券市场发展的多阶段性，将中国与各发达证券市场一体化过程分加入世贸组织前、加入世贸组织后以及加入世贸组织前的混业阶段、分业阶段与加入世贸组织后的美欧危机前阶段和危机发生阶段，分析滚动迹统计量的变化。

表 5 – 6 给出了迹统计量在加入世贸组织前后以及四个主要阶段的变化情况。笼统地看，中国与发达证券市场之间的迹统计量在加入世贸组织前后表现不一：加入世贸组织后，既有中美、中德迹统计量显著下跌型，也有中日、内地香港迹统计量显著上升型，更有中英、中法迹统计量前后变化不显著的状况。而且，这种分化似乎还有结构基础，与其中作为主体的非周期分量变化一致，发生在周期分量的动态走势全面下降的背景下。但如果仅以这样笼统的结论来说明中国证券市场在加入世贸组织前后国际一体化差异，显然不够，也不太准确。因为在加入世贸组织前的混业与分业两阶段之间、在加入世贸组织后的危机前与危机中之间存在着显著性差异，将不同市场条件混在一起进行比较，难以得出客观真实的结论。

事实上，中国证券市场六个滚动迹统计量在其四个发展阶段变化很大，而且各阶段之间差异显著。1995 年 7 月 1 日起《商业银行法》正式实施意味着中国分业经营体制正式建立，此前中国实行混业经营，金融业相当"混乱"，随后不得不进行全面治理整顿，规范其发展（胡庆康等，2000）。在该阶段，六个迹统计量的平均水平相当高。除了日本，中国与其他五个发达市场迹统计量的均值在该阶段最高。尤其是与美英两国指数协整关系几乎全部显著。可见在中国证券市场尚未开放的阶段一，由于混业经营的存在，外资其实可以通过各种或明或暗的渠道毫无忌惮地进入中国市场，致使国内证券市场的国际一体化水平实际上表现很高。因而在中国分业经营体制正式建立的阶段二，中国与各发达证券市场之间的协整关系整体上出现大幅回落。其中，中美、中英、内地香港迹统计量均值下跌了近一半，中法、中德的均值下跌幅度也超过了 20%。可见加入世贸组织前的分业经营在规范国内证券市场发展的同时一定程

度上也抑制了国际游资的冲击。中国证券市场国际一体化水平开始恢复到其本来水平。因此，考察加入世贸组织后中国证券市场国际一体化水平变化最好以该阶段水平为基准，否则可能因阶段一的虚高而失真。

从表5-6中阶段三和阶段二的比较可以看出，中国与发达证券市场之间的一体化水平在加入世贸组织后明显提高。与 Awokuse 等（2009）发现亚洲新兴证券市场之间的一体化联系在20世纪90年代的金融自由化时期显著增强的证据一致。表5-6中的六个迹统计量的均值有五个在加入世贸组织后至美欧金融危机发生前均大幅显著上升，平均达到0.64左右。而且这种变化还得到了非周期分量同向变化的进一步确认。其间，中国与亚洲的日本、香港两个市场之间的协整关系显著上升的幅度最大，接近30%，可能因为中国与其是近邻，经济贸易关系更为紧密，经济的基础性联系更强；其次，中英、中美和中法的市场一体化关系也显著增强；中德两国市场一体化平均水平没有显著变化，原因可能是其迹统计量在阶段二的平均基数已居于较高水平之故。图5-2显示，中国与六个发达市场的迹统计量加入世贸组织后即开始逐步上升，中德市场关系也不例外。特别是2003年6月实施QFII制度以来，其国际一体化步伐明显加快（张兵等，2010）；从2005年开始，显著性的迹统计量密集出现意味着该时期中国与国际市场一体化水平上升到一个新台阶，直至2007年2月美国次贷危机出现征兆之前。这期间，中国证券市场国际一体化水显著提高主要得益于良好的国际、国内经济、金融发展态势。Mylonidis 等（2010）也持类似观点，他们发现2003年到2007年中期，良好的经济金融环境、强劲的货币信贷增长以及充裕的流动性强化了欧元区证券市场联系。可以说，国内外平稳繁荣的经济金融环境促进了中国证券市场国际一体化，为中国分享国际利益赢得了机会。

然而，加入世贸组织后中国证券市场国际一体化发展态势在美、欧发生金融危机以后并没有得到延续，美欧金融危机笼罩下的中国证券市场国际一体化水平不升反降，正如 Yu 等（2010）所指出的那样，金融危机可能导致市场一体化程度下降甚至丧失。图5-2显示，自2007年3月美国次贷危机日益显现开始，六个迹统计量几乎毫无例外地开始下降；后因美国两次量化宽松政策在提振市场信心上起到一定作用，迹统计量才从2009年3月开始止跌回升，直至2010年5月希腊债务危机升级。其间出现过迹统计量显著的情形。但欧洲债务危机的爆发和蔓延又使得中国证券市场国际化水平下降。可见，中国证券市场国际一体化水平在当前美国次贷危机与欧洲债务危机期间整体上是下降的。其实，Mylonidis 等（2010）也发现欧元区证券市场一体化水平从 2007 年 8 月开始下降，直到 2009 年欧洲央行一系列救市行动才使其止跌回升。表 5-6 显示，中国与发达市场之间迹统计量及其主体的非周期分量在阶段四全部出现了显著下降。其中中美、中德两迹统计量下降幅度相当深，不仅显著低于阶段三而且还显著低于加入世贸组织前的阶段二水平；其次是中英、中法迹统计量，跌回至加入世贸组织前的阶段二水平。相对来说，中日、内地香港两个协整关系所受的影响较小，其迹统计量虽然显著低于阶段三水平，但仍然显著高于阶段二，与费兆奇（2011）的发现类似。原因可能是美、欧是金融危机发源地，危机发生期间与中国市场一体化水平显著下降。由于受本国恶化的经济、金融形势困扰，当事国在危机期间通常不得不对内专注于解决国内问题，对外推行国际保护主义，如美国、欧盟各国在次贷危机和主权债务危机期间热衷于反倾销、反补贴等即是如此。这两方面综合在一起必然首当其冲地影响到与中国证券市场一体化水平。1997 年亚洲金融危机期间中日、内地香港迹统计量下降的原因也是如此。至于其他证券市场与中国市场之间关系是否受到冲击及受冲击的程度，主要取决于危机源市场的国际相对地位。如果危机国市场（如美欧市场）在国际上起主导作用，则其影响较为深远且具有引导全局的影响，故此波及其他国家，进而使得其他市场国际一体化水平下降。当前美欧金融危机中内地香港、中日证券市场一体化同样也出现下降的原因如前文"相互引导"关系中所发现的那样，中美证券市场之间的滚动协整变化起主导作用，中英、中德之间的关系同样处于支配地位，而内地香港、中日之间处于从属地位。反之，如果当事国市场（如香港和日本市场）在国际上处于从属地位，则影响只具有局部性，对其他国家市场的影响力较小，其他国家市场与中国市场的国际一体化水平不但不会下降，反而会增强，1997 年亚洲金融危机与 1994 年拉美金融危机期间即是如此。图 5-2 显示，1997 年至 1998 年间，内地香港、中日证券市场的迹统计量出现下降，这与 Awokuse 等（2009）的发现一致，他们认为 1997 亚洲金融危机导致亚洲新兴证券市场之间的一体化联系减弱；但美、欧四国市场与中国的迹统计量在 1997 年 2 月至 1998 年 7 月的滚动样本区间升至高位，并频繁达到显著性水平。这是由于包括日本、香港在内的亚洲证券市场处于从属地位，而且亚洲金融危机源自欧美国际炒家的疯狂投机，尽管中国在危机中因实行资本控制而未受到直接冲击，但无法堵住热钱的间接冲击，导致欧美证券市场与中国市场的高度联动。这与 1994 年拉美金融危机期间的表现类似，墨西哥等国经济较弱，因此，非危机源的六个发达市场与中国的迹统计量较高且不少达到了显著水平，只是当时国内实行混业经营，金融秩序相当"混乱"，故此波动非常剧烈。概而言之，在金融危机期间，危机发生国与中国市场的一体化水平将减弱；如果危机国市场在国际上居于主导地位，则引起非危机国与中国国际化水平下降，只是下降幅度要低于危机国；如果危机国市场处于从属地位，中国除了与其一体化水平下降外，可能还会与非危机国国际一体化增强甚至高度一体化。因此，应对危机对中国证券市场冲击的措施应区别对待。对于第二类危机（如亚洲金融危机），加强国际协调、放缓对外开放的步伐非常重要，因为尽管危机国与中国市场国际一体化水平下降，但会通过非危机源市场引起国内市场剧烈波动，进一步对外开放会加剧市场波动，此时国际间的协调救助有助于降低金融危机的不利冲击。对于当前美欧金融危机这种第一类危机，同样要慎对诸于建立"国际板"之类的对外开放举措，这是由于此时国际市场间的一体化水平下降，即使完全开放也无益于国际一体化水平的提高，反而会打击投资者信心，因为此时国内证券市场的绩效主要与市场本身有关。因此，最好能够搁置一些敏感的对外开放做法，抓住时机，将改革和完善国内证券市场制度置于首位。这是当前中国只要"国际板"信息一出股市即大跌、改革IPO发行等完善制度之类资讯均构成利好的一个重要原因。

表 5-6　　　　　　　　加入世贸组织前后的迹统计量及其差异

样本期	加入世贸组织前						加入世贸组织后						差异检验	
	整体		分业前（阶段一）		分业后（阶段二）		整体		危机前（阶段三）		危机中（阶段四）			
迹统计量	均值	标准差	均值	标准差	均值	标准差	均值	标准差	均值	标准差	均值	标准差	t值	概率
中美	0.645	0.268	0.981	0.346	0.587	0.202	0.606	0.205	0.621	0.218	0.564	0.160	-4.6***	0.00
周期分量	0.024	0.158	0.195	0.116	-0.006	0.145	-0.013	0.109	-0.006	0.122	-0.031	0.052	0.1	0.89
非周期分量	0.621	0.215	0.787	0.303	0.593	0.182	0.619	0.155	0.627	0.160	0.596	0.137	-5.8***	0.00
中英	0.607	0.266	1.000	0.277	0.541	0.197	0.606	0.203	0.631	0.214	0.540	0.146	-12.6***	0.00
周期分量	0.024	0.154	0.247	0.104	-0.014	0.127	-0.013	0.113	-0.004	0.129	-0.039	0.037	-2.3**	0.02
非周期分量	0.583	0.200	0.753	0.224	0.554	0.181	0.620	0.156	0.634	0.160	0.579	0.137	-13.7***	0.00
中法	0.634	0.244	0.782	0.330	0.608	0.216	0.636	0.220	0.644	0.235	0.615	0.171	-4.6***	0.00
周期分量	0.004	0.094	0.063	0.037	-0.007	0.097	0.004	0.154	-0.002	0.165	0.022	0.120	-1.0	0.33

续表

样本期	加入世贸组织前						加入世贸组织后						差异检验	
	整体		分业前（阶段一）		分业后（阶段二）		整体		危机前（阶段三）		危机中（阶段四）			
非周期分量	0.630	0.221	0.719	0.309	0.615	0.198	0.632	0.153	0.646	0.158	0.593	0.130	-5.1***	0.00
中德	0.681	0.239	0.870	0.286	0.649	0.214	0.617	0.207	0.640	0.222	0.553	0.139	1.2	0.23
周期分量	0.014	0.135	0.095	0.110	0.001	0.134	-0.017	0.116	-0.013	0.132	-0.027	0.044	3.0***	0.00
非周期分量	0.667	0.203	0.775	0.234	0.648	0.192	0.633	0.151	0.653	0.154	0.579	0.129	-0.8	0.42
内地香港	0.564	0.242	0.837	0.381	0.517	0.171	0.634	0.210	0.640	0.219	0.617	0.181	-18.1***	0.00
周期分量	0.027	0.129	0.168	0.139	0.003	0.110	-0.012	0.093	-0.015	0.100	-0.006	0.067	4.9***	0.00
非周期分量	0.537	0.194	0.669	0.293	0.514	0.161	0.646	0.178	0.655	0.181	0.622	0.170	-23.8***	0.00
中日	0.524	0.196	0.531	0.198	0.523	0.196	0.661	0.238	0.678	0.260	0.614	0.153	-19.4***	0.00
周期分量	0.013	0.097	-0.037	0.046	0.022	0.100	-0.019	0.151	-0.007	0.170	-0.050	0.075	5.9***	0.00
非周期分量	0.511	0.173	0.567	0.207	0.501	0.165	0.680	0.165	0.685	0.172	0.664	0.143	-31.7***	0.00

注：***、**分别表示在1%、5%水平上显著。限于篇幅，其他阶段两两之间均值同一性检验未列示；最后栏的差异检验是对阶段二与阶段三的均值是否存在显著差异进行的检验。

四、协整系数与误差修正系数的时变特征检验

如果说迹统计量是检验中国与发达证券市场协整关系的一个综合性指标，那么VEC模型中的协整系数β和误差修正系数α是更具体的结构性检验指标。因此，我们在对中国与各发达证券市场滚动协整的基础上进一步提取滚动协整系数和误差修正系数，并分析检验加入世贸组织前、加入世贸组织后各阶段的差异。中国与各个发达证券市场之间的滚动协整系数在金融危机期间出现异常值；误差修正系数不仅在四个阶段之间差异显著，而且中国与发达市场之间互动极不对等，中国对长期协整的依赖性明显大于发达市场对这种协整的依赖；加入世贸组织后，中国对国际市场短期波动的影响显著增强，尽管程度非常微弱。

（一）滚动协整系数

图 5-3 是六个滚动协整系数。不同发达市场与中国之间的协整系数大小存在差异，出现了一些异常值。例如，中美协整系数在2007年7月20日前后250个交易日

的滚动样本区间内出现了最低值-1085，在2008年5月1日的滚动区间内出现的最高值达到971。类似地，中英协整系数的最高值3500和最低值-7784分别出现在1996年2月26日和2007年6月25日的滚动区间内；中法最高值7648和最低值-5426分别出现在2004年5月12日和2007年10月10日的滚动区间内；在1994年10月28日和1994年11月7日的滚动区间内，中德协整系数分别出现了最高值21535和最低值-567125；内地香港协整系数在1996年3月15日和1998年3月26日的滚动区间内分别出现最低值-2725和最高值1590；在1996年6月27日和2007年4月19日的滚动区间内，中日协整系数分别出现最低值-2997和最高值978.907。显然，这些异常值的出现并非偶然，一定程度上反映了当时国际、国内突发事件的背景。回顾中国证券市场发展的国际背景，全球先后出现了四次大的金融危机：1994—1995年的拉美金融危机、1997年的亚洲金融危机和1998年的香港港元保卫战、发端于2007年的美国次贷危机以及2010年开始的欧债危机。它们对全球金融市场产生了巨大冲击。与此同时，中国国内证券市场正处在改革开放的高成长期，一系列体制的改革与创新都会对国内市场发展带来深远影响。这两方面综合在一起，决定了中国与不同发达证券市场之间的协整性必然不尽相同，使得它们面对重大事件的表现各异：中美、中英和中法之间的协整系数受美

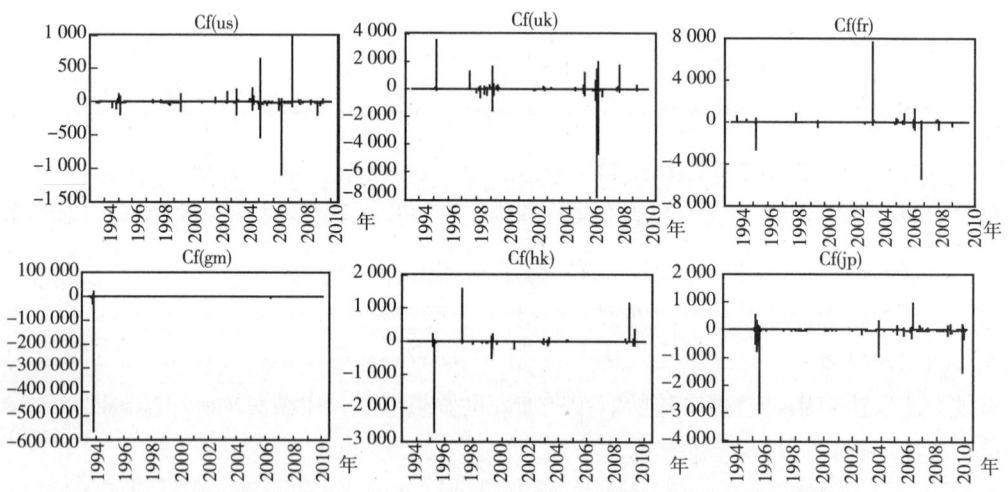

注：Cf（××）为滚动协整系数向量β，表示中国与某发达证券市场（××）之间协整系数。

图5-3 中国与发达证券市场之间的滚动协整系数

欧金融危机影响较大，表现在其异常值集中出现在2008年次贷危机爆发前后，部分出现在2010年欧债危机爆发期。中德证券市场间的协整系数受拉美金融危机的冲击非常大。而内地香港、中日、中英证券市场之间的协整性则既受到亚洲金融危机影响又受到2008年的美国次贷危机的影响。

(二) 中国证券市场的滚动误差修正系数

中国证券市场短期波动的误差修正系数基本显著（见图5-4）。数值尽管还比较小，但在各个阶段间差异显著。从均值看，六个调整系数在阶段一波动相对较大；另外三个阶段彼此差异不大，在-0.02左右。这表明中国与各发达证券市场之间短期波动关系较弱，一旦偏离，这种短期波动向长期协整的回归速度比较慢。当然，在样本期内四个阶段间，各个误差修正系数却出现了显著性变化。其均值在阶段一从-0.082到-0.030不等；在阶段二集中在-0.025至-0.017之间；在阶段三集中在-0.018至-0.014区间；在阶段四为-0.002至-0.016之间。可见，中国在加入世贸组织以后误差修正系数均值的绝对值显著变小，说明其短期波动向长期协整趋势的调整速度变得更慢了。美国次贷危机发生后，中国对不同发达证券市场的误差修正系数变化态势出现分化。中国对美、英证券市场的误差修正系数绝对值变大，而对其他四个市场的误差修正系数都是下降的，尤其对日本和香港的下降幅度较大。原因可能是，其间全球证券市场普遍低迷，而美、英市场仍然起主导作用，因此中国市场的短期波动对其修正速度有所加快。

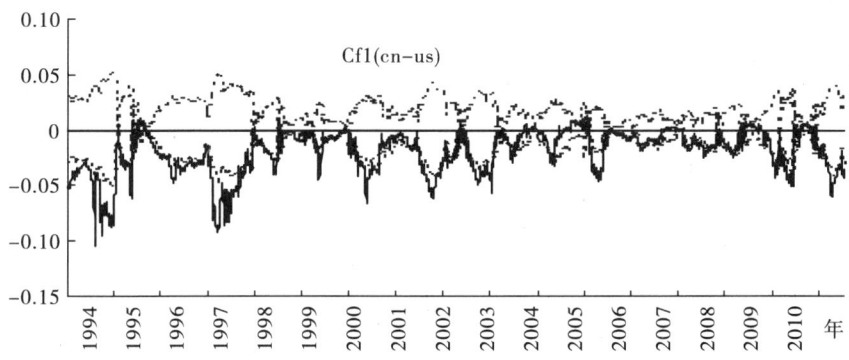

图5-4 中国对发达证券市场的滚动误差修正系数

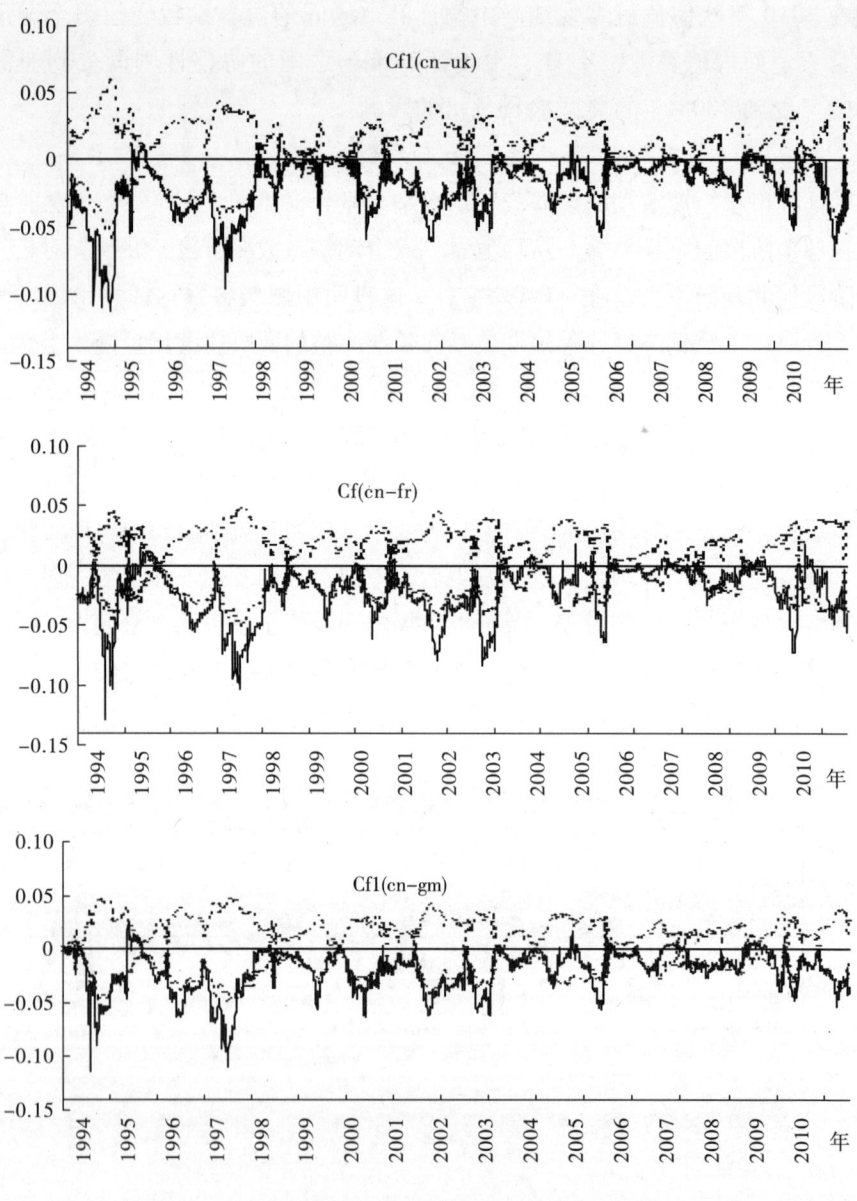

图5-4 中国对发达证券市场的滚动误差修正系数（续）

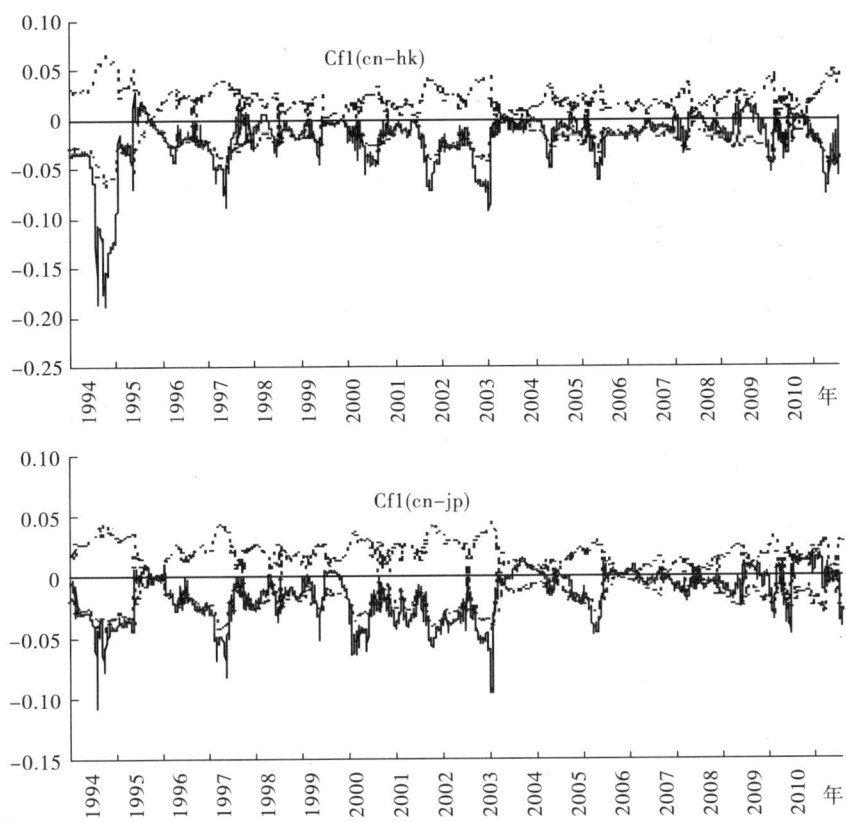

注：实线 Cf1（cn-××）为滚动误差修正系数向量 α_1，表示中国对某发达市场的误差修正系数；虚线为 95% 的置信区间。

图 5-4 中国对发达证券市场的滚动误差修正系数（续）

（三）发达证券市场的滚动误差修正系数

各发达证券市场对中国市场的误差修正系数绝对值集中在 0.001 至 0.006 范围内，都明显比中国证券市场对应系数低不少。这表明发达证券市场对与中国市场协整性的依赖非常低。一旦出现短期波动，其向长期趋势的调整速度非常小。

从四个阶段看，六个发达证券市场的误差修正系数存在显著差异，由加入世贸组织前的不显著变成加入世贸组织后的基本显著（见图 5-5），意味着中国市场在加入世贸组织后对国际市场短期波动的影响显著增强，尽管程度非常微弱。美国证券市场误差修正系数在四个阶段的均值依次为 -0.0026、0.007、0 和 0.008，表明其短期波动在中国加入世贸组织前就已存在一个微弱的误差修正速度；但在加入世贸组织后的阶段三，这种调整速度却降为0；美国次贷危机爆发后，该系数回复并略超中国加入世贸组织前水平，英国证券市场误差修正系数在前三个阶段都为0.001，可进入第四阶段就上升至0.007。这表明中国加入世贸组织对英国证券市场没有影响。直到美国次贷危机后，该系数才显著提高。香港证券市场误差修正系数在四个阶段的均值分别为-0.006、-0.009、0.001和0.014，依次变大，说明香港市场对中国内地市场的反应逐渐提高。在加入世贸组织前与中国证券市场背道而驰，一旦出现波动，就开始偏离长期均衡。加入世贸组织后，这种状况得到彻底改变，一旦出现波动，开始向长期一致关系回归调整。这一速度在美国次贷危机发生后得到进一步加强。其他三个国家（日本、德国和法国）证券市场误差修正系数，在四个阶段的经历与美国相似，只是调整速度没有降为0。

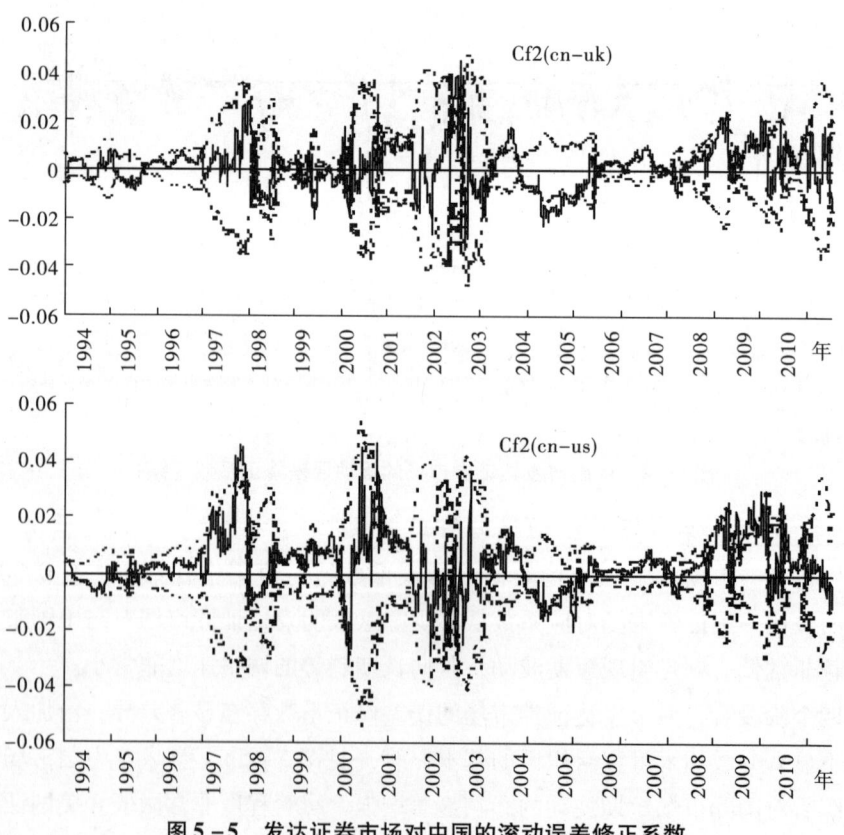

图5-5 发达证券市场对中国的滚动误差修正系数

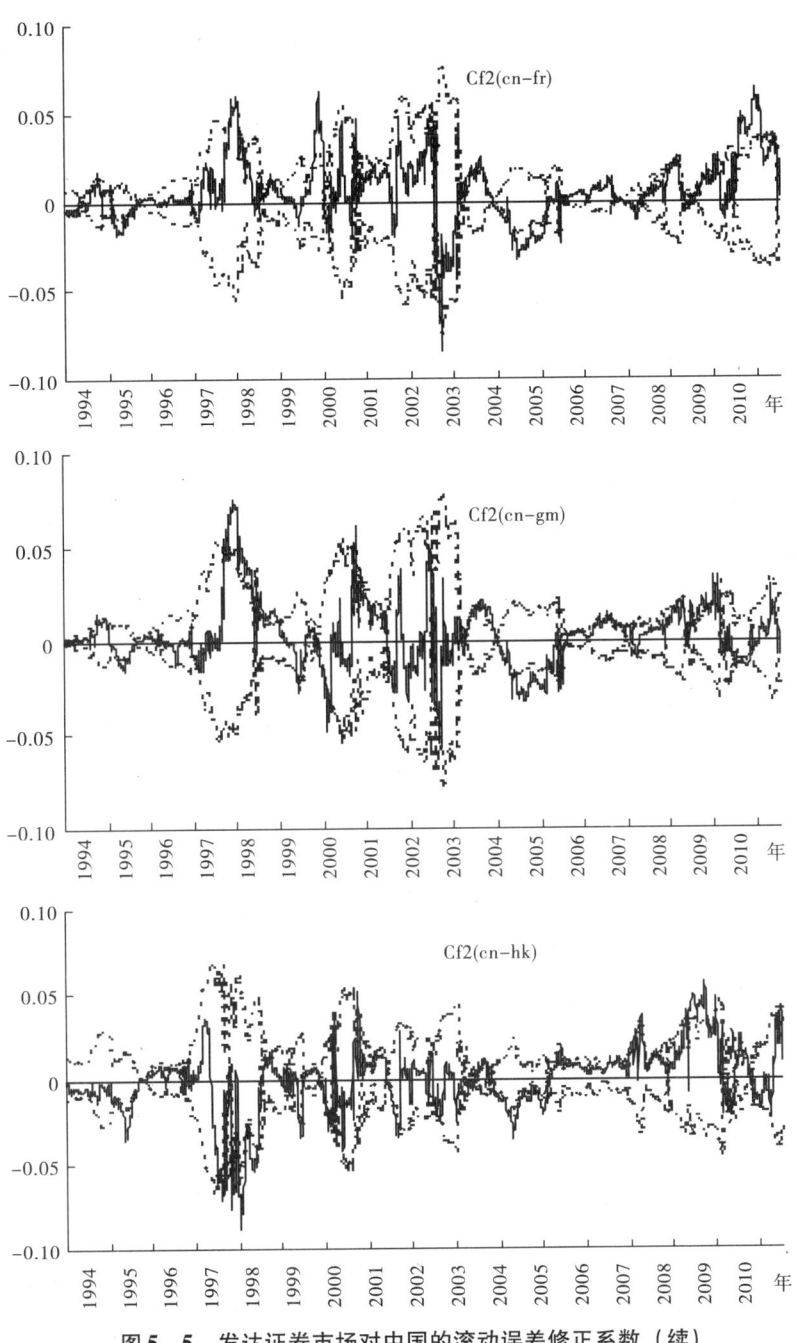

图 5-5 发达证券市场对中国的滚动误差修正系数（续）

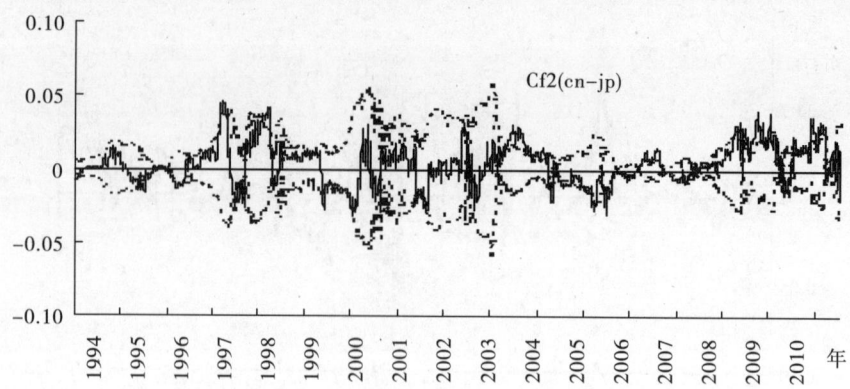

注：实线 Cf2（cn-××）为滚动误差修正系数向量 α_2，表示某发达市场对中国的误差修正系数；虚线为 95% 的置信区间。

图 5-5　发达证券市场对中国的滚动误差修正系数（续）

5.4　本章小结

本部分运用滚动协整等方法检验了中国证券市场国际一体化的动态变化。研究发现中国证券市场国际一体化已隐约出现，但不确定性大。协整一致的相互引导关系已基本形成，虽然彼此之间的同步关系主要还仅停留在周期分量上。而且国际化关系不对等，突发事件可能引起协整系数异常变大。加入世贸组织后中国证券市场国际一体化水平似乎难以定性，但实际上是显著提高的；其间美欧金融危机导致中国市场国际一体化全面下降以及一体化水平出现分化。因此，进一步推进中国证券市场国际一体化，有必要把实现其由当前隐约而见的不确定性向必然性转换作为长期目标；根据自身发展特点和国际金融形势变化及时调整策略、妥善把握尺度，以确保中国市场在充分分享国际利益的同时风险最低。

（一）中国证券市场国际一体化已隐约出现，但不确定性大

中国与发达证券市场之间一体化平均水平不高，整体上处于分割状态。但国际一体化已隐约出现，几乎每年至少有一、两个滚动子样本区间与发达市场走势显著一致，滚动协整显著的概率已达到 5.3% 至 7.5%。从结构上看，更多的显著性出现在

周期分量的"波峰",既有全球经济平稳繁荣期也有金融危机背景。表明中国与发达证券市场之间协整性还具有很大不确定性。在金融危机期间,危机发生国与中国市场的一体化水平可能减弱;如果危机国市场在国际上居于主导地位,则引起非危机国与中国国际化水平下降,只是下降幅度要低于危机国;如果危机国市场处于从属地位,中国除了与其一体化水平下降外,可能还会与非危机国国际一体化增强甚至高度一体化。从国内看,似乎混业阶段波动剧烈,加入世贸组织后至危机前的开放阶段出现显著性的频率较高。

(二)中国与各发达市场间的协整关系已相互引导,但彼此同步关系主要停留在周期分量上

其引导关系以中美、中英和中德三个滚动协整为主体,形成相互引导的三角局面,进而带动中日、中法、内地香港市场间的协整。在互动机制中,以中美、中英互动为主导。以中日、内地香港、中法互动为从属,但均对中德市场互动有影响。不过彼此间的同步关系还很脆弱,整体上仅中日与中美迹统计量时变走势显著一致,而其他均无显著的时变一致关系。主要原因是仅有两对非周期分量中日与中美、内地香港与中英之间是一致的,尽管周期分量之间时变一致性高,除了中日,其他五个周期分量已经直接或间接一致。

(三)中国证券市场国际化关系不对等;突发事件可能引起协整系数异常变大

中国与发达证券市场间的协整性不对等,突出表现在中国证券市场的短期波动向长期协整关系的调整速度明显比发达市场调整速度大一个数量级别。意味着中国证券市场波动对与发达市场一致关系的依赖性,远比发达市场对这种一致关系的依赖性大得多。此外,突发事件可能引起协整系数出现一些异常值。

(四)加入世贸组织后中国证券市场国际一体化水平似乎难以定性,但实际上是显著提高的

笼统地看,中国与发达证券市场之间一体化在加入世贸组织后表现不一,既有中美、中德迹统计量显著下跌型也有中日、内地香港显著上升型,更有中英、中法前后变化不显著的状况。主要原因是迹统计量受在加入世贸组织前的混业阶段极高与在加入世贸组织后美欧金融危机期间变低的影响。混业经营阶段的"混乱"导致国内证券市场国际一体化水平非常高,即使市场尚未开放。如果不考虑这两个阶段,中国证

券市场国际一体化水平在加入世贸组织后明显提高。加入世贸组织后特别是实施QFII制度以来，中国市场国际一体化趋势明显加快，直至2007年2月美国次贷危机出现征兆之前，尤其是亚洲日本、香港两市场，中国与它们之间协整关系上升幅度最大；可能是中国与其是近邻，经济贸易关系更为紧密，经济的基础性联系更强。从误差修正系数还可以看出，各发达证券市场对中国市场误差修正系数的显著性在加入世贸组织后明显增多，由此前的不显著变成此后的基本显著，意味着国际市场短期波动对中国市场的关注度由加入世贸组织前的毫不理会到加入世贸组织后的显著提高，也即中国市场在加入世贸组织后对国际市场短期波动的影响显著增强，尽管程度非常微弱。其间，中国证券市场国际一体化显著提高主要得益于国内外平稳繁荣的经济金融环境，为中国分享国际利益提供了机遇。

（五）美欧金融危机引起中国市场国际一体化全面下降以及一体化水平的分化

加入世贸组织后中国证券市场国际一体化发展态势在美、欧发生金融危机后没有得到延续，国际一体化水平整体上不升反降。其中中美、中德两迹统计量下降幅度相当深，不仅显著低于阶段三而且还显著低于加入世贸组织前的阶段二水平；中英、中法跌回至加入世贸组织前的阶段二水平；相对来说，中日、内地香港两个协整关系所受的影响较小，其迹统计量虽然显著低于阶段三水平，但仍然显著高于阶段二。原因可能是美、欧是金融危机发源地，受本国恶化的经济、金融形势困扰，不得不对内更加专注于国内问题的解决，对外搞国际保护主义。两方面综合在一起导致与中国证券市场一体化水平下降。1997年亚洲金融危机期间中日、内地香港迹统计量下降的原因也是如此。不同的只是美欧证券市场在全球处于主导地位，具有引导全局的影响，在美欧金融危机中引致其他市场国际一体化水平也出现下降，只是下降幅度要小；而亚洲金融危机期间，香港和日本市场在国际上处于从属地位，影响相对较小且仅具有局部性，加之危机源自欧美国际炒家的投机，导致欧美证券市场与中国市场的国际一体化水平不降，反而高度联动，与1994年拉美金融危机期间的表现类似。

以上这些发现和问题应该引起高度重视。中国加入世贸组织意在通过提高中国经济的国际化水平以更多地分享全球利益。因此，进一步推进中国证券市场国际一体化，有必要把实现其由当前隐约而见的不确定性向必然性转换作为长期目标。在这一进程中，要根据自身发展特点和国际金融形势变化及时调整策略、妥善把握尺度，以确保中国市场在充分分享国际利益的同时风险最低。(1)在全球经济繁荣和金融稳定发展时期,采取"全方位扩大开放"战略以尽享国际利益,实现国内外市场的良性互动。(2)在全球金融危机发生时期,采取"选择性开放"、甚至放缓对外开放步伐策略以尽量规避风险。并根据金融危机源头采取差别策略。如果源头是香港、日本之类的从属市场,加强国际协调救助、放缓对外开放步伐有助于降低不利冲击,原因是虽然中国与危机国市场一体化水平下降,但会通过非危机源市场引起国内市场剧烈波动,进一步对外开放会加剧市场波动。如果危机源头是美欧发达市场,最好能够搁置一些敏感的对外开放做法,慎对诸于建立"国际板"之类的对外开放举措,抓住时机,将改革和完善国内证券市场制度、从内部挖潜以提升市场绩效、实现价值投资和保护投资者利益置于首位。原因是此时中国与国际市场间的一体化水平下降,即使完全开放也无益于国际一体化水平提高,反而因信息敏感而打击投资者信心。此外,不必担心外资因中国放缓对外开放步伐而减少,事实上,加入世贸组织前混业阶段中国证券市场相当高的国际化水平从一个侧面表明外资总有办法进出中国,进入还是撤出的决策其实由外资掌控。

因此,当前要密切关注美欧金融危机引起的全球金融动荡,尤其是欧洲债务危机对中国证券市场国际一体化的影响,审慎采取选择性开放策略,甚至推迟一些对外开放举措,抓住美欧自顾不暇的现实机遇,大力革除国内证券市场诸如新股发行制度之类的痼疾,既能逐渐改变不赚钱、效率低的股市形象,又能为世界经济复苏后更多获取全球化利益打好制度基础。同时,要吸取加入世贸组织前后的经验教训,防止中国市场对国际市场反应过度的异常现象出现;并充分利用好美欧金融危机期间中国市场国际一体化出现分化的格局,主动赢得与非危机源国如亚、非、拉等地区国家分享国际利益的机会。

6

金砖国家证券市场的国际溢出效应

6.1 问题的提出

  由巴西、俄罗斯、印度和中国组成的"金砖四国"(BRIC)概念一经提出立即引发世界的关注。2003年,美国高盛集团的Wilson和Purushothaman在其文章《BRICs之梦:通向2050之路》中将世界上四个新兴大国视为世界经济增长的新引擎,其发展潜力将致其在2050年超过一些最富有的国家。2009年6月16日,金砖国家首脑首次单独以峰会形式举行会谈。2010年12月,中国作为"金砖国家"合作机制轮值主席国,与俄罗斯、印度、巴西一致商定,吸收南非作为正式成员加入该合作机制,金砖四国改称"金砖国家"。确实,四国在全球的地位不断上升,尤其在美国金融危机爆发以后,作为20国集团的重要成员开始在稳定、发展全球经济中发挥举足轻重的作用。这不能不引起人们对金砖国家的广泛兴趣。金砖国家何以成为金砖?除了英文缩写的表面解释外,从投资者角度看,其国内市场的投资价值如何?这些市场之间以及与国际市场之间的联系怎样?中国在其中扮演怎样的角色?
  由于证券市场能在一定程度上反映一国经济发展水平,证券市场收益率水平及其波动影响能够在很大程度上折射出一个国家的投资机会和环境。因此比较研究金砖国家证券市场收益率与国际市场收益之间的关系有助于我们更好地从全球化高度对"金砖"加以客观认识。事实上,早在20世纪90年代初,四国就开始逐渐对外部世界打开了资本市场的大门。对外开放意味着与国际市场的联系日益紧密。Agenor（2001）认为经济活动的全球化与金融市场自由化导致股票市场国际一体化程度加深。国际一体化的发展会促进资本有效配置、风险分担和市场稳健发展（Pauer，2005）。但与此同时，也使得国际风险和冲击很容易传导到国内，提高了危机传染的几率（Agenor，2001）。因而管理当局必须对本国股票市场的国际化程度及国际化所带来的利益和风险有全面深刻的认识。对于国际投资者来说，金砖国家的高成长性必然对其产生强大的吸引力，而把握证券市场特点及其相互之间的依从关系有助于更好地进行组合投资。

然而，迄今为止，对金砖国家证券市场进行系统研究的文献仍不多见。就作者所知，国内还没有相关研究，虽然有些学者讨论过中国证券市场的国际波动问题，但都是单个国家的国际比较。把金砖国家证券市场放在一起进行研究的文献，国外似乎也不多。金融资产的"一价定律"意味着投资者在资本可跨国流动的情况下设法寻求最佳收益，致使各国之间的收益率均等化，因而收益均等化程度可反映证券市场的一体化水平（Masih & Masih，1999）。事实上，"一价定律"是检验市场是否一体化的一个基础前提（Maldonado & Saunders）。Aydemir（2004）构建了多国多产品的一般均衡模型，发现在给定的国家和产业冲击下，如果金融和商品市场一体化程度高，跨国证券收益的相关性增强。理论认为新兴市场的预期收益将随其与世界一体化程度的加深而下降（Bekaert et al.，2002）。De等（2005）通过对拉美、亚洲、远东、欧洲、中东和非洲的30个新兴市场进行研究后发现，这些国家和区域市场分割程度平均每年下降5.5%，由此导致收益率每年下降4.5%。Gupta和Donleavy（2009）的研究发现，尽管相关性上升，澳大利亚投资者仍然能从世界新兴市场的多样化投资中获得潜在利益。Bhar和Nikolova（2009）探讨了金砖四国证券市场与各自所在地区以及世界市场的一体化问题。但其存在以下几个方面的局限。（1）研究视角不太宽。没有研究金砖国家与发达国家、发展中国家的关系，也没有比较它们彼此之间的关系。（2）没有认识到金砖国家新兴市场投资主体存在二元特征。仅考虑跨市场投资者收益率而没有考虑单市场投资者收益。（3）数据样本期较早，期限较短。使用2007年以前的数据，对美国金融危机以来的新变化无法顾及，由此得出的结论稍嫌滞后，无法反映近期新特点。

为了能够全面、客观和准确地评价金砖国家证券市场的发展及其国际一体化程度,本部分针对金砖国家新兴市场特点设计出两种股票收益率指标,首先运用方差分析方法来两两检验各国与全球、发达国家、发展中国家和所在地区之间不同投资者收益率的差异。然后,进一步通过二元 EGARCH 系统的全信息估计分别从水平和波动两个层面,发展程度、影响范围和各国彼此之间三个视角来分析金砖国家证券收益率的国际溢出效应。本部分发现,金砖各国证券收益率虽然在不考虑汇率时彼此差异较大,但考虑汇率因素后则出现了国际均等化倾向,意味着这些市场已经融入了国际一体化潮流之中。除了自身市场外,四国的收益水平均与发展中国家有关,这与其发展中国家的身份一致。但整体上看四国市场的影响力不够强,除中国市场收益率水平在考虑汇率后影响发达国家/全球外,其他三国对发达/全球和发展中国家均没有影响;而巴西是四国中唯一对本地区有影响的国家。但从波动溢出效应看,除中国外,其他三国均影响发达国家/全球、发展中国家和本地区指数。金砖国家证券市场之间已形成一定的联系,这与它们之间存在一定的经济贸易活动有关。其魅力可能在于彼此之间存在巨大差异:印度与巴西对外开放度高,但后者对国际市场的影响力稍强,而前者在考虑汇率后波动风险最低。中国和俄罗斯开放度相对较低,中国股票收益水平溢出效应高于俄罗斯,而俄罗斯波动风险在四国中最高,其国际溢出效应远大于中国。这种差异使得金砖国家单市场投资者收益率在整体上高于国际平均水平,跨市场投资者收益率则低于国际平均水平,同时投资于四国存在一定的系统风险。这为国际资本提供许多想象空间。

与同类研究相比,本部分的创新和特点有以下四个方面。(1) 根据金砖各国证券市场二元特点同时设计不考虑汇率和考虑汇率两种股票收益率来检验它们之间以及与国际市场的联系,有助于更加全面地对金砖国家市场进行国际定位。(2) 选用金砖各国证券市场周三指数计算周收益率,有助于克服各市场之间普遍存在的周一和周末效应以及由于时区差异而产生的交易不同步问题,从而为更加客观地认识金砖各国市场奠定基础。(3) 在方差检验的基础上进一步建立基于二元 EGARCH 的估计系统,能够在系统内同时动态地估计金砖各国证券市场收益率的国际溢出效应,有助于防止出现分步估计所产生的信息丢失问题,从而更加准确地实现整体方差最优。(4) 第一次得出了一些有价值的结论。

6.2 数据与研究方法

为了能够全面、准确和客观地评估金砖国家证券市场，本部分通过全球权威数据库 Datastream 获取所需数据，克服国内数据库普遍存在的高差错以及数据不完全问题。由于南非于 2010 年 12 月才正式加入该合作机制，鉴于样本区间问题，本书只研究中国、印度、巴西、俄罗斯这四个国家。四国的股票价格指数分别为中国上海综合价格指数、印度 BSE 国家 200（BSE National 200）价格指数、巴西 BOVESPA 价格指数和俄罗斯 AKM 综合价格指数；四国所在地区指数相应为金融时报亚太（FTSE AW Asia Pacific）价格指数、金融时报拉美（FTSE AW Latin America）价格指数和金融时报欧洲（FTSE AW Europe）价格指数；此外还使用如下指数分别代表全球、发达国家和发展中国家的证券市场：金融时报全球（FTSE AW All – World）价格指数、金融时报发达国家（FTSE AW All – World Developed）价格指数、金融时报发展中国家（FTSE Emerging）价格指数。各指数时序取周三收盘价计算周收益率指标来进行考察，这是由于相对于股价指数来说，投资者更加关心收益率；而且周三是一周的中间一天，能够在更大程度上及时反映全球各个市场之间的信息传递，从而可以避免因时差带来的交易不同步以及已经被证明广泛存在的因周末而引起的周一和周五信息传递不畅问题（Ng，2000）。如果节假日等导致星期三没有交易，则按照国际惯例选用前一个交易日数据替代。

需要指出的是金砖国家都是发展中国家，因此本部分在计算金砖各国股票市场收益率时实际上还计算了一种考虑汇率的股票收益率 $[r_t = (P_t/E_t)/(P_{t-1}/E_{t-1})]$，因为其国内证券市场投资者不可能像特别发达或者特别不发达国家那样单一，很可能存在单市场投资者与跨市场投资者并存的局面，前者只关心股价变动而后者则需要既考虑股价又考虑汇率的变动。所以，任何假定金砖国家只有一种股票收益率，或者试图用其中一种收益率来替代另一种收益率都是片面的。尤其是在一国汇率不稳定情况下，两种收益率变动不可能完全一致。从这个意义上说，同时从考虑汇率和不考虑汇率两个角度来研究金砖国家证券市场收益率是本部分的一个独特亮点。

由于区分考虑汇率与不考虑汇率两种情况，而巴西进行过货币改革，1994 年 7

月1日启用了现行货币雷亚尔。考虑到货币制度及数据的可获得性,样本区间选取1994年11月30日至2011年8月31日。

本部分采用二元EGARCH全信息极大似然估计来检验金砖国家证券市场收益率及其国际溢出效应。研究表明金融市场上的信息对波动传递具有不对称影响(Booth、Martikainen & Tse, 1997)。二元EGARCH模型由Nelson(1991)最先提出,可以很好地刻画证券市场收益率的不对称特征和波动聚合现象,通过对方差取对数从而避免了GARCH模型需要给出非负约束。本部分研究金砖国家股票收益率在如下几个层面的水平溢出效应和波动溢出效应:四国与发达国家及发展中国家、四国与全球及各自所在地区之间、四国之间。水平溢出效应用双变量均值模型系统求解,波动溢出效应用双变量方差模型系统求解。采用该模型系统来研究金砖各国证券市场收益率的国际溢出效应是基于以下考虑:(1)各国及其所在地区、全球、发达/发展中国家指数股票收益率都是平稳序列且具有波动聚合的不对称特征,两两之间适合于构建该模型系统。(2)该系统能够同时对水平溢出效应和波动溢出效应进行完全信息极大似然估计,从而达到充分利用现有信息的目的。(3)该系统有效解决了同一个市场在不同系统中的可比性问题,从而有助于更好地探索金砖国家证券市场溢出效应的动态特征。

以两国股票指数收益率为例,其条件均值(水平)溢出效应模型可以表示为

$$\begin{bmatrix} r_{i,t} \\ r_{j,t} \end{bmatrix} = \begin{bmatrix} c(1) \\ c(4) \end{bmatrix} + \begin{bmatrix} c(2) & c(3) \\ c(5) & c(6) \end{bmatrix} \begin{bmatrix} r_{i,t-1} \\ r_{j,t-1} \end{bmatrix} + \begin{bmatrix} \varepsilon_{i,t} \\ \varepsilon_{j,t} \end{bmatrix} \quad (6.1) \\ (6.2)$$

式中,下标i、j代表金砖国家不同的两个国家;$\begin{bmatrix} \varepsilon_{i,t} \\ \varepsilon_{j,t} \end{bmatrix} | \Omega_t \sim N(0, H_t)$,这里$\Omega_t$表示在时间$t$已知的所有相关信息,$H_t$为随时间而变化的($2\times 2$)对角协方差矩阵,由下式给出:

$$\ln(\sigma_{i,t}^2) = C_{i,1} + C_{i,2} \times |Z_{i,t-1}| + C_{i,3} \times Z_{i,t-1} + C_{i,4} \times \ln(\sigma_{i,t-1}^2) \\ + C_{i,5} \times |Z_{j,t-1}| + C_{i,6} \times Z_{j,t-1} \quad (6.3)$$

$$\ln(\sigma_{j,t}^2) = C_{j,1} + C_{j,2} \times |Z_{i,t-1}| + C_{j,3} \times Z_{i,t-1} + C_{j,4} \times \ln(\sigma_{j,t-1}^2) + \\ C_{j,5} \times |Z_{j,t-1}| + C_{i,6} \times Z_{j,t-1} \quad (6.4)$$

式中,Z_t是标准化新息(Standardized Innovations)的函数,定义为$Z_t = \varepsilon_t / \sigma_t$。$C_2$衡量的是自身市场的对称影响效应。$C_3$衡量的是自身市场的不对称影响效应,如果显著

为负,标准化新息 Z_i 所产生的负效应比同样大小的正效应所增加的波动性要大,称为杠杠效应。C_5、C_6 分别衡量对方市场的对称影响和不对称影响效应。C_4 为自身市场滞后一期波动,表示波动的稳定性,$|C_4|<1$ 表明波动较为稳定;波动的持续性可用半衰期(HL)衡量,即初始冲击降至一半所需要的时间。$HL = \ln(0.5) / \ln|C_6|$。

同样地,四国中的某国指数收益率与发达国家指数、发展中国家指数、世界指数、对应地区指数收益率之间的溢出效应也可以通过以上四个模型进行估计。如果金砖各国的收益率用 r_i 表示,i 代表四国中的某一国;发达国家指数、发展中国家指数、世界指数、地区指数的收益率分别表示为 r_d、r_e、r_w、r_r,其中 r_r 是与中国、印度、巴西和俄罗斯相对应的亚太、拉美和欧洲指数收益率,则 $\begin{bmatrix} r_{it} \\ r_{dt} \end{bmatrix}$、$\begin{bmatrix} r_{it} \\ r_{et} \end{bmatrix}$、$\begin{bmatrix} r_{it} \\ r_{wt} \end{bmatrix}$、$\begin{bmatrix} r_{it} \\ r_{rt} \end{bmatrix}$ 分别表示某国指数收益率与发达国家指数、发展中国家指数、世界指数、对应地区指数收益率之间的双变量均值模型系统,通过方程(1)、(2)进行估计。相应的双变量波动溢出模型系统分别表示为:$[\ln(\sigma_{i,t}^2), \ln(\sigma_{d,t}^2)]$,$[\ln(\sigma_{i,t}^2), \ln(\sigma_{e,t}^2)]$、$[\ln(\sigma_{i,t}^2), \ln(\sigma_{w,t}^2)]$、$[\ln(\sigma_{i,t}^2), \ln(\sigma_{r,t}^2)]$,只需将模型(2)、(3)中的相关字母替换一下即可。

模型参数在其系统分布假设下采用最大似然函数进行估计。如果样本为 T,参数 θ 的最大似然对数函数为

$$L(\theta) = -T \ln\left(\frac{1}{2}\pi\right) - \frac{1}{2}\left(\sum_{t=1}^{T} \ln|H_t| + \sum_{t=1}^{T} [\varepsilon_{i,t}\ \varepsilon_{j,t}] H_t^{-1} \begin{bmatrix} \varepsilon_{i,t} \\ \varepsilon_{j,t} \end{bmatrix}\right)$$

6.3 金砖国家证券市场的国际定位

由于金砖国家是发展中国家,其投资者包括单市场投资者和跨市场投资者,前者仅关注证券收益,后者则关注经汇率调整后的证券收益。为此,下文我们就这两类收益率及其国际差异进行比较。

一、不考虑汇率因素的收益率国际比较

不考虑汇率因素的证券市场收益率即以本币表示的收益率,不考虑即期汇率的影响。这个指标对于本国投资者或单一市场的长期投资者来说非常重要,能够反映本国

投资的盈利水平。表 6-1 列示了金砖国家无汇率影响因素的股票收益率及全球、发达国家、发展中国家及四国所在地区指数的美元收益率的描述性统计特征。可以看出，所选四个指标都是平稳的、非正态性序列，其峰度均大于 3，而且差异非常大，表明各市场收益率分布的尾部比正态分布高，俄罗斯偏离正态性的程度最为严重，其他依次为中国、巴西和印度。四国收益率是非对称序列，因为其偏度均不为 0。除了印度证券市场的偏度为负，与全球和区域类别的一致，意味着更多地受到负向冲击，其他三国的收益率分布的右部都比左部厚。俄罗斯证券市场收益率最高，标准差也最大，分别为 1.0109、0.0757；其次是巴西；印度的均值为 1.0026 位列第三，而标准差 0.0405 在金砖国家中最小；中国股票收益率最低为 1.0025，但其波动性位居第三。而四国证券市场平均收益率为 1.0059，不仅比全球平均水平 1.0010 高，而且在全球发展中证券市场收益率普遍比发达国家高的背景下也高于发展中国家，同时也高于三个所在地区指数收益。从标准差看，四国的平均波动水平与拉美指数接近，但高于全球指数和其他几类区域指数。

表 6-1　　证券市场收益率基本特征

	收益率指标	均值	中位数	标准差	正态性检验		偏度	峰度	单整性
					JB 统计量	概率			
不考虑汇率	金砖国家均值	1.0059	1.0068	0.0342	695.2370	0.0000	0.0419	7.5184	I(0)
	其中：中国	1.0025	1.0016	0.0476	8 343.1000	0.0000	1.6613	18.2986	I(0)
	巴西	1.0075	1.0102	0.0560	1 481.0100	0.0000	0.4710	9.5283	I(0)
	印度	1.0026	1.0058	0.0405	129.9020	0.0000	-0.0823	4.9465	I(0)
	俄罗斯	1.0109	1.0081	0.0757	24 119.1000	0.0000	2.1876	29.2559	I(0)
考虑汇率	金砖国家均值	0.9483	1.0040	0.2317	7 259.1800	0.0000	-3.7593	15.5185	I(1)
	其中：中国	1.0028	1.0022	0.0407	539.6060	0.0000	0.4274	6.9921	I(0)
	巴西	1.0040	1.0094	0.0608	708.5450	0.0000	-0.6933	7.4680	I(0)
	印度	1.0021	1.0055	0.0440	218.5970	0.0000	0.0564	5.5960	I(0)
	俄罗斯	1.0053	1.0057	0.0679	1 304.7500	0.0000	-0.0989	9.3452	I(0)
金融时报全球指数		1.0010	1.0026	0.0225	483.0360	0.0000	-0.5725	6.6890	I(0)
其中：发达国家指数		1.0009	1.0025	0.0225	489.0330	0.0000	-0.5458	6.7301	I(0)
发展中国家指数		1.0017	1.0042	0.0277	481.8690	0.0000	-0.6628	6.6231	I(0)
欧洲指数		1.0012	1.0045	0.0258	520.1850	0.0000	-0.4160	6.9211	I(0)
拉美指数		1.0031	1.0055	0.0353	467.3150	0.0000	-0.4327	6.6994	I(0)
亚太指数		1.0003	1.0014	0.0259	404.2160	0.0000	-0.0442	6.5324	I(0)

进一步运用方差检验发现，不考虑汇率因素的金砖国家证券市场收益率不仅彼此之间存在显著差异而且与全球指数、区域类别指数之间关系也各异。

在原假设为"金砖国家股票收益率相等"条件下，其F值为4.2126，对应的概率等于0.0055，因此选择备择假设，表明彼此之间存在显著差异。在原假设为"金砖国家均值、四国、全球指数、区域指数收益率两两相等"的检验中（见表6-2），四国平均收益率除了与拉美指数不存在显著差异外，显著高于全球与其他区域指数收益率水平；其中中国和印度两个国家收益率与全球及区域的水平相当，不存在显著差异；而巴西和俄罗斯两国收益率显著高于全球及其他区域指数水平，存在超常收益。

表6-2　　　　　　　　不考虑汇率因素的市场收益率国际差异检验

同一性检验的p值	金砖国家均值	中国	巴西	印度	俄罗斯
金融时报全球指数	0.0005***	0.3876	0.0017***	0.2917	0.0003***
其中：发达国家指数	0.0004***	0.3696	0.0016***	0.2747	0.0003***
发展中国家指数	0.0061***	0.6625	0.0073***	0.5772	0.0011***
欧洲指数	0.0012***	0.4326	0.0025***	0.3398	0.0005***
拉美指数	0.1021	0.7908	0.0540*	0.8163	0.0078***
亚太指数	0.0002***	0.2458	0.0008***	0.1679	0.0002***

注：***、*分别表示在1%、10%水平上显著。

二、考虑汇率因素的收益率国际比较

考虑汇率因素的股票收益率是指将本币汇率的变动引入收益率的计算公式。就全球战略投资者或者跨市场运营者来说，该指标有助于其及时进行策略调整。考虑汇率因素后的金砖国家股票市场收益率及全球与区域指数收益率的主要的统计特征见表6-1。可以看出，金砖国家经汇率调整的股票收益率出现明显分化，中国市场收益率增大；但其他三国的收益率却出现了下降；四国收益率均值只有0.9483，意味着同时投资于四国的亏损将超过5%。而且，各序列的偏度和峰度也出现微妙变化，尽管其正态性和平稳性依然不变。四个国家的峰度不仅差异缩小而且呈现出与国际市场趋同倾向；偏度差异也在缩小，呈现出向正态化的0值逼近；但四国的平均水平却大大上升了。除了中国市场外，其他三国股票收益率和四国平均的偏度方向均发生了改变，巴西和俄罗斯更多地受到负向冲击，中国和印度则相反；而就平均来看，四国受到更多的负向冲击。

与不考虑汇率变化的结果不同,这里方差检验结果显示,金砖国家考虑汇率因素的股票市场收益率不仅彼此之间差异不显著而且与国际市场之间也不存在实质性差别,尽管其平均水平依然显著。

在原假设为"考虑汇率因素后金砖各国证券市场收益率相等"的条件下,其F值为0.4993,对应的概率为0.6830。因此没有理由拒绝原假设,接受四国市场收益率不存在显著差异这个事实。在原假设为"考虑汇率因素后两两相等"的检验中(见表6-3),尽管金砖国家平均股票收益率明显降低且与全球及区域指数存在显著差异,但各国市场收益率与之均无显著差异。之所以会出现与单个国家不一致现象,可能是因为考虑汇率因素后各国收益率彼此之间存在着巨大的相互抵消效应。

总之,在不考虑汇率因素时,金砖各国股票收益率之间存在差异,俄罗斯股票市场收益率最高,波动也最大;其次是巴西;印度收益率位列第三,而波动最小;中国收益率最低但其波动性位居第三;中国和印度市场收益率与国际市场无差异。四国平均收益率显著高于全球水平,平均波动与拉美指数接近,但高于全球指数和其他几类区域指数。考虑汇率后,各国之间收益率出现了均等化倾向,不仅彼此之间差异不显著而且与国际市场之间也不存在实质性差别;其中,中国市场收益率略微增大,其他三国却出现了下降,四国整体平均水平显著下降,同时投资于四国将出现亏损,其原因可能是整体风险增大,虽然除印度外单个国家波动风险下降。不同国家不同类型投资者收益和风险不一样,尽管跨市场投资者在各国之间的收益差异不显著(这与收益均等化理论一致),但对于单市场投资者来说,俄罗斯收益最高风险也最大,中国最低但风险不是最小。

表6-3 考虑汇率因素的市场收益率国际差异检验

同一性检验的p值	金砖国家平均	中国	巴西	印度	俄罗斯
金融时报全球指数	0.0000***	0.2676	0.1985	0.5154	0.0931
其中:发达国家指数	0.0000***	0.2516	0.1893	0.4927	0.0884
发展中国家指数	0.0000***	0.5224	0.3435	0.0539	0.1724
欧洲指数	0.0000***	0.3427	0.2405	0.6062	0.1156
拉美指数	0.0000***	0.8882	0.7305	0.6325	0.4256
亚太指数	0.0000***	0.1396	0.1189	0.3099	0.0544

注:***表示在1%水平上显著。

6.4 水平溢出效应检验

证券收益率的水平溢出效应实际上是要寻找金砖各国证券市场价格形成的影响因素。为便于比较分析,下文我们分别运用均值模型系统(1)和(2)检验金砖各国单市场和跨市场投资者收益率与发达国家和发展中国家、世界市场和所在地区、各国彼此之间价格形成的一体化程度,以期能够从发展水平、影响范围和彼此之间三个角度来同时考察。

一、与发达国家和发展中国家之间的水平溢出效应

为了能够准确判断金砖各国证券市场发展水平,我们把金砖各国与发达国家和发展中国家指数收益率模型系统放在一起进行对比。

在金砖国家与发达国家指数收益率滞后项构成的模型系统中(见表6-4),如果不考虑汇率即期变动因素,根据各自模型中的自身滞后作用系数$C(2)$和发达国家指数滞后作用$C(3)$的概率显著性判断,中国和俄罗斯股票市场收益率相似,都只受自身滞后变量的显著作用而不受发达国家指数的滞后显著影响。印度只受发达国家指数而不受自身滞后变动影响。仅巴西股票市场收益率既受自身又受发达国家指数滞后变量的显著影响。根据模型中的金砖各国对发达国家作用系数$C(5)$判断,金砖国家收益率对发达国家指数均没有显著影响。如果考虑汇率因素的即期影响,同样根据模型中$C(2)$、$C(3)$、$C(5)$概率显著性判断,中国和印度股票市场收益率只受发达国家指数滞后变量的显著影响;俄罗斯只受自身滞后变动的显著作用;仅有巴西既受自身滞后作用又受发达国家影响;只有中国对发达国家有显著影响。

表6-4 金砖国家与发达/发展中国家证券市场收益率之间的水平溢出效应模型

模型	系数	中国		巴西		印度		俄罗斯	
汇率因素		未考虑	考虑	未考虑	考虑	未考虑	考虑	未考虑	考虑
与发达国家指数构成系统	C(1)	0.7644 (0.0000)***	0.8537 (0.0000)***	0.8740 (0.0000)***	0.7294 (0.0000)***	0.7528 (0.0000)***	0.7263 (0.0000)***	0.9436 (0.0000)***	0.7782 (0.0000)***
	C(2)	0.0840 (0.0000)***	-0.0044 (0.8793)	-0.0875 (0.0005)***	-0.2081 (0.0000)***	-0.0446 (0.1579)	-0.0467 (0.1671)	-0.0776 (0.0000)***	0.0615 (0.0202)**

续表

模型	系数	中国		巴西		印度		俄罗斯	
汇率因素		未考虑	考虑	未考虑	考虑	未考虑	考虑	未考虑	考虑
与发达国家指数构成系统	C(3)	0.1537 (0.0845)	0.1535 (0.0215)**	0.2211 (0.0123)**	0.4831 (0.0000)***	0.2941 (0.0000)***	0.3223 (0.0000)***	0.1455 (0.1759)	0.1649 (0.1135)
	C(4)	1.0794 (0.0000)***	1.0873 (0.0000)***	1.0468 (0.0000)***	1.0486 (0.0000)***	1.0502 (0.0000)***	1.0485 (0.0000)***	1.0487 (0.0000)***	1.0471 (0.0000)***
	C(5)	-0.0374 (0.0678)	-0.0483 (0.0375)**	-0.0101 (0.5717)	0.0045 (0.7590)	-0.0037 (0.8437)	-0.0071 (0.6823)	-0.0002 (0.9831)	0.0031 (0.7762)
	C(6)	-0.0410 (0.0950)	-0.0379 (0.1355)	-0.0358 (0.2546)	-0.0522 (0.1339)	-0.0456 (0.0966)	-0.0404 (0.1675)	-0.0476 (0.1350)	-0.0492 (0.1501)
与发展中国家指数构成系统	C(1)	0.7315 (0.0000)***	0.8536 (0.0000)***	1.0497 (0.0000)***	0.9623 (0.0000)***	0.8200 (0.0000)***	0.7918 (0.0000)***	0.8458 (0.0000)***	0.7526 (0.0000)***
	C(2)	0.0714 (0.0000)***	-0.0155 (0.6029)	-0.0474 (0.1407)	-0.1754 (0.0000)***	-0.0762 (0.0338)**	-0.0860 (0.0338)**	-0.1102 (0.0000)***	0.0317 (0.3487)
	C(3)	0.1990 (0.0019)***	0.1646 (0.0014)***	0.0053 (0.9444)	0.2175 (0.0092)***	0.2584 (0.0000)***	0.2961 (0.0000)***	0.2760 (0.0019)***	0.2201 (0.0111)**
	C(4)	0.9670 (0.0000)***	0.9801 (0.0000)***	0.9480 (0.000)***	0.9591 (0.0000)***	0.9497 (0.0000)***	0.9508 (0.0000)***	0.9530 (0.0000)***	0.9549 (0.0000)***
	C(5)	-0.0241 (0.2845)	-0.0387 (0.1211)	-0.0082 (0.7489)	0.0169 (0.3291)	-0.0002 (0.9950)	-0.0009 (0.9698)	0.0122 (0.4290)	0.0100 (0.5422)
	C(6)	0.0588 (0.0351)**	0.0603 (0.0374)**	0.0618 (0.0949)	0.0256 (0.4626)	0.0521 (0.1180)	0.0518 (0.1494)	0.0363 (0.3136)	0.0367 (0.3559)

注：(1) 每个系统有两个模型，分别对应第一个市场和第二个市场。每个模型有三项，分别用 C(1) 和 C(4) 表示常数项，C(2) 和 C(5) 表示第一个市场滞后作用系数，C(3) 和 C(6) 表示第二个市场滞后作用系数。(2) 每个系统的极大似然估计均显著，限于篇幅未在表中列出。(3) ***、**分别表示在1%、5%水平上显著。

在金砖各国与发展中国家指数构成的模型系统中，根据各自模型中的自身滞后作用系数 C(2) 和发展中国家指数滞后作用系数 C(3) 的显著性判断，如果不考虑汇率即期变动，除了巴西不显著外，中国、印度和俄罗斯三国股票市场收益率既受自身又受发展中国家指数滞后变动的显著影响；如果考虑汇率因素，中国、俄罗斯只受发展中国家指数滞后变量的显著作用，巴西和印度既受自身又受发展中国家指数的显著影响。无论考虑汇率因素与否，根据模型中的金砖各国对发展中国家指数作用系数 C(5) 进行判断，金砖国家股票市场收益率对发展中国家指数变动均无显著作用。

综合两方面结果，金砖国家股票市场都不同程度地融入了全球一体化进程，但总体上看不够发达。除了中国在考虑汇率影响后对发达国家有显著作用外，其他三国无论考虑汇率因素与否对发达和发展中国家均没有影响。四国股票市场都与发展中国家关系密切，其收益率受发展中国家指数作用的系数比较接近，在 0.16 ~ 0.3 之间；与发达国家关系不一，俄罗斯不受影响，印度对其高度依赖，巴西有一定的独立性，中国仅在考虑汇率时受显著影响。(1) 俄罗斯市场较为封闭，发展程度较为滞后。无论是否考虑汇率因素，对发达国家和发展中国家均无影响，其股票收益水平主要由自身决定，同时受发展中国家的影响，发达国家对其没有显著影响。这意味着本国单市场投资者和跨市场投资者收益均不受发达国家指数影响，仅与发展中国家指数存在正向关系（系数分别为 0.28、0.22）。(2) 印度市场开放程度高，对国外市场依赖性强。其收益率主要由国际市场决定，无论是否考虑汇率因素，受发达国家与发展中国家的滞后影响系数基本相同，约为 0.3，但受自身滞后影响非常小，约为 - 0.08。其本国单市场投资者和跨市场投资者收益既受发达国家又受发展中国家的同向影响，受本国市场的影响非常微弱。(3) 巴西市场开放程度高，有一定的自我定价权。不仅跨市场而且单市场投资者均关注经汇率调整的投资收益，可能与巴西货币可自由兑换有关。投资者收益受国际市场影响大，发达国家和发展中国家考虑汇率的影响分别为 0.48、0.22；但国内市场也有一定的发言权，考虑汇率的影响约为 - 0.2。(4) 中国市场处在半开放状态，对发达市场定价有一定影响力。单市场投资者收益不受发达国家影响，仅由本国和发展中国家决定，影响系数分别约为 0.08 和 0.2；跨市场投资者收益与国际市场密切，不受国内市场影响，发达国家与发展中国家的影响系数分别为 0.15、0.16。中国是金砖国家中唯一对发达国家市场有影响的国家，考虑汇率后的影响系数为 - 0.05，表明中国股票收益率每变动 1%，发达国家指数收益反向变动 0.05%。

二、与全球和本地区之间的水平溢出效应

为了能够判断金砖各国证券市场受全球因素影响大还是受地区因素影响大，我们把各国与全球指数和所在地区指数收益率模型系列在一起进行比较。

在金砖各国与全球指数构成的模型系统中（见表 6 - 5），根据各自模型中的自身

滞后作用系数 C(2) 和全球指数滞后作用系数 C(3) 的显著性判断，如果不考虑汇率即期变动因素，中国和俄罗斯股票收益率只受自身滞后变量影响而不受全球指数滞后变量的显著作用。印度只受全球而不受自身滞后变动影响。仅有巴西既受自身又受全球指数滞后变量的影响。如果考虑汇率因素的即期影响，则中国和印度股票收益率只受全球指数滞后变量的显著影响，俄罗斯只受自身滞后变动的显著作用。同样仅有巴西既受自身又受全球指数的滞后影响。根据模型中系数 C(5) 概率显著性判断，只有中国考虑汇率因素后的收益率对全球指数有显著影响。这些结论与"金砖国家与发达国家指数"构成的系统高度一致，原因可能是发达国家在全球证券市场占主导地位。

表 6-5 金砖国家与全球/本地区证券市场收益率之间的水平溢出效应模型

模型	系数	中国		巴西		印度		俄罗斯	
汇率因素		未考虑	考虑	未考虑	考虑	未考虑	考虑	未考虑	考虑
与全球指数构成系统	C(1)	0.7565 (0.0000)***	0.8474 (0.0000)***	0.8817 (0.0000)***	0.7339 (0.0000)***	0.7520 (0.0000)***	0.7256 (0.0000)***	0.9438 (0.0000)***	0.7845 (0.0000)***
	C(2)	0.0830 (0.0000)***	-0.0056 (0.8460)	-0.0869 (0.0007)***	-0.2102 (0.0000)***	-0.0483 (0.1310)	-0.0507 (0.1405)	-0.0782 (0.0000)***	0.0614 (0.0234)**
	C(3)	0.1625 (0.0659)	0.1611 (0.0151)**	0.2129 (0.0165)**	0.4807 (0.0000)***	0.2986 (0.0000)***	0.3271 (0.0000)***	0.1460 (0.1792)	0.1586 (0.1324)
	C(4)	1.0727 (0.0000)***	1.0807 (0.0000)***	1.0414 (0.0000)***	1.0448 (0.0000)***	1.0420 (0.0000)***	1.0428 (0.0000)***	1.0443 (0.0000)***	1.0425 (0.0000)***
	C(5)	-0.0366 (0.0731)	-0.0475 (0.0395)**	-0.0092 (0.6117)	0.0063 (0.6695)	-0.0023 (0.9020)	-0.0057 (0.7454)	0.0005 (0.9629)	0.0039 (0.7258)
	C(6)	-0.0351 (0.1571)	-0.0320 (0.2113)	-0.0311 (0.3265)	-0.0501 (0.1501)	-0.0410 (0.1407)	-0.0361 (0.2263)	-0.0431 (0.1843)	-0.0453 (0.1918)
与本地区指数构成系统	C(1)	0.8421 (0.0000)***	0.9032 (0.0000)***	1.0865 (0.0000)***	0.9841 (0.0000)***	0.8619 (0.0000)***	0.8483 (0.0000)***	0.9192 (0.0000)***	0.7678 (0.0000)***
	C(2)	0.0841 (0.0000)***	-0.0091 (0.7527)	-0.0110 (0.7956)	-0.2333 (0.0000)***	-0.0366 (0.2968)	-0.0371 (0.3514)	-0.0828 (0.0000)***	0.0561 (0.0365)**
	C(3)	0.0760 (0.2896)	0.1089 (0.0466)**	-0.0680 (0.3997)	0.2534 (0.0047)***	0.1773 (0.0014)***	0.1910 (0.0025)***	0.1752 (0.0853)	0.1806 (0.0546)
	C(4)	1.0648 (0.0000)***	1.0729 (0.0000)***	1.0076 (0.0000)***	0.9919 (0.0000)***	1.0372 (0.0000)***	1.0368 (0.0000)***	1.1010 (0.0000)***	1.0987 (0.0000)***
	C(5)	-0.0311 (0.1444)	-0.0459 (0.0464)**	-0.1038 (0.0008)***	-0.0983 (0.0012)***	0.0151 (0.5120)	0.0109 (0.6311)	-0.0059 (0.6061)	-0.0045 (0.7220)
	C(6)	-0.0332 (0.1858)	-0.0265 (0.3068)	0.0997 (0.0540)	0.1095 (0.0625)	-0.0520 (0.0877)	-0.0475 (0.1522)	-0.0939 (0.0008)***	-0.0928 (0.0016)***

注：(1) 每个系统有两个模型，分别对应第一个市场和第二个市场。每个模型有三项，分别用 C(1) 和 C(4) 表示常数项，C(2) 和 C(5) 表示第一个市场滞后作用系数，C(3) 和 C(6) 表示第二个市场滞后作用系数。(2) 每个系统的极大似然估计均显著，限于篇幅未在表中列出。(3) ***、**分别表示在1%、5%水平上显著。

在金砖各国与所在地区指数构成的模型系统中，根据各国自身作用系数 C(2) 和本地区指数作用系数 C(3) 的显著性判断，如果未考虑汇率因素，中国和俄罗斯股票收益率都只受本国自身滞后影响，而与本地区的亚太和欧洲指数无关；巴西则既不受本地区（拉美）又不受自身市场的滞后作用；只有印度受本地区的亚太指数影响但不受自身市场的影响。如果考虑汇率因素，则巴西股票市场收益率既受自身又受拉美指数的滞后影响；中国和印度仅受亚太指数的影响；俄罗斯仍然只受自身滞后变量影响而与欧洲指数无显著关系。根据各国对本地区指数滞后作用系数 C(5) 判断，中国考虑汇率的股票收益率对亚太指数有显著影响；无论是否考虑汇率因素，巴西股票收益率都对拉美指数有显著影响；而俄罗斯和印度对各自地区指数均无显著作用。

对比两组模型系统可以发现，金砖各国证券市场在全球的定位和与发达国家市场的关系一致（参见上文相关内容，这里不再赘述）；与各自所在地区指数关系各不相同。(1) 巴西股票市场收益率与所在地区拉美指数关系密切。不仅考虑汇率的股票收益率受拉美影响，而且无论是否考虑汇率，其股票收益率都对本地区指数有显著作用，约为 -0.1，意味着巴西股票收益率每变动 1%，拉美指数收益反向变动 0.1%。总的来说，巴西股票收益率在考虑汇率后除了自身市场外还受全球和地区市场的影响，其系数分别约为 -0.22、0.48、0.25，全球市场的影响程度最大，约为自身市场与本地区市场两倍。(2) 俄罗斯证券市场与所在地区欧洲指数几乎没有关系。其股票收益率既不受欧洲指数影响也不对欧洲指数产生显著作用，主要由自身市场决定。(3) 中国证券市场在亚太地区有一定的影响。虽然在不考虑汇率时，中国股票市场收益率只受自身影响，但在考虑汇率因素后不仅影响亚太指数而且也受亚太指数影响，但不受自身市场影响。受地区的影响略小于全球，系数分别为 0.11、0.16；对地区与全球的作用基本相当，约为 -0.05，意味着中国股票收益率每变动 1%，亚太与全球指数收益反向变动 0.05%。(4) 印度证券市场在本地区毫无影响。不论考虑汇率与否都仅被动接受亚太地区指数影响，其影响系数约为 0.19，低于全球的影响（系数约为 0.33）。

三、四国彼此之间的水平溢出效应

在金砖国家两两构成的系统模型中（见表 6-6），根据系数 C(2)、C(3)、C(5) 的显著性判断，如果不考虑汇率因素，中国股票市场收益率对其他三国不构成影响，仅受俄罗斯而不受巴西和印度的显著作用。巴西市场与俄罗斯相互影响并单向影响印度，与中国没有关系。印度仅受巴西影响而与中国和俄罗斯不关联。俄罗斯受巴西影响，同时影响中国和巴西，与印度无关。如果考虑汇率因素，中国股票市场收益率受巴西、印度和俄罗斯三国的显著影响，但对三国无显著作用；巴西仅受俄罗斯影响而不受中国、印度的显著作用，但显著影响俄罗斯、中国和印度；印度仅受巴西的显著作用而不受中国和俄罗斯的影响，同时仅影响中国；俄罗斯股票市场收益率影响中国和巴西，不影响印度，但仅受巴西的显著影响。

概而言之，如果不考虑汇率因素，巴西市场与俄罗斯相互影响；巴西影响印度；俄罗斯影响中国；中国与巴西、中国与印度、印度与俄罗斯之间均没有关系。如果考虑汇率因素，巴西、俄罗斯与印度彼此之间的关系没有改变；仅中国受影响的范围在俄罗斯的基础上增加了巴西和印度。可见，在全球化背景下金砖国家证券市场之间已形成一定的联系，这种联系可能与相互之间的投资贸易活动有关。无论考虑汇率与否，其影响系数均高于 0.05，表明相互之间存在一致的正向关系（同增同减），同时投资于四国存在一定的系统风险。

表 6–6　　金砖国家彼此之间证券收益率的水平溢出效应模型

模型	系数	中国与巴西	中国与印度	中国与俄罗斯	巴西与印度	巴西与俄罗斯	印度与俄罗斯
系统模型一：不考虑汇率因素	C(1)	0.8865 (0.0000)***	0.8666 (0.0000)***	0.8366 (0.0000)***	1.0039 (0.0000)***	0.9999 (0.0000)***	0.9776 (0.0000)***
	C(2)	0.0887 (0.0000)***	0.0829 (0.0000)***	0.0778 (0.0000)***	-0.0547 (0.0133)**	-0.0677 (0.0005)***	-0.0019 (0.9530)
	C(3)	0.0269 (0.3385)	0.0526 (0.2500)	0.0869 (0.0000)***	0.0583 (0.2063)	0.0747 (0.0003)***	0.0265 (0.2467)
	C(4)	1.0396 (0.0000)***	1.0160 (0.0000)***	1.0593 (0.0000)***	0.9299 (0.0000)***	0.8961 (0.0000)***	1.0801 (0.0000)***
	C(5)	0.0144 (0.6949)	-0.0298 (0.3390)	0.0172 (0.7439)	0.0870 (0.0027)***	0.2119 (0.0000)***	-0.0053 (0.9381)
	C(6)	-0.0465 (0.0170)**	0.0163 (0.5845)	-0.0650 (0.0000)***	-0.0150 (0.6182)	-0.0976 (0.0000)***	-0.0633 (0.0001)***

续表

模型	系数	中国与巴西	中国与印度	中国与俄罗斯	巴西与印度	巴西与俄罗斯	印度与俄罗斯
系统模型二：考虑汇率因素	C(1)	0.9461 (0.0000)***	0.9402 (0.0000)***	0.9547 (0.0000)***	1.0555 (0.0000)***	1.0584 (0.0000)***	0.9743 (0.0000)***
	C(2)	-0.0013 (0.9640)	-0.0113 (0.6993)	-0.0059 (0.8408)	-0.1212 (0.0000)***	-0.1496 (0.0000)***	-0.0005 (0.9884)
	C(3)	0.0579 (0.0182)**	0.0739 (0.0265)**	0.0538 (0.0050)***	0.0701 (0.1439)	0.0954 (0.0010)***	0.0282 (0.2167)
	C(4)	1.0964 (0.0000)***	1.0274 (0.0000)***	0.9385 (0.0000)***	0.9180 (0.0000)***	0.8637 (0.0000)***	0.9485 (0.0000)***
	C(5)	0.0163 (0.7528)	-0.0456 (0.2362)	-0.0189 (0.7472)	0.1118 (0.0000)***	0.0877 (0.0188)**	-0.0346 (0.4676)
	C(6)	-0.1083 (0.0001)***	0.0204 (0.5157)	0.0850 (0.0003)***	-0.0280 (0.3815)	0.0530 (0.0482)**	0.0908 (0.0003)***

注：(1) 每个系统有两个模型，分别对应第一个市场和第二个市场。每个模型有三项，分别用C(1)和C(4)表示常数项，C(2)和C(5)表示第一个市场滞后作用系数，C(3)和C(6)表示第二个市场滞后作用系数。(2) 每个系统的极大似然估计均显著，限于篇幅未在表中列出。(3) ***、**分别表示在1%、5%水平上显著。

6.5 波动溢出效应检验

股票收益率波动溢出效应是要检验金砖各国股票市场价格波动的来源及其市场波动是否对其他市场产生影响。我们分别从发展水平、影响范围和彼此之间三个角度，运用EGARCH模型系统（3）和（4），检验金砖各国单市场和跨市场投资者收益率与全球发达国家、发展中国家、所在地区、各国彼此之间短期波动的一体化程度[①]。

[①] 作者通过模型估计发现金砖各国与全球之间的波动溢出效应与发达国家一致，第四部分水平溢出效应也是如此，其原因是发达国家是全球指数的主体。因此为节省篇幅，本部分省略了各国与全球之间的波动溢出效应。

表6-7　　金砖国家与发达国家证券市场收益率之间的波动溢出效应模型

模型	系数	中国		巴西		印度		俄罗斯	
	汇率因素	未考虑	考虑	未考虑	考虑	未考虑	考虑	未考虑	考虑
金砖国家波动模型	C_1	-0.2486 (0.0000)***	-0.2435 (0.0001)***	-0.8529 (0.0000)***	-1.0433 (0.0000)***	-0.8686 (0.0000)***	-0.6782 (0.0000)***	-0.7654 (0.0000)***	-0.6284 (0.0000)***
	C_2	0.2649 (0.0000)***	0.2018 (0.0000)***	0.3082 (0.0000)***	0.2660 (0.0000)***	0.2862 (0.0000)***	0.2519 (0.0000)***	0.3273 (0.0000)***	0.2351 (0.0000)***
	C_3	-0.0132 (0.3793)	0.0162 (0.3945)	-0.0015 (0.9484)	-0.0499 (0.0967)	-0.0253 (0.3298)	-0.0264 (0.2386)	0.0069 (0.6155)	-0.0370 (0.0122)**
	C_4	0.9783 (0.0000)***	0.9732 (0.0000)***	0.9221 (0.0000)***	0.8920 (0.0000)***	0.9148 (0.0000)***	0.9385 (0.0000)***	0.9064 (0.0000)***	0.9249 (0.0000)***
	C_5	-0.1182 (0.0010)***	-0.1137 (0.0013)***	0.1589 (0.0003)***	0.2456 (0.0000)***	0.1089 (0.0426)**	0.1135 (0.0282)**	0.0073 (0.8698)	0.0394 (0.3725)
	C_6	-0.0417 (0.0390)**	-0.0494 (0.0180)**	-0.1369 (0.0000)***	-0.1045 (0.0014)***	-0.0275 (0.3595)	-0.0052 (0.8368)	-0.1094 (0.2324)	-0.0302 (0.2743)
	半衰期	31.59	25.52	8.55	6.06	7.78	10.92	7.05	8.88
发达国家波动模型	C_1	-0.4464 (0.0000)***	-0.4273 (0.0000)***	-0.8816 (0.0000)***	-0.9811 (0.0000)***	-0.7401 (0.0000)***	-0.6634 (0.0000)***	-0.6372 (0.0000)***	-0.6763 (0.0000)***
	C_2	0.1539 (0.0000)***	0.1346 (0.0002)***	0.1642 (0.0004)***	0.1491 (0.0026)***	0.1869 (0.0000)***	0.1712 (0.0001)***	0.1616 (0.0001)***	0.1405 (0.0011)***
	C_3	-0.1379 (0.0000)***	-0.1424 (0.0000)***	-0.1158 (0.0000)***	-0.1326 (0.0000)***	-0.1422 (0.0000)***	-0.1433 (0.0000)***	-0.1221 (0.0000)***	-0.1388 (0.0000)***
	C_4	0.9577 (0.0000)***	0.9591 (0.0000)***	0.9267 (0.0000)***	0.9157 (0.0000)***	0.9389 (0.0000)***	0.9435 (0.0000)***	0.9470 (0.0000)***	0.9422 (0.0000)***
	C_5	-0.0124 (0.6571)	0.0004 (0.9883)	0.2194 (0.0000)***	0.2537 (0.0000)***	0.1380 (0.0004)***	0.1068 (0.0042)***	0.1229 (0.0000)***	0.1486 (0.0000)***
	C_6	0.0299 (0.0748)	0.0283 (0.0684)	-0.0513 (0.0299)**	-0.0398 (0.1131)	-0.0156 (0.5247)	-0.0181 (0.4554)	-0.0252 (0.1037)	-0.0006 (0.9739)
	半衰期	16.04	16.60	9.11	7.87	10.99	11.92	12.73	11.64

注：(1) 系数含义参见6-2中的模型 (6.3)、模型 (6.4) 的说明。(2) 每个系统的极大似然估计均显著，限于篇幅未在表中列出。(3) ***、**分别表示在1%、5%水平上显著。

一、与发达国家之间的波动溢出效应

金砖各国与发达国家指数股票收益率之间波动溢出效应见表 6-7 中的系数。可以看出，中国、巴西受发达国家指数的不对称影响（系数为负），意味着来自发达国家的利空消息比同样大小的利好消息所产生的波动冲击要大，即存在杠杆效应。印度受对称影响，即来自发达国家的利好、利空消息产生同样大小的波动冲击；而俄罗斯不受影响。但四国对发达国家指数收益率波动产生不同影响。除了中国没有影响外，其他三国的新息均对发达国家产生影响：印度和俄罗斯产生对称影响；巴西在不考虑汇率时的影响是不对称的（系数为负），考虑时则是对称的。

在与发达国家的波动系统中，无论是否考虑汇率因素，各国都受自身市场前期波动的影响且波动均具有稳定性（参见表 6-7 中的 C_4，均小于 1），半衰期从 6 周到 31 周半不等，即前期波动的影响降至一半水平需要 6 至 31 周半，其中中国所经历的时间最长（31.59 周），最短的是巴西（6.06 周）；中国、巴西和印度都受自身市场滞后标准新息条件波动的对称影响；俄罗斯在不考虑汇率时受自身市场的对称影响，考虑汇率时的影响则是不对称的（系数为负）。

二、与发展中国家之间的波动溢出效应

金砖各国与发展中国家指数收益率之间波动溢出效应见表 6-8。可以看出，中国与发展中国家股票收益率波动不存在显著的相互作用，印度则与之存在对称的相互影响。巴西、俄罗斯与发展中国家之间的波动关系受汇率因素的影响。考虑汇率时两国受发展中国家的对称影响，不考虑时则是非对称的（系数为负）。俄罗斯对发展中国家的影响在不考虑汇率因素时是不对称的（系数为负），考虑时则是对称的；而巴西在两种情况下都是非对称的（系数为负）。

这里，金砖各国均受自身市场前期波动的影响且波动均具有稳定性（参见表 6-8 中的 C_4，均小于 1），前期波动的影响降至一半水平需要 5 至 26 周，即半衰期从 5 周到 26 周不等，其中中国所经历的时间最长（26.01 周），最短的是印度（5.10 周）。中国、巴西和印度都受自身市场滞后标准新息条件波动的对称影响；俄罗斯在不考虑汇率时受自身市场的不对称影响（系数为负），考虑汇率时的影响则是对称的。

表 6-8　金砖国家与发展中国家证券市场收益率之间的波动溢出效应模型

模型	系数	中国		巴西		印度		俄罗斯	
	汇率因素	未考虑	考虑	未考虑	考虑	未考虑	考虑	未考虑	考虑
金砖国家波动模型	C_1	-0.3916 (0.0000)***	-0.3069 (0.0000)***	-0.9777 (0.0000)***	-1.1018 (0.0000)***	-1.3112 (0.0000)***	-1.0968 (0.0000)***	-0.8448 (0.0000)***	-1.0112 (0.0000)***
	C_2	0.2861 (0.0000)***	0.1948 (0.0000)***	0.2491 (0.0000)***	0.2028 (0.0001)***	0.2767 (0.0000)***	0.2392 (0.0004)***	0.2996 (0.0000)***	0.2671 (0.0000)***
	C_3	-0.0293 (0.0621)	0.0034 (0.8381)	0.0288 (0.2384)	-0.0527 (0.0913)	-0.0447 (0.1470)	-0.0499 (0.1164)	0.0430 (0.0048)***	-0.0156 (0.3604)
	C_4	0.9737 (0.0000)***	0.9725 (0.0000)***	0.9172 (0.0000)***	0.8917 (0.0000)***	0.8729 (0.0000)***	0.8967 (0.0000)***	0.9124 (0.0000)***	0.8889 (0.0000)***
	C_5	0.0069 (0.8342)	-0.0315 (0.2932)	0.3284 (0.0000)***	0.3761 (0.0000)***	0.3219 (0.0000)***	0.3099 (0.0000)***	0.1761 (0.0000)***	0.2311 (0.0000)***
	C_6	0.0205 (0.1876)	-0.0084 (0.5951)	-0.0921 (0.0024)***	-0.0386 (0.2553)	0.0114 (0.7194)	0.0285 (0.3563)	-0.0587 (0.0064)***	0.0110 (0.6291)
	半衰期	26.01	24.86	8.02	6.05	5.10	6.36	7.56	5.89
发展中国家波动模型	C_1	-0.6251 (0.0000)***	-0.6149 (0.0000)***	-1.2544 (0.0000)***	-1.3936 (0.0000)***	-1.3148 (0.0000)***	-1.3577 (0.0000)***	-1.0383 (0.0000)***	-1.4712 (0.0000)***
	C_2	0.1958 (0.0000)***	0.1949 (0.0000)***	0.1740 (0.0011)***	0.1668 (0.0050)***	0.1934 (0.0000)***	0.2071 (0.0000)***	0.1945 (0.0000)***	0.1930 (0.0005)***
	C_3	-0.1161 (0.0000)***	-0.1128 (0.0000)***	0.0166 (0.6251)	-0.0020 (0.9562)	-0.1173 (0.0006)***	-0.1070 (0.0025)***	-0.0889 (0.0016)***	-0.0893 (0.0142)**
	C_4	0.9384 (0.0000)***	0.9411 (0.0000)***	0.8887 (0.0000)***	0.8740 (0.0000)***	0.8691 (0.0000)***	0.8651 (0.0000)***	0.8968 (0.0000)***	0.8502 (0.0000)***
	C_5	0.0217 (0.5413)	0.0375 (0.3039)	0.3526 (0.0000)***	0.4033 (0.0000)***	0.2464 (0.0000)***	0.2537 (0.0000)***	0.1640 (0.0001)***	0.2832 (0.0000)***
	C_6	0.0303 (0.1812)	0.0226 (0.2987)	-0.1037 (0.0009)***	-0.0928 (0.0068)***	-0.0506 (0.1258)	-0.0629 (0.0693)	-0.0566 (0.0343)**	-0.0684 (0.0779)
	半衰期	10.90	11.42	5.87	5.15	4.94	4.78	6.36	4.27

注：(1) 系数含义参见 6.2 中的模型 (6.3)、模型 (6.4) 的说明。(2) 每个系统的极大似然估计均显著，限于篇幅未在表中列出。(3) ***、**分别表示在1%、5%水平上显著。

三、与所在地区之间的波动溢出效应

金砖各国与所在地区股票收益率之间波动溢出效应见表6-9。可以看出，中国与亚太股票收益率之间不存在波动溢出效应；其他三国都与所在地区存在显著的相互作用。其中，无论是否考虑汇率，印度与亚太指数之间存在相互对称影响。俄罗斯仅在考虑汇率时受欧洲指数、巴西仅在不考虑汇率时受拉美指数的不对称影响，前者系数为正后者为负，意味着本地区利空信息传递到俄罗斯会减弱，利好信息会放大，而巴西则相反；其他情况下的影响则都是对称性的，包括对本地区的作用。

表6-9　金砖国家与所在地区证券市场收益率之间的波动溢出效应模型

模型	系数	中国		巴西		印度		俄罗斯	
汇率因素		未考虑	考虑	未考虑	考虑	未考虑	考虑	未考虑	考虑
金砖四国波动模型	C_1	-0.3514 (0.0000)***	-0.3626 (0.0000)***	-1.7719 (0.0000)***	-5.2519 (0.0000)***	-1.1554 (0.0000)***	-0.7827 (0.0000)***	-0.8261 (0.0000)***	-0.7938 (0.0000)***
	C_2	0.2864 (0.0000)***	0.2193 (0.0000)***	0.2439 (0.0000)***	0.3967 (0.0000)***	0.2893 (0.0000)***	0.2417 (0.0001)***	0.3158 (0.0000)***	0.2494 (0.0000)***
	C_3	-0.0213 (0.1328)	0.0128 (0.5078)	0.0453 (0.0818)	-0.1619 (0.0054)***	-0.0197 (0.5267)	-0.0210 (0.4377)	0.0056 (0.7195)	-0.0353 (0.0444)**
	C_4	0.9732 (0.0000)***	0.9648 (0.0000)***	0.8287 (0.0000)***	0.3362 (0.0000)***	0.8803 (0.0000)***	0.9250 (0.0000)***	0.9175 (0.0000)***	0.9187 (0.0000)***
	C_5	-0.0489 (0.1892)	-0.0493 (0.1925)	0.6270 (0.0000)***	1.1562 (0.0000)***	0.1797 (0.0011)***	0.1458 (0.0012)***	0.1729 (0.0000)***	0.1867 (0.0000)***
	C_6	-0.0211 (0.2750)	-0.0389 (0.0622)	-0.0943 (0.0161)**	-0.0474 (0.4283)	-0.0463 (0.1173)	-0.0163 (0.5097)	0.0040 (0.8223)	0.0535 (0.0153)**
	半衰期	25.52	19.34	3.69	0.64	5.44	8.89	8.05	8.17

续表

模型	系数	中国		巴西		印度		俄罗斯	
	汇率因素	未考虑	考虑	未考虑	考虑	未考虑	考虑	未考虑	考虑
对应地区波动模型	C_1	-0.5472 (0.0002)***	-0.5441 (0.0001)***	-8.8216 (0.0000)***	-7.1425 (0.0000)***	-1.0631 (0.0000)***	-1.0790 (0.0000)***	-0.7311 (0.0000)***	-0.8059 (0.0000)***
	C_2	0.1807 (0.0000)***	0.1640 (0.0001)***	0.2753 (0.0005)***	0.2300 (0.0054)***	0.1637 (0.0015)***	0.1618 (0.0027)***	0.2240 (0.0000)***	0.2301 (0.0000)***
	C_3	-0.1151 (0.0000)***	-0.1144 (0.0000)***	-0.1449 (0.0016)***	-0.1640 (0.0014)***	-0.1102 (0.0002)***	-0.1170 (0.0001)***	-0.1192 (0.0000)***	-0.1302 (0.0000)***
	C_4	0.9458 (0.0000)***	0.9470 (0.0000)***	-0.0416 (0.3313)	0.1821 (0.0002)***	0.9025 (0.0000)***	0.8982 (0.0000)***	0.9379 (0.0000)***	0.9316 (0.0000)***
	C_5	-0.0034 (0.9211)	0.0259 (0.4472)	1.4381 (0.0000)***	1.3797 (0.0000)***	0.2515 (0.0000)***	0.2397 (0.0000)***	0.1070 (0.0003)***	0.1364 (0.0000)***
	C_6	0.0100 (0.6827)	0.0100 (0.6594)	0.0622 (0.3286)	0.0203 (0.7439)	-0.0260 (0.3844)	-0.0254 (0.3984)	-0.0216 (0.3154)	-0.0146 (0.5829)
	半衰期	12.44	12.73	0.22	0.41	6.76	6.46	10.81	9.78

注：(1) 系数含义参见6.2中的模型 (6.3)、模型 (6.4) 的说明。(2) 每个系统的极大似然估计均显著，限于篇幅未在表中列出。(3) ***、**分别表示在1%、5%水平上显著。

在与所在地区波动关系中，金砖各国都受自身市场前期波动的影响且波动均具有稳定性（参见表6-9中的 C_4），半衰期介于1~26周，即前期波动的影响降至一半水平需要1至26个周，其中中国所经历的时间最长（25.52周），最短的是巴西（0.64周）。无论是否考虑汇率因素，中国和印度受自身市场的对称性影响；巴西和俄罗斯在不考虑汇率时受自身市场的对称影响，考虑汇率时则受非对称性影响（系数为负）。

四、四国彼此之间的波动溢出效应

在金砖国家彼此之间的波动溢出关系中，各国股票收益率波动都受自身市场的影响，不同的是其作用特征存在差异。四国各自都受自身市场前期波动的影响且波动均具有稳定性（参见表6-10中的 C_4），半衰期介于6~38周，即前期波动的影响降至一半水平需要6至38个周，其中中国所经历的时间最长（38.38周），最短的是俄罗斯（6.22周）。无论是否考虑汇率因素，巴西受自身市场的非对称性影响，而印度则全是对称的;中国在不考虑汇率因素时与巴西构成的波动系统中受自身非对称性影响(系数为负);同样的非对称性影响出现在俄罗斯考虑汇率因素时与中国或巴西构成的波动系统中(系数为负)。中国与巴西相互之间波动在不考虑汇率时彼此没有影响,考虑汇率时存在对称性影响;与印度之间无论考虑汇率与否均不存在波动影响;与俄罗斯之间不考虑汇率时受非对称影响(系数为正),意味着俄罗斯利空信息传递到中国会减弱,利好信息会放大;无论是否考虑汇率都对俄罗斯产生对称性影响。不考虑汇率时巴西受印度的非对称影响(系数为负)、受俄罗斯的对称影响,考虑汇率时巴西受印度的对称性影响、受俄罗斯的非对称影响(系数为负);无论考虑汇率与否对印度和俄罗斯都产生对称性影响。考虑汇率时印度与俄罗斯的相互影响都是对称的,而不考虑汇率时印度受俄罗斯对称性影响,对俄罗斯产生非对称作用(系数为正)。

表 6-10　　　　金砖国家彼此之间证券收溢率的波动溢出效应模型

模型	系数	中国与巴西		中国与印度		中国与俄罗斯		巴西与印度		巴西与俄罗斯		印度与俄罗斯	
	汇率因素	未考虑	考虑	未考虑	考虑	未考虑	考虑	未考虑	考虑	未考虑	考虑	未考虑	考虑
系统前者波动模型	C_1	-0.2638 (0.0000)	-0.2799 (0.0005)	-0.3594 (0.0000)	-0.3346 (0.0000)	-0.4827 (0.0000)	-0.4139 (0.0000)	-0.5930 (0.0000)	-0.6874 (0.0000)	-0.5354 (0.0000)	-0.7957 (0.0000)	-1.0255 (0.0000)	-0.8660 (0.0000)
	C_2	0.2499 (0.0000)	0.2043 (0.0000)	0.2604 (0.0000)	0.1748 (0.0000)	0.2757 (0.0000)	0.2135 (0.00000)	0.2423 (0.0000)	0.2316 (0.0000)	0.2295 (0.0000)	0.2354 (0.0000)	0.2975 (0.0000)	0.2626 (0.0000)
	C_3	-0.0317 (0.0331)	-0.0043 (0.8108)	-0.0215 (0.1026)	0.0107 (0.4981)	-0.0142 (0.4253)	0.0118 (0.5320)	-0.0578 (0.0026)	-0.1080 (0.0000)	-0.0593 (0.0015)	-0.0720 (0.0112)	-0.0407 (0.0982)	-0.0399 (0.1154)
	C_4	0.9821 (0.0000)	0.9724 (0.0000)	0.9794 (0.0000)	0.9740 (0.0000)	0.9663 (0.0000)	0.9666 (0.0000)	0.9466 (0.0000)	0.9271 (0.0000)	0.9527 (0.0000)	0.9117 (0.0000)	0.8946 (0.0000)	0.9127 (0.0000)
	C_5	-0.0544 (0.0708)	-0.0784 (0.0166)	0.0376 (0.2173)	0.0367 (0.1963)	0.0753 (0.0072)	0.0388 (0.1150)	0.0942 (0.0143)	0.1046 (0.0058)	0.0861 (0.0011)	0.1284 (0.0000)	0.1379 (0.0004)	0.1414 (0.0007)
	C_6	0.0243 (0.1458)	-0.0259 (0.1073)	0.0116 (0.4399)	-0.0103 (0.5128)	0.0389 (0.0095)	-0.0051 (0.7997)	-0.0624 (0.0057)	-0.0184 (0.3959)	-0.0251 (0.2191)	-0.0873 (0.0017)	-0.0281 (0.2321)	-0.0096 (0.7108)
	半衰期	38.38	24.77	33.30	26.31	20.22	20.40	12.63	9.16	14.30	7.50	6.22	7.59

续表

模型	系数	中国与巴西		中国与印度		中国与俄罗斯		巴西与印度		巴西与俄罗斯		印度与俄罗斯	
	汇率因素	未考虑	考虑	未考虑	考虑	未考虑	考虑	未考虑	考虑	未考虑	考虑	未考虑	考虑
后者波动模型	C_1	**-0.4631** (0.0000)	**-0.5712** (0.0000)	**-0.7378** (0.0000)	**-0.5469** (0.0000)	**-0.6147** (0.0000)	**-0.5232** (0.0000)	**-0.8513** (0.0000)	**-0.5423** (0.0000)	**-0.9508** (0.0000)	**-0.8511** (0.0000)	**-0.7991** (0.0000)	**-0.6231** (0.0000)
	C_2	**0.2342** (0.0000)	**0.2268** (0.0000)	**0.2980** (0.0000)	**0.2569** (0.0000)	**0.2770** (0.0000)	**0.2117** (0.0000)	**0.2856** (0.0000)	**0.2301** (0.0000)	**0.3299** (0.0000)	**0.2732** (0.0000)	**0.3278** (0.0000)	**0.2096** (0.0000)
	C_3	**-0.0724** (0.0000)	**-0.1090** (0.0000)	-0.0438 (0.0711)	-0.0413 (0.0697)	-0.0120 (0.3204)	**-0.0364** (0.0088)	-0.0240 (0.3504)	-0.0291 (0.1872)	0.0013 (0.9366)	**-0.0400** (0.0123)	0.0042 (0.7606)	-0.0230 (0.1373)
	C_4	**0.9591** (0.0000)	**0.9415** (0.0000)	**0.9265** (0.0000)	**0.9478** (0.0000)	**0.9523** (0.0000)	**0.9559** (0.0000)	**0.9181** (0.0000)	**0.9564** (0.0000)	**0.9042** (0.0000)	**0.9076** (0.0000)	**0.9295** (0.0000)	**0.9427** (0.0000)
	C_5	0.0355 (0.1733)	**0.0694** (0.0285)	0.0318 (0.3772)	0.0199 (0.5870)	**0.1924** (0.0000)	**0.1522** (0.0000)	**0.1184** (0.0035)	**0.1115** (0.0019)	**0.2294** (0.0000)	**0.1614** (0.0000)	**0.2128** (0.0000)	**0.1843** (0.0000)
	C_6	-0.0218 (0.2385)	-0.0146 (0.4683)	0.0041 (0.8714)	0.0089 (0.6905)	-0.0296 (0.0828)	-0.0135 (0.4384)	-0.0307 (0.1888)	0.0035 (0.8517)	0.0173 (0.3787)	0.0256 (0.2052)	**0.0419** (0.0475)	0.0018 (0.9361)
	半衰期	16.60	11.50	9.08	12.93	14.18	15.37	8.11	15.55	6.88	7.15	9.48	11.75

注:(1)系数含义参见6.2中的模型(6.3)、模型(6.4)的说明。(2)每个系统的极大似然估计均显著,限于篇幅未在表中列出。(3)黑体为显著性在5%水平以上。

金砖国家股票收溢率波动溢出效应检验结果见表6-11。中国证券市场的波动主要来自于国内和发达国家,前者系数的绝对值是后者的2倍左右;受自身波动的影响是正向的,受发达国家的影响是负向的,意味着国际投资者可以将中国作为国际市场风险的避风港;汇率因素对波动的影响不大,意味着单市场和跨市场投资者的风险差不多。波动持续期在四国中最长。巴西证券市场的波动来自所有市场且波动是同向的,其中受本地区影响最大,其次分别是发展中国家和自身市场,来自发达国家的影响最小;汇率因素增大了国际市场风险。印度市场的风险也来自于所有市场的同向影响,其中发展中国家影响最大,其次是自身市场,然后分别是本地区和发达国家;汇率因素降低了印度市场的国内外冲击风险。与其他国家不同,其市场波动特征基本上都是对称的,即利好、利空消息产生同样大小的波动冲击。俄罗斯市场风险不受发达国家市场波动影响,受自身市场的影响最大,其次是发展中国家和本地区,它们的作用都是正向的;汇率增大了跨国投资者的风险但降低了单市场投资者的风险。

在对国际市场的影响中，中国不产生影响；巴西对地区的影响最大，然后依次为发展中国家和发达国家，这些影响均是正向的；印度对本地区和发展中国家的影响差不多，对发达国家的影响较小。俄罗斯对国际市场波动的影响程度依次为发展中国家、发达国家和本地区。

就四国之间的波动溢出关系看，中国与印度之间不存在波动溢出效应。考虑汇率时，中国证券市场的波动性仅受巴西的负向影响，正向影响巴西；不考虑汇率时仅受俄罗斯的正向影响。无论考虑汇率与否，中国正向影响俄罗斯；巴西、印度和俄罗斯之间彼此相互影响，而且同向波动，风险具有叠加效应。

表6-11　　　　金砖国家证券收溢率波动溢出效应检验结果一览

	中国		巴西		印度		俄罗斯	
	未考虑	考虑	未考虑	考虑	未考虑	考虑	未考虑	考虑
发达国家	→（不对称） 无 ↑（对称）	→（不对称） 无 ↑（对称）	→（不对称） ←（不对称） ↑（对称）	→（不对称） ←（对称） ↑（对称）	→（对称） ←（对称） ↑（对称）	→（对称） ←（对称） ↑（对称）	无 ←（不对称） ↑（对称）	无 ←（对称） ↑（不对称）
发展中国家	无 无 ↑（对称）	无 无 ↑（对称）	→（不对称） ←（不对称） ↑（不对称）	→（不对称） ←（对称） ↑（不对称）	→（不对称） ←（不对称） ↑（不对称）	→（不对称） ←（不对称） ↑（不对称）	→（不对称） ←（不对称） ↑（不对称）	→（不对称） ←（不对称） ↑（不对称）
本地区	无 无 ↑（对称）	无 无 ↑（对称）	→（不对称） ←（不对称） ↑（不对称）	→（不对称） ←（不对称） ↑（不对称）	→（不对称） ←（不对称） ↑（不对称）	→（不对称） ←（不对称） ↑（不对称）	→（对称） ←（不对称） ↑（对称）	→（不对称） ←（不对称） ↑（不对称）
中国	—	—	—	—	—	—	—	—
巴西	无 无 ↑（不对称）	→（对称） ←（对称） 无	—	—				
印度	无 无 无	无 无 无	→（不对称） ←（对称） ↑（不对称）	→（对称） ←（对称） ↑（不对称）	—	—		
俄罗斯	→（不对称） ←（对称） 无	无 ←（对称） ↑（不对称）	→（不对称） ←（对称） 无	→（不对称） ←（不对称） ↑（不对称）	→（不对称） ←（不对称） ↑（不对称）	→（对称） ←（对称） ↑（对称）	—	—

注：→表示左边市场影响上方市场；←表示上方市场影响左边市场；↑表示上方与左边市场构成的系统中前者受自身的影响。

6.6 本章小结

本部分在检验金砖国家股票指数收益率之间及各国与发达国家、发展中国家、全球和所在地区指数收益率差异的基础上,通过二元 EGARCH 系统的全信息估计分别从水平和波动两个层面,发展程度、影响范围和各国彼此之间三个视角来动态地检验金砖国家股票收益率的国际溢出效应。结果发现,金砖国家证券市场都不同程度地融入了全球一体化进程之中。各国股票收益率不考虑汇率时彼此差异较大,而考虑汇率因素后则出现了国际均等化倾向。从溢出效应看,各国股票收益率水平及其波动无论在彼此之间还是与国际市场之间都已呈现出一定的联系。但整体上看四国市场还不够发达。金砖国家的魅力可能在于彼此之间在全球一体化进程中所表现出来的巨大差异,这种差异使得金砖国家单市场投资收益在整体上高于国际平均水平,跨市场投资收益则低于国际平均水平,同时投资于四国存在一定的系统风险。这为国际资本提供许多想象空间。

1. 从跨市场投资者收益国际均等化看,金砖国家证券市场已经融入国际一体化潮流之中。

2. 除了自身市场外,四国的收益水平均与发展中国家有关,这与其发展中国家的身份一致。

3. 从收益水平溢出效应看,四国不够发达,除中国在考虑汇率影响后对发达国家/全球指数有显著作用外,其他三国无论考虑汇率因素与否对发达/全球和发展中国家均没有影响;而巴西和中国(考虑汇率后)对本地区有影响。但从波动溢出效应看,除中国外,其他三国均影响发达国家/全球、发展中国家和本地区指数。

4. 金砖各国证券市场在样本期内各具特色。印度与巴西对外开放度高,但后者对国际市场的影响力稍强,而前者在不考虑汇率时波动风险最低。中国和俄罗斯开放度相对较低,中国股票收益水平溢出效应高于俄罗斯,而俄罗斯波动风险在四国中最高,其国际溢出效应远大于中国。(1)印度市场开放程度高。单市场和跨市场投资者收益率均为国际均等化水平,除了由自身市场决定外,还受发达国家/全球和发展中国家以及本地区指数收益的正向影响,且对这些国际市场没有任何影响。其市场波动风险在不考虑汇率时最小,受来自于所有市场的同向影响,并同向影响发达国家/全球、发展中国家、本地区。与其他国家不同,其市场波动特征基本上都是对称的,即利好、利空消息产生同样大小的波动冲击。汇率因素降低了印度市场的国内外冲击风险。(2)巴西市场开放程度与印度相若,但对本地区定价产生影响。其单市场投资者投资收益率在四国中位居第二且高于国际均等化水平,但跨市场投资者只能获得国际均等化收益。同印度一样,其投资收益除了由自身市场决定外,还受发达国家/全球、发展中国家和本地区的影响;不同的是对本地区指数有显著影响。其市场波动风险在四国中位居第二,受来自所有市场的同向影响,并对发达国家/全球、发展中国家和本地区产生正向影响。汇率因素增大了国际市场风险。(3)俄罗斯市场开放度相对较低。其单市场投资者收益率水平在四国中最高且高于国际均等化水平;跨市场投资者收益与国际市场不存在显著差异。无论是否考虑汇率因素,其股票收益水平主要由自身市场决定,同时受发展中国家指数的正向影响,发达国家/全球指数和所在地区对其没有显著影响;也不影响发达国家/全球、发展中国家和所在地区。其波动在四国中最大,主要来自于自身市场,其次是发展中国家和本地区,不受发达国家/全球市场影响;对国际市场波动的影响程度依次为发展中国家、发达国家/全球和本地区。汇率增大了跨国投资者的风险但降低了单市场投资者的风险。(4)中国市场处在半开放状态,对发达国家/全球和本地区定价有一定影响力。单市场和跨市场投资者收益率均为国际均等化水平,单市场投资者收益由本国和发展中国家决定,不受发达国家/全球和本地区影响,与俄罗斯相似;与俄罗斯不同的是,跨市场投资者收益不受国内市场影响,与国际市场密切,受发达国家/全球、发展中国家和本地区指数收益反向变动的影响。中国是金砖国家中唯一对发达国家/全球指数收益水平产生影响的国家,对本地区定价也有影响力,同时也是唯一对发达国家/全球、发展中国家和本地区指数收益波动不产生影响的国家。中国证券市场的波动风险在考虑汇率后风险最小,主要来自于国内和发达国家/全球,前者系数的绝对值是后者的2倍左右;受自身波动的影响是正向的,受发达国家/全球的影响是负向的。汇率因素对波动的影响不大,表明单市场和跨市场投资者的风险差不多。波动持续期在四国中最长。中国与国际市场股票收益水平和风险溢出的负向特征意味着中国是国际投资者的避风港,投资于中国股市可以分散投资组合风险。同时,在不考虑汇率时中国股票收益最低但风险不是最小,而中国单市场投资者大多数是散户股民,意味着他们没有分享到经济增长带来的利益。此外，中国与发达国家证券市场关系最为密切，而美国在发达国家指数中占主导地位，国际风险较为集中；与发展中国家关系不强，与亚太地区关系相对较弱。因此，中国应该关注国内资本市场制度建设（因为其波动风险大部分来自于国内），提高国民投资收益，扩大地区影响，加强与发展中国家的联系。

5. 在全球化背景下金砖国家证券市场之间已形成一定的联系。这与它们之间存在一定的投资贸易活动有关。收益率水平在四国之间存在一定的正向关系，其波动风险具有叠加效应，因而同时投资于四国存在一定的系统风险。

7

大中华证券市场的一体化

7.1 问题的提出

在经济区域一体化发展的国际背景下,大中华经济一体化一直是中华民族的梦想,因为同根同源且地理位置紧密相连。如今,从大陆与香港《关于建立更紧密经贸关系的安排》(CEPA)到大陆与台湾《经济合作框架协议》(ECFA),可以说大中华经济圈在各方努力和期待下终于迎来了空前难得的发展机遇,大陆与港台之间的经济、贸易和投资等联系将越来越紧密。很显然,作为经济发展的晴雨表,三地证券市场的一体化也将进入一个全新的融合阶段。那么,三地证券市场一体化发展究竟达到何种程度?在面对诸如美国次贷危机等国际突发金融事件时是形成了合力,在共同的小环境中获得协同优势足以应对外部冲击;还是不堪一击,彼此割裂?这些问题如果不能客观地给予准确回答,恐怕难以进一步推进其一体化发展。

国外有大量文献对亚洲证券市场一体化进行了研究,部分文献分析了大中华股市,但在研究方法上似乎有待拓展,涉及美国次贷危机的新近研究还少见。由于研究发现地理相近或经济关系密切(或有不少公司交叉上市)的证券市场可能会相互影响(Janakiramanan & Lamba,1998),因而许多文献分析了亚洲股权市场一体化问题。例如,Johnson 和 Soenen(2002)考察了12个亚洲股权市场的互动关系。Sharma 和 Wongbangpo(2002)运用协整方法对亚洲股市关系进行了研究。Darrat 和 Zhong

（2002）也运用协整方法分析了不同亚洲国家、美国和日本之间的关系。Ghosh、Saidi 和 Johnson（1999）发现一些亚洲股市与日本市场更接近，另一些则与美国联系更密切。随着大陆经济崛起，大中华经济圈越来越引起关注，有关大中华三地证券市场的研究开始出现。Cheng 和 Glascock（2005）认为三地市场间以及与日本和美国之间均没有协整关系，但如果采用两变量估计法，大中华市场间则存在弱非线性联系。Wang 和 Firth（2004）运用单变量 GARCH 模型检验了大中华证券市场与日本、美国和英国市场之间的关系，只发现了从更发达市场单向溢出到大中华市场的证据。Groenewold、Tang 和 Wu（2004）发现港台之间的联系要强于与大陆市场的联系。Zhu、Lu、Wang 和 Soofi（2004）运用协整与格兰杰因果检验发现沪深股市之间存在正反馈，香港市场是沪市波动的格兰杰原因。

然而，迄今为止，国内尚未见到将大陆、香港和台湾三地证券市场作为一个系统来研究其内部联系的文献，将美国次贷危机作为背景来分析其一体化进程变化的研究更无从谈起。其原因可能是研究动机不够强烈。尽管大陆与香港之间 CEPA 早在 2003 年即已签订；而大陆与台湾之间的"大三通"在 2008 年底才达成、ECFA 在 2010 年 6 月底才签署；而且大陆证券市场起步较晚，首要任务是开放发展。因此，进入 21 世纪以来一些文献集中分析了大陆内部沪深两市、沪深港三市或者大陆市场国际化问题。如刘金全、崔畅（2002）采用协整和误差修正模型（VEC）考察沪、深两市间收益的长短期关系，并在此基础上构建考虑外生变量的单变量 TGARCH 模型，发现两市间存在显著的波动溢出和"杠杆效应"。李大伟等（2003）对 A 股和 H 股收益率和波动率进行了比较研究，发现两个市场的收益率并没有显著差异，而 H 股波动率却显著高于 A 股的波动率。赵留彦等（2003）构建了一个双变量 GARCH 模型对 A、B 股之间波动溢出进行考察，得出仅存在 A 股向 B 股的单向波动溢出。韩非等（2005）的收益序列相关性模型的研究表明，中国股市与美国股市的相关性很弱。张碧琼（2005）运用多外生性冲击变量的 EGARCH 模型检验纽约、伦敦、东京、香港、上海、深圳股票市场之间日收益波动溢出的流星雨假定，结论是香港、伦敦、纽约的流星雨对上海、深圳市场日收益波动有显著性影响，而上海和深圳之间，上海和深圳分别与香港市场之间存在显著的双向日收益波动溢出现象。曹广喜等（2008）利用长记忆 VAR – BEKK MV – GARCH 模型，对沪深的动态均值溢出效应、动态波动溢出效应和动态相关性进行了实证检验。结果表明：沪深股市收益率的溢出效应和波动溢出效应,在 2000 年之前基本不存在,仅在 2000 年之后才比较显著,且表现为双向传递。沪深股市收益率间表现出一定程度的动态相关性,除股市成立初期表现出负相关外,总体呈现出正向关系,且相关性逐步提高,近年来稳定在 0.8~0.9 之间。综合各方面论述,可以说大陆股市进入 21 世纪以来发展很快,其内部的沪深两市已高度融合,不仅动态相关系数越来越接近 1 而且彼此间双向溢出效应已显著存在。对外开放明显扩大,不仅在一定程度上与香港市场相互联系而且还受美国和英国市场影响。此时,非常有必要对大陆、香港和台湾三地市场之间联系进行研究。

为此,本部分将大中华三地市场放在一个系统中来研究其一体化水平,并试图从动态角度探索次贷危机等国际突发事件对其产生了怎样影响。为达到研究目的,采用由 Nelson(1991)提出的 EGARCH 模型,并将单变量 EGARCH 模型拓展成三变量模型,以便于将大陆和港台三个市场放在一个模型系统中考察。EGARCH 由于比 GARCH 模型具有优势而获得了广泛应用(如 Theodossiou,1994;Amin & Ng,1993;Pierre,1998;Episcoios,1996;Hsieh,1993;Koutomos & Saidi,1995),通常用来检验市场间的内在联系,从均值溢出和波动溢出两个方面来考察各市场滞后期对当期的影响,体现的是相关市场间水平和波动的内部影响关系。例如,Kim 等(2005)运用两变量 EGARCH 模型,检验了欧洲货币联盟(EMU)在样本期 1989 年 1 月 2 日至 2003 年 5 月 29 日对股票市场一体化动态过程的影响。为更准确、全面地认识大中华市场一体化进程,及时发现次贷危机引起的新变化,本部分还运用动态相关性检验了三地市场之间的同步一致关系,并发现动态相关系数发生了阶段性显著变化,并根据显著性差异将整个样本期分成三个阶段,对各阶段再分别运用三变量 EGARCH 模型检验市场间内在联系是否如动态相关系数一样出现变化。对于动态视角,有研究如曹广喜等(2008)已经意识到其重要性,遗憾的是作者没能很好理解相互溢出效应与动态相关性这两个概念之间的异同以及在检验市场一体化中的不同作用,因而在最后仅凭借动态相关系数来判断沪深市场一体化程度。国外的一些研究通常也有同样的疏忽(如 Bhar & Nikolova,2009 等)。

与反映市场间滞后期内部影响的溢出效应不同,动态相关系数检验的是条件误差项之间同步一致关系,体现的是市场波动之间一致性的时变特征。从理论上说,低相关性可以作为金融市场分割的一个证据,但仅有相关性这一个指标并不能作为市场一体化的证据(Saira Latif,2005)。因为市场一体化遵从资产一价定律,而资产价格同时变动有可能并不是遵从一价定律的结果。正如 Adler 和 Dumas（1983）用反例说明那样，即使在同一个交易所上市的两只股票可能也不同时变动，但并非由缺乏一体化所引起。也就是说，市场间的溢出效应与动态相关性之间可能一致也可能不一致。如果仅检查一个方面（如动态相关系数）而不考察另一个方面（如相互溢出效应），可能无法对市场一体化作出正确评判。

本部分的具体研究思路是：首先，从整体上运用三变量 EGARCH 模型检验大陆、香港和台湾三地市场之间的溢出效应，发现已存在部分一体化，并与较低的静态相关系数较为一致，溢出效应与相关性彼此呼应。接着，运用动态相关系数检验三地市场之间的时变相关性，研究发现 2008 年 9 月（以雷曼兄弟公司申请破产为标志）全面爆发的美国金融危机[①]对大中华证券市场的影响确实存在，只是这种影响没有立即显著发生，直到次年 4 月底才显现，使得大陆与港台市场相关系数在此后的 100 多天内迅速上升至 1 附近，并一直维持到现在。这一令人惊奇的结果不由使人推测：次贷危机发生后大中华证券市场一体化增强了吗？带着这个疑问，本部分最后进一步根据动态相关系数的显著变化将样本期分成 3 个阶段，设计出三阶段三变量 EGARCG 模型，再次对不同阶段的溢出效应进行对比，发现动态相关系数的急剧上升不但不意味着大中华证券市场相互影响增强，反而还使得原有的一体化关系被冲断。

与同类研究相比，本部分有如下创新：（1）首次将同属大中华经济圈的大陆、香港和台湾证券市场放在一个系统中考察其一体化进程及其在次贷危机冲击下的新变化。（2）将单变量 EGARCH 模型拓展为三变量模型，从整体和多阶段两个层面来研究三地市场一体化，既能从整体上把握其一体化规律还能及时捕捉新的变化特征。（3）将动态相关系数是否发生显著变化作为划分时段的标准，而非根据次贷危机的严重程度（如初期、全面爆发期等）来划分，这是由于来自危机的影响时滞难以人为界定。（4）区分市场间溢出效应的内部相互滞后影响与动态相关系数的同步一致关系，由于反映的侧面不同，其结果可能一致也可能不一致，特别是在诸如金融危机等的异常时期。这种区分得到了结论的支持：美国次贷危机发生后，大陆与港台股市在其动态相关系数显著上升的同时，相互之间原有的溢出效应却出现中断。混淆或含糊两者之间的区别不仅在国内而且在国外文献中也是常见的。

---

① 雷曼兄弟公司申请破产到底是危机开始还是最严重时期需要进一步讨论，但并非本部分的研究重点因而略去。

7.2 数据与研究方法

为了能够全面、客观和准确地评估大中华经济圈内大陆、香港和台湾三地证券市场一体化进程及其在次贷危机发生后的新变化，本部分选取三地股市在 1994 年至 2010 年间的日收益率作为研究对象；运用三变量 EGARCH 模型从整体上检验相互间的滞后溢出效应；然后根据动态相关性分析同步即期关系；再进一步以动态相关性是否出现显著变化进行分段，运用多阶段 EGARCH 模型比较各阶段之间的溢出效应。之所以在运用三变量 EGARCH 进行整体考察后还分析动态相关性，是因为后者尽管不能作为市场一体化的证据（Saira Latif，2005），但可以与前者相互比较印证。两种方法得出的结果可能一致也可能不一致。如果一致，则表明同步变化有内在基础；如果不一致，则表明同步变化必有外因。之所以在整体分析基础上进一步构建多阶段模型来比较各阶段之间溢出效应，是因为动态相关系数在样本期发生了阶段性显著变化。因此，进一步分析溢出效应的阶段特征有助于更好地识别大中华证券市场一体化的阶段性变化。

一、数据及其描述性特征

本部分数据来自 Datastream。选取大陆、香港和台湾三地证券市场从 1994 年至 2010 年 12 月 31 日所有交易日的大盘指数作为原始数据。其中，香港市场采用恒生指数；台湾市场采用台湾海峡指数；而大陆由于存在沪、深两个市场且高度一体化，国内两市统一指数编制较晚，因而采用编制期早、反映两市大盘变化的道琼斯中国 88 指数。该指数由道琼斯公司编制，由自由流通市值最大且交易流动性最强的 88 支沪深两市个股组成，是全球投资者衡量大陆资本市场的权威性指数。在此基础上，根据统计学定义，利用 $R_{i,t} = P_{i,t}/P_{i,t-1}$ 计算三地市场的日收益率。其中，R 为收益率，P 为各地股市价格指数，$i=1，2，3$ 分别表示道琼斯大陆 88 指数、香港恒生指数和台湾海峡指数，$t=1，2\cdots，T$ 为样本期内各交易日序列。

大陆、香港与台湾三地市场样本期内的日收益率时序指标的基本描述性特征见表 7-1。大陆市场日收益率均值最高而波动最大，投资于该市场可能获得最大收益也可能出现最大亏损；港台市场平均收益较低且波动风险也较小，不仅标准差而且最值间的离差较小。从序列的自相关性看，三地股市收益率均存在自相关，用于检验是否存在序列相关的 Ljung – Box 滞后 5 期、15 期的 Q 统计量 $Q(5)$、$Q(15)$ 均较大，拒绝了序列无关的原假设；同样地，收益率平方的滞后 5 期、15 期的 Q 统计量 $Q^2(5)$、$Q^2(15)$ 也拒绝了原假设。三地市场收益率序列还具有非正态分布特征，表现出尖峰和厚尾特征：偏度不为 0，峰度大于 3，J – B 检验拒绝了正态分布的原假设。这与许多研究是一致的，如 Booth 等（1997）表明，股权收益率序列误差不仅是非线性的而且可能是非对称性的。虽然三地市场大盘价格指数接受有单位根（ADF）的原假设，是非平稳的；但收益率则全部拒绝了该原假设，是平稳的；符合对变量序列进行时序分析的稳态性要求。大中华股市收益率的这些统计特征意味着需要采用能够对其进行很好拟合的计量模型。

表 7 – 1　　　　　　　大陆、香港与台湾三地股市收益率统计特征

	均值	最大值	最小值	标准差	$Q(5)$	$Q^2(5)$	$Q(15)$	$Q^2(15)$	偏度	峰度	J – B 值	ADF 统计量
大陆	1.0004	1.3417	0.8280	0.0211	30.04	35.18	67.58	71.36	1.8782	34.875	179 456.50	– 25.57
香港	1.0003	1.1882	0.8630	0.0177	14.12	15.01	37.89	39.45	0.3979	13.270	18 484.71	– 65.38
台湾	1.0002	1.0889	0.9054	0.0157	25.59	25.39	61.43	60.98	– 0.0643	5.639	1 215.77	– 33.00

注：$Q(5)$ 为 Ljung – Box 滞后 5 期 Q 统计量，$Q(15)$ 为滞后 15 期 Q 统计量自相关，其原假设为序列线性无关；Q^2 为对应序列平方的相同检验；ADF 检验滞后 4 阶，包括截距和趋势项，其他 4 种公式得出的结论相同。

二、研究方法

鉴于大陆、香港和台湾三地股市收益率时序具有序列相关且平稳的非正态特征，传统的回归方法无法对之进行很好拟合，而 GARCH 模型能够恰当地刻画这类时序特征，因而是非常好的选择。虽然有二次 GARCH 等多种可供选择的模型，但 Engle 和 Ng（1993）通过比较后发现 EGARCH 模型的适用性比二次 GARCH 模型好。确实，EGARCH 模型有许多优势，如该模型中的条件方差采取对数形式，无须为确保条件方差的非负性而对参数施加约束；能够区别正负讯息对波动程度的不同影响（亦即波动不对称现象）等。为此，本部分采用 ECARCH 模型。由于本部分研究的是大陆、香港和台湾三地股市之间的内在一体化程度，将三者放在一个系统中考察能够更充分利用方差—协方差矩阵所包含的信息，得到的参数估计值比单变量模型更精确，因而，本部分将单变量 EGARCH 模型拓展成三变量 EGARCH 模型系统。由于三地证券

市场之间的一体化程度可能不断发生变化,特别是次贷危机等可能对之产生一定影响。为此,在利用三变量EGARCH模型系统从总体上考察三者之间一体化程度的同时,还从时变视角进一步衡量动态相关性,分析三地市场两两之间的同步一致性是否发生了变化。在发现次贷危机发生后动态相关性出现显著差异后,再利用多阶段三变量EGARCH模型考察三地市场一体化程度的阶段性变化。

(一) 三变量EGARCH溢出效应模型与多阶段模型

本部分将单变量EGARCH模型拓展成三变量EGARCH模型系统,用来检验大陆、香港和台湾三地股市之间的一体化程度。多阶段三变量EGARCH模型系统是将整个样本期分成几个阶段,由于后文检验出了动态相关系数具有三个显著不同的阶段性特征,因而建立三阶段三变量EGARCH模型系统。

与单变量EGARCH类似,三变量模型系统包括水平和波动两组溢出效应模型,分别用以衡量收益均值和波动的一体化程度。在水平溢出效应模型中,收益率的条件均值可能既受本市场又受其他市场过去值的影响。三地市场收益率的水平(即条件均值)溢出效应模型(滞后一期)为

$$\begin{cases} R_{1,t} = \alpha_{1,0} + \alpha_{11}R_{1,t-1} + \alpha_{12}R_{2,t-1} + \alpha_{13}R_{3,t-1} + \varepsilon_{1,t} \\ R_{2,t} = \alpha_{2,0} + \alpha_{21}R_{1,t-1} + \alpha_{22}R_{2,t-1} + \alpha_{23}R_{3,t-1} + \varepsilon_{2,t} \\ R_{3,t} = \alpha_{3,0} + \alpha_{31}R_{1,t-1} + \alpha_{32}R_{2,t-1} + \alpha_{33}R_{3,t-1} + \varepsilon_{3,t} \end{cases} \quad (7.1)$$

式中,下标 t 和 $t-1$ 分别表示当期和滞后一期。$R_{1,t}$、$R_{2,t}$ 和 $R_{3,t}$ 分别代表大陆、香港和台湾股市当期收益率。α_{i0} ($i=1$, 2, 3)表示常数项;$\alpha_{i,j}$ (i, $j=1$, 2, 3)表示各市场滞后一期收益率的影响系数,如果显著,表明存在溢出效应。ε_{it} ($i=1$, 2, 3)表示各地市场收益率的当期波动,向量 $\varepsilon = \begin{bmatrix} \varepsilon_{1,t} \\ \varepsilon_{2,t} \\ \varepsilon_{3,t} \end{bmatrix}$。$\varepsilon_t | \Omega_{t-1} \sim N(0, H_t)$,其中 Ω_t 为在时间 t 所有相关的已知信息;H_t 是 (3×3) 条件方差—协方差矩阵,随时间而变化。该矩阵的非对角元素为协方差;对角元素方差由模型(7.2)给出:

$$\begin{cases} \ln(\sigma_{1,t}^2) = \beta_{1,0} + \beta_{1,1}\ln(\sigma_{1,t-1}^2) + \gamma_{1,1}f(Z_{1,t-1}) + \gamma_{1,2}f(Z_{2,t-1}) + \gamma_{1,3}f(Z_{3,t-1}) + \mu_{1,t} \\ \ln(\sigma_{2,t}^2) = \beta_{2,0} + \beta_{2,1}\ln(\sigma_{2,t-1}^2) + \gamma_{2,1}f(Z_{1,t-1}) + \gamma_{2,2}f(Z_{2,t-1}) + \gamma_{2,3}f(Z_{3,t-1}) + \mu_{2,t} \\ \ln(\sigma_{3,t}^2) = \beta_{3,0} + \beta_{3,1}\ln(\sigma_{3,t-1}^2) + \gamma_{3,1}f(Z_{1,t-1}) + \gamma_{3,2}f(Z_{2,t-1}) + \gamma_{3,3}f(Z_{3,t-1}) + \mu_{3,t} \end{cases}$$

$$(7.2)$$

模型（7.2）中，经处理后的 μ_t 服从正态分布。该模型用以检验三地市场收益率波动的一体化程度，所示的条件方差方程分别用自身市场滞后一期条件方差以及三地市场标准化新息（Standardized Innovations）函数滞后一期表示。

采用一阶滞后形式是许多实证模型的惯用做法，因为大量研究显示，GARCH 族模型中运用一阶滞后形式就可很好地描述时变条件方差，而运用更高阶滞后项除了增加烦琐外并无多少好处。而且 Bollerslev 等（1992）建议模型设定应以精简为原则①。此外，本部分所研究的大陆与港台分布于同一个时区，收盘时间分别为下午 3 点、4 点 15 分和 1 点半，选择滞后一期基本可以涵盖市场所有信息。

在模型（7.2）中，$\beta_{i,0}$ 为常数项。$\beta_{i,1}$ 分别为自身市场滞后一期 EGARCH 项的影响系数，$|\beta_{i,1}| < 1$ 意味着前期波动的影响具有收敛性。波动的持续性可用半衰期（HL）衡量，$HL = \ln(0.5) / \ln|\beta_{i,1}|$，即初始冲击降至一半所需要的时间。$\gamma$ 为标准化新息函数 $f(Z_t)$ 的系数（（Nelson，1991）。对于大陆、香港和台湾市场（$i = 1, 2, 3$），定义每个市场的新息函数为

$$f(Z_{i,t-1}) = \left|\frac{\varepsilon_{i,t-1}}{\sigma_{i,t-1}}\right| - E\left|\frac{\varepsilon_{i,t-1}}{\sigma_{i,t-1}}\right| + \delta_i \frac{\varepsilon_{i,t-1}}{\sigma_{i,t-1}} \tag{7.3}$$

式中，$Z_{i,t-1} = \varepsilon_{i,t-1} / \sigma_{i,t-1}$，$[|Z_{i,t-1}| - E|Z_{i,t-1}|]$ 衡量的是新息的规模效应，δ_i 衡量的是符号效应，如果显著为负，则标准化新息 Z_t 所产生的负向冲击比同样大小的正向冲击所产生的波动要大即存在波动的非对称性。

这样，运用模型（7.1）、模型（7.2）就可以从水平和波动两个层面同时估计大中华市场一体化程度。如果要考察一体化程度是否发生阶段性变化，可在模型（7.1）和模型（7.2）中引入阶段虚拟变量：

$$\begin{cases} R_{1,t} = \alpha_{1,0} + \sum_{m=1}^{n} d_m(\alpha_{11,m}R_{1,t-1} + \alpha_{12,m}R_{2,t-1} + \alpha_{13,m}R_{3,t-1}) + \varepsilon_{1,t} \\ R_{2,t} = \alpha_{2,0} + \sum_{m=1}^{n} d_m(\alpha_{21,m}R_{1,t-1} + \beta_{22,m}R_{2,t-1} + \alpha_{23,m}R_{3,t-1}) + \varepsilon_{2,t} \\ R_{3,t} = \alpha_{3,0} + \sum_{m=1}^{n} d_m(\alpha_{31,m}R_{1,t-1} + \alpha_{32,m}R_{2,t-1} + \alpha_{33,m}R_{3,t-1}) + \varepsilon_{3,t} \end{cases} \tag{7.1*}$$

---

① 国内外大量文献在运用多变量 GARCH 或 EGARCH 模型时均采用滞后一期，如龚朴等（2008）对沪港股市，谷耀等（2006）对沪、深、港股市的分析；In 等（2001）对中国香港、韩国和泰国的分析。

$$\begin{cases} \ln(\sigma_{1,t}^2) = \beta_{1,0} + \beta_{1,1}\ln(\sigma_{1,t-1}^2) + \sum_{m=1}^{n} d_m(\gamma_{11,m}f(Z_{1,t-1}) + \gamma_{12,m}f(Z_{2,t-1}) \\ \qquad\qquad + \gamma_{13,m}f(Z_{3,t-1})) + \mu_{1,t} \\ \ln(\sigma_{2,t}^2) = \beta_{2,0} + \beta_{2,1}\ln(\sigma_{2,t-1}^2) + \sum_{m=1}^{n} d_m(\chi_{21,m}f(Z_{1,t-1}) + \chi_{22,m}f(Z_{2,t-1}) \\ \qquad\qquad + \chi_{23,m}f(Z_{3,t-1})) + \mu_{2,t} \\ \ln(\sigma_{3,t}^2) = \beta_{3,0} + \beta_{3,1}\ln(\sigma_{3,t-1}^2) + \sum_{m=1}^{n} d_m(\chi_{31,m}f(Z_{1,t-1}) + \chi_{32,m}f(Z_{2,t-1}) \\ \qquad\qquad + \chi_{33,m}f(Z_{3,t-1})) + \mu_{3,t} \end{cases}$$

$$(7.2^*)$$

式中，d_m 为阶段虚拟变量，其他各变量含义与模型（7.1）和模型（7.2）一致。由于下文的动态相关系数检验表明大陆与港台市场之间的即期相关性在样本期存在三个显著不同的阶段性特征，因而选择了三个阶段。

（二）静态相关系数与动态相关系数

与 EGARCH 模型用于检验三地市场内在一体化关系不同，相关性分析主要用来检验三地市场两两之间的即期同步关系，有静态和动态之分。

常见的相关性分析通常采用静态相关系数（亦称常数相关系数）来反映一段时间内两市场之间相关关系的密切程度，也即整体上的平均一致关系。其统计学定义式为

$$\rho_{ij} = \frac{\sum(x_{i,t} - \bar{x}_i)(x_{j,t} - \bar{x}_j)}{\sqrt{\sum(x_{i,t} - \bar{x}_i)^2 \sum(x_{j,t} - \bar{x}_j)^2}} = \frac{(\sum \varepsilon_i \varepsilon_j)/T}{\sigma_i \sigma_j}$$

式中，T 为样本期，$x_{i,t}$ 和 $x_{j,t}$ 为大陆、香港和台湾两两之间的日收益率，ε_i 和 ε_j 分别为对应的残差项序列，与模型（1）中的 ε 相对应；σ_i 和 σ_j 为样本期内对应的标准差。可见，除了误差项同步性要求外，样本期 T 在静态相关系数计算中作用很大，具有样本期界定和平均化的双重作用。

动态相关系数是在静态相关系数基础上引入时变因素而发展起来的一个新概念。由于市场及其所处环境是变化的，因此市场之间的相关关系从理论上说也应该随时间变化而变化。因此，建立在这一理念基础上的统计学定义式可由上述静态模型改写为

$$\rho_{i,j,t} = \frac{(\sum_{t=2}^{T} \varepsilon_{i,t}\varepsilon_{j,t})/t}{\sigma_{i,t}\sigma_{j,t}}$$

式中，$\varepsilon_{i,t}$ 和 $\varepsilon_{j,t}$ 分别为样本期 T 内大陆、香港和台湾市场收益率对应于 t 时刻的误差项，σ_j 和 σ_i 为 t 时刻对应的标准差。可见，这里样本期 T 在公式中不起作用，代之起作用的是各个时点 t。因此，所得相关系数必然具有时变特征。

如果将上述动态相关系数的统计学定义式与 EGARCH 模型结合起来，不难看出条件协方差函数为条件相关系数（即动态相关系数）与相应条件标准差之积，即 $\sigma_{ij,t} = \rho_{i,j,t}\sigma_{i,t}\sigma_{j,t}$，i≠j。基于此，Darbar 等（2002）提出了计算动态相关系数的一种新颖方法，经改造的表达式为

$$\zeta_t = \lambda_{i,j,0} + \lambda_{i,j,1}Z_{i,t-1}Z_{j,t-1} + \lambda_{i,j,2}\zeta_{t-1} \tag{7.4}$$

式中，$E_t(Z_{i,t-1}Z_{j,t-1}) = \rho_{i,j,t-1}$；$\zeta_t$ 为指数函数，是两个时序标准化残差乘积 $(Z_{i,t-1}Z_{j,t-1})$ 所生成新序列的 GARCH（1,1）函数，该函数序列能够通过程序自动生成，即为动态相关系数 $\rho_{i,j,t}$。由于该值可能超出（-1, 1），为保证两两市场之间的相关系数落在正常数值（-1, +1）范围内，需要进行正弦化处理，即

$$\rho_{i,j,t} = 2\left(\frac{1}{1+\exp(-\zeta_t)}\right) - 1$$

上述模型（7.1）至模型（7.4），构成了三变量 EGARCH 模型系统[①]。待估计参数 $\theta = (\alpha_{i,0}, \alpha_{i,j}, \beta_{i,0}, \beta_{i,1}, \gamma_{i,j}, \delta_i, \lambda_{i,j,0}, \lambda_{i,j,1}, \lambda_{i,j,2})$，其中 i, j = 1, 2, 3，分别代表大陆、香港和台湾股市。这些参数在其系统分布假设下采用最大似然函数进行一步联合估计获得。设 T 为观察值个数，ε_t 为时间 1×3 向量（$\varepsilon_{1,t}, \varepsilon_{2,t}, \varepsilon_{3,t}$），则参数 θ 的最大似然函数为

$$L(\theta) = -\frac{1}{2}\left\{(3T)\ln(2\pi) - \sum_{t=1}^{T}\ln|H_t| + \sum_{t=1}^{T}(\varepsilon_t' H_t^{-1}\varepsilon_t)\right\}$$

7.3 大中华证券市场一体化的整体考察

整体考察是分析大陆、香港与台湾三地股市在整个样本期内的一体化程度。其大

[①] 多阶段模型系统由模型（7.1*）、模型（7.2*）和模型（7.3）构成，由于无须再次估计动态相关系数，因而不包括模型（7.4）。

小主要通过收益率水平和波动的相互影响来体现。完全一体化市场的收益率不仅相互影响，而且高度同步。为此，通过三变量 EGARCH 模型系统中的模型（7.1）—模型（7.3）中的参数来反映三地证券市场之间的水平溢出效应和波动溢出效应。

表 7-2　　　　　　　　　　大陆、香港和台湾股市收益率间的溢出效应

	大陆（i=1）	香港（i=2）	台湾（i=3）
水平溢出效应：模型（1）			
$\alpha_{i,0}$	0.9565 (0.000)***	0.9946 (0.000)***	0.9286 (0.000)***
$\alpha_{i,1}$	0.0279 (0.096)	-0.018 (0.047)**	-0.0089 (0.343)
$\alpha_{i,2}$	0.004 (0.576)	0.0526 (0.003)***	0.09575 (0.000)***
$\alpha_{i,3}$	0.01161 (0.211)	-0.0285 (0.037)**	-0.0149 (0.387)
波动溢出效应：模型（2）和（3）			
$\beta_{i,0}$	-0.0367 (0.000)***	-0.0749 (0.000)***	-0.1269 (0.000)***
$\beta_{i,1}$	0.9958 (0.000)***	0.99127 (0.000)***	0.9852 (0.000)***
HL	165	79	46
$\gamma_{i,1}$	0.1748 (0.000)***	-0.0002 (0.810)	-0.0022 (0.002)***
$\delta_{i,1}$	0.0399 (0.000)***	3.0710 (0.814)	-0.3639 (0.179)
$\gamma_{i,2}$	-0.0005 (0.587)	0.1525 (0.000)***	0.0008 (0.186)
$\delta_{i,2}$	1.8270 (0.613)	-0.0163 (0.000)***	0.7629 (0.292)
$\gamma_{i,3}$	-0.0015 (0.150)	0.0023 (0.000)***	0.1435 (0.000)***
$\delta_{i,3}$	0.1454 (0.759)	0.2023 (0.329)	-0.0308 (0.000)***
极大似然值	157194.9***		

注：括号内为概率值，***、**分别表示在1%、5%水平上显著。

一、一体化的水平溢出效应检验

大陆、香港和台湾三地股市水平溢出效应由均值模型（7.1）中的参数来体现（见表7-2）。可以看出，大陆股市独立性最强，除了常数项在1%的水平上显著外，其他各项系数均不显著。意味着大陆市场收益率水平相对独立，既不受自身也不受港台市场的滞后影响，仅稳定在小于1的常数附近。可见，从整体上看，大陆市场长期处在一种亏损状态。而香港股市最为开放，除了常数项显著外，其收益率水平不仅受自身市场显著的滞后影响而且还同时受大陆和台湾市场收益水平的显著作用。台湾市场开放度居中，除常数项显著外，与香港市场收益率显著相关，但不受大陆和自身市场的影响。可见，三地市场之间实际上已经形成了一定的内在联系，只是这种联系还比较单调。从系数显著性看，仅表现出"大陆市场影响香港、香港与台湾市场之间相互影响"的简单链条，尚未显现"香港市场对大陆反向影响和大陆与台湾市场之间的直接相互影响"关系。可能的原因是，大陆与台湾之间的经济受历史和政治等因素的影响而长期处于分割状态，主要通过香港间接联系在一起；直到近年来两地三通政策才逐渐进入正轨。期间，大陆对台资的吸引力主要来自于财政等政策优惠上。这种蛋糕式的赠予使两地经济的联系不紧密，反映在股市收益率水平上则不密切[①]。而香港则有所不同，对大陆的依赖性相对大得多，许多进出口贸易都是通过大陆腹地完成的；此外，越来越多的大陆公司选择在香港上市或在内地和香港同时上市，拉近了大陆与香港之间的关系。从系数符号看，香港市场收益率水平似乎对台湾市场具有正向影响，而台湾市场收益率对香港市场具有反向作用，但前者的系数值要比后者大得多，因而同时投资于这两个市场无法分摊风险；但大陆市场收益率却反向影响香港，意味着这两个市场的投资组合能够规避风险。

二、一体化的波动溢出效应检验

经由三变量 EGARCH 模型估计出的大陆、香港和台湾三地证券市场收益率的波动溢出效应见表7-2。表7-2显示，三地市场的波动都存在高度自相关性。波动溢出模型中的三个系数 $\beta_{i,i}$ 均接近1，表明各个市场的前一期波动几乎100%地传导到当

---

① 在后文分阶段的分析中，尽管大陆市场收益率水平在阶段1显著影响台湾，但影响系数低，以至于在次贷危机的冲击下立即变得毫无关联。而整体分析的结果是各个时期的综合，最终体现为不显著。

前；但都小于1，意味着波动具有稳定性。从半衰期 HL 看，大陆的波动续性最长，为 165 天，即初始冲击降至一半需要 165 天；而香港和台湾只分别需要 79 天和 46 天。此外，每个市场的波动都具有非对称滞后影响，只是作用机制不同。与水平溢出效应类似，大陆市场的独立性强，其波动只来自自身市场显著的非不对称影响，而不受香港和台湾市场影响；香港市场的波动却同时受自身市场的非对称影响以及台湾市场的对称作用，不受大陆市场的显著影响；除了其自身的非对称性滞后作用显著外，台湾市场波动则显著受大陆的对称作用而不受香港市场波动的影响。这些溢出效应表明，信息在三地市场之间的传递没有在各自单个市场上那么顺畅。验证了当地事件或信息对当地股市产生显著影响（Aggarwal、Inclan & Leal, 1999）的观点；而且 Harvey（1995）认为，与较发达市场相比，新兴市场更易于受当地事件影响。此外，大陆股市的政策市特征明显，经常有各种各样的"传闻"或随后出现的"辟谣"，干扰市场，存在过强的投机性和波动性且波动持续期长；而香港股市市场化程度高，对信息的甄别力强，因而能够比较理性地对待来自大陆的各类"传闻"，似乎对"传闻"不太理会，但对来自台湾的信息则作出反应；台湾市场波动之所以受大陆波动影响可能与前文所述的"蛋糕效应"有关，该类效应影响台湾市场投资者趋利避害的短期行为。从影响系数的符号看，与水平溢出类似，大陆市场波动负向影响台湾，而台湾市场波动对香港的影响则是正向的，意味着同时投资于大陆和台湾市场具有风险规避功能，台湾与香港市场则相反。

应该说，上述水平和波动溢出效应与目前三地市场静态相关系数基本一致。从静态相关系数看，大陆、香港与台湾证券市场之间相关程度确实还不高。除了香港与台湾之间相关系数为 0.3530 相对较高外；大陆与香港以及大陆与台湾之间相关系数都比较低，分别只有 0.1432 和 0.0737。

然而，如果采用时变视角，从静态相关性转向动态相关性，进一步审视三地市场间的相关性与三地市场间的溢出效应，就会发现情况发生了巨大变化。

7.4 动态相关性检验：次贷危机前后出现差异

从上文分析可知，大陆、香港与台湾三地股市之间已形成部分一体化，与其较低的静态相关关系较为一致。然而其动态相关系数却是依时而变的,三地市场间的动态相关系数最高甚至接近1,出现了同步涨跌现象。因此,研究三地市场收益率之间相互作用关系还必须关注其相关系数的时变特征。

表 7-3　　　　　　　　　　动态相关系数基本特征

动态相关系数	均值	中位数	最大值	最小值	标准差
大陆与香港($\rho_{1,2,t}$)	0.0850	0.0504	1.0000	-0.5148	0.1708
大陆与台湾($\rho_{1,3,t}$)	0.0532	0.0189	0.9986	-0.0212	0.1616
香港与台湾($\rho_{2,3,t}$)	0.1837	0.1514	0.5756	-0.0991	0.1130

通过模型(7.4)计算出的大陆与香港、大陆与台湾、香港与台湾之间的动态相关系数(分别用$\rho_{1,2,t}$、$\rho_{1,3,t}$、$\rho_{2,3,t}$表示)见图7-1和表7-3。可以看出它们是时变的;只是各自的时变特征略有差异。从特征值看,大陆与香港股市收益率之间的$\rho_{1,2,t}$最小值为-0.5148,最大约为1,变动幅度最大。大陆与台湾之间相关系数$\rho_{1,3,t}$最小为-0.0212,最大也接近1,变动也很大。台湾与香港市场之间相关系数$\rho_{2,3,t}$虽然变动幅度相对最小,但在最小值-0.0991和最大值0.5756之间的上下变动也相当频繁。

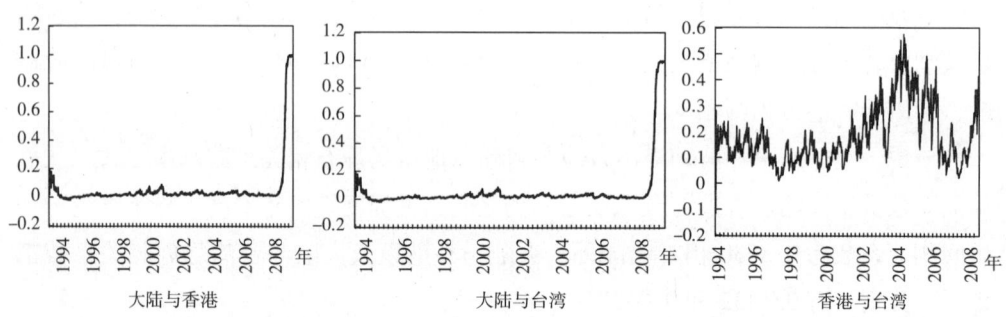

图 7-1　大陆、香港与台湾股市动态相关系数

进一步从走势图7-1看,似乎整个样本期间具有明显的阶段性特征,存在典型的三个不同阶段:第一阶段为1994年1月3日至2009年4月29日,第二阶段为2009年4月30日至同年8月10日,第三阶段是2009年8月11日至该年12月底。可以看出,大陆、香港与台湾市场之间收益率相关系数在样本期间发生了显著的阶段性变化:大陆与香港、大陆与台湾市场之间相关系数$\rho_{1,2,t}$和$\rho_{1,3,t}$惊人相似,在经历

了阶段 2 的迅速上升后，一下子由水平较低的阶段 1 进入高度相关的阶段 3；而香港与台湾之间相关系数 $\rho_{2,3,t}$ 却在阶段 2 出现了显著下降，到阶段 3 才恢复到阶段 1 水平之上。需要指出的是，阶段 2 与阶段 3 正是次贷危机爆发的时期；而在 1997 前后的亚洲金融危机期间，三地之间的动态相关系数的变化并不明显。

不仅如此，这种阶段性差异从统计学上也得到方差检验的证实（见表 7-4）。表 7-4 列出了每个动态相关系数在三个阶段的主要特征值及其阶段间的方差检验结果，可以看出，各系数在阶段间确实存在显著差异，对应的 F 值都非常大，达到了 1% 的显著水平。而且这种差异性特征与其走势图完全一致。

在阶段 1，大陆与香港和台湾市场之间的相关系数 $\rho_{1,2,t}$ 和 $\rho_{1,3,t}$ 都很低，且关系不稳定。期间，大陆与香港市场收益率之间相关系数的均值和中位数为 0.0518 和 0.0489，大陆与台湾市场之间相关系数的均值和中位数为 0.0225 和 0.0182；均比较低。港台之间相关系数略微大些，其均值和中位数也仅有 0.1814 和 0.1470。可见，此时大陆与港台市场之间收益联系实际上不大。此外，各相关系数的极小值为负而极大值为正，也充分表明此时的相关性不稳定，甚至出现负相关。

表 7-4　　　　大陆、香港和台湾市场间不同阶段的动态相关系数比较

	大陆与香港（$\rho_{1,2,t}$）			大陆与台湾（$\rho_{1,3,t}$）			香港与台湾（$\rho_{2,3,t}$）		
阶段	阶段 1	阶段 2	阶段 3	阶段 1	阶段 2	阶段 3	阶段 1	阶段 2	阶段 3
均值	0.0518	0.6284	0.9972	0.0225	0.4300	0.9781	0.1814	0.1422	0.2669
中位数	0.0489	0.6415	0.9997	0.0182	0.3831	0.9912	0.1470	0.1348	0.2615
极小值	-0.0669	0.2082	0.9749	-0.0204	0.0994	0.9159	-0.1167	0.0652	0.1776
极大值	0.2017	0.9799	1.0000	0.1985	0.9029	0.9984	0.5763	0.2235	0.4009
标准差	0.0395	0.2698	0.0061	0.0211	0.2514	0.0254	0.1145	0.0433	0.0558
F 值	20053.277			32743.100			33.583		
概率值	0.000***			0.000***			0.000***		

注：***表示在 1% 水平上显著。

在阶段 2，大陆与港台市场之间相关系数直线上升，跨幅最大；而港台之间相关系数的水平和波动则出现双降。前者可能和大陆与香港及台湾市场之间相关系数在此阶段处于迅速上升过程有关，因而其均值、中位数和标准差等指标比阶段 1 都有巨幅上升；而后者的原因可能是期间香港与台湾市场之间相关系数出现下降，因而相应的指标比阶段 1 显著下降。

在阶段 3，大陆与香港和台湾市场之间进入稳定的高相关状态，港台市场之间相关程度也有一定的提高。期间，大陆与香港市场之间相关系数的均值和中位数高达 0.9972 和 0.9997，标准差仅为 0.0061；类似的，大陆与台湾市场之间相关系数的均值和中位数也分别达到 0.9781 和 0.9912，标准差仅有 0.0254。可见，这两个相关系数此时已经稳定居于高位。相比较，港台市场之间相关系数较小，其均值和中位数仅为 0.2669 和 0.2615；但实际上该相关系数此时也达到阶段性最高水平。

很有意味的是，在三地市场动态相关系数由阶段 1 突变到阶段 2 和阶段 3 的过程中，全球正好发生了一件重大金融事件即次贷危机。该危机对全球证券市场产生了巨大冲击，自然也影响到大陆、香港和台湾市场之间的联系，只是这种冲击存在时滞，直到 2009 年 4 月才表现出来——使得港、台两地市场之间动态相关系数在阶段 2 出现显著下降，而两者与大陆市场之间相关系数却都显著上升；在阶段 3，三地市场之间的动态相关性均达到了历史高位。这与 King 和 Wadhwani（1989）、Bertero 和 Mayer（1990）发现在金融危机期间证券市场之间的相关性上升的结论是一致的。是否可由此断言次贷危机发生后大中华证券市场间的一体化程度增强了呢？然而，金融危机可能有两种截然不同的影响：一种是促进市场间内在联系加深，另一种则可能导致市场一体化程度下降甚至丧失（Yu、Fung & Tam, 2010）；而且，与 EGARCH 模型体现滞后期的内在影响不同，动态相关系数体现的仅仅是同期残差项之间的变化，这种相关性可能同时由共同的外因和内在联系而引起。这样，即使在内在联系不变甚至减弱或消失的情形下，共同的强大外因也有可能导致市场间非常高的相关性。那么，次贷危机发生后三地市场间动态相关性显著上升是否是市场一体化增强的结果？抑或相反？确实，由大陆、香港和台湾组成的大中华经济圈近年来联系越来越密切。如大陆与台湾之间的"大三通"、大陆与香港之间的 CEPA 及其规则细化等一系列政策措施都有可能加深三地证券市场之间的联系，提高相互之间的相关性，甚至在抵御金融危机中形成合力。如果这种加深的内在联系出现了实质性变化，应该在相互溢出效应上得到体现。为此，我们在下一部分运用多阶段模型分别从水平和波动两个角度对此加以考察。

7.5 市场一体化的多阶段比较

为了能够进一步认识次贷危机对大中华证券市场内在联系产生怎样的冲击，我们运用多阶段溢出效应模型（7.1*）、（7.2*）及（7.3）构成的系统分别从水平和波动两个角度来比较分析大陆、香港和台湾市场之间相互溢出效应的阶段性变化。

一、水平溢出效应的阶段性检验

大陆、香港和台湾市场收益率之间的多阶段水平溢出效应由模型（7.1*）的参数来体现（见表7-5）。与整体考察相比，多阶段分析确实能更好地反映三地市场间一体化水平的变化特征。

表7-5　　　　　大陆、香港和台湾股市水平溢出效应多阶段模型

	大陆（i=1）			香港（i=2）			台湾（i=3）		
	阶段1	阶段2	阶段3	阶段1	阶段2	阶段3	阶段1	阶段2	阶段3
$\alpha_{i,0}$	0.9984			1.008			1.005		
	(0.000)***			(0.000)***			(0.000)***		
$\alpha_{i,1}$	-6.358E-03	1.320E-05	2.246E-03	-0.0207	4.097E-03	0.0319	-0.0233	-1.308E-03	1.629E-03
	(0.794)	(1.000)	(0.999)	(0.017)**	(0.236)	(0.832)	(0.006)***	(0.760)	(0.990)
$\alpha_{i,2}$	9.214E-03	-6.940E-05	8.540E-04	0.0457	-7.210E-04	0.0938	0.0727	5.900E-04	0.0753
	(0.720)	(1.000)	(1.000)	(0.001)***	(0.840)	(0.457)	(0.000)***	(0.882)	(0.427)
$\alpha_{i,3}$	3.310E-05	8.080E-05	8.550E-04	-0.0319	-3.453E-03	-0.1323	-0.0534	6.410E-04	-0.0797
	(0.999)	(1.000)	(1.000)	(0.011)**	(0.443)	(0.509)	(0.000)***	(0.890)	(0.621)

注：(1) 每个方程有三个虚拟变量，分别代表三个不同阶段。(2) 括号内为概率值，***、**分别表示在1%、5%水平上显著。

在大陆股市收益率水平溢出模型中，与整体分析中的结果一致，大陆市场收益率水平相对独立于港台的状况没有改变，各项系数除常数项显著外其他均不显著，且常数项仍稳定在不大于常数1左右。可见，不仅在整个样本期而且在各个阶段，大陆市场投资均处于亏损状态。香港市场存在明显的阶段性特征。在阶段1，表现出极强的滞后效应，不仅受自身而且还受大陆和台湾前一期市场收益率水平的显著影响，与整体分析结果是一致的。但进入阶段2和阶段3，这种水平滞后效应完全消失，除了常数项还显著外，其他滞后变量系数均变得不显著。其收益率水平有点像大陆市场那样稳定在常数项1附近，但投资略有盈余。可见，香港股市整体分析中的结论实际上只是阶段1收益率水平特征的反映，并没有显现其进入阶段2和阶段3的新变化。同样，台湾市场的变化特征与香港相似，其收益率水平不仅存在类似的阶段性变化而且

在阶段 1 也同时受大陆、香港和自身市场的滞后影响;而整体分析模型仅部分地显现出其结构特征。因此,从多阶段模型分析看,我们有以下结论:

1. 三地市场收益率在整体分析中所显现出的水平一体化溢出效应与在阶段 1 的情形一致。在阶段 1,大陆市场依然是独立封闭的;港台市场不仅相互影响而且受各自市场显著的滞后作用;大陆市场对港、台市场有显著影响。而且,大陆市场收益率与港、台均为负向关系,其投资组合具有风险规避功能,而港台市场投资之间却无法分摊风险,其原因与整体分析一致。大陆对台湾的影响在整体分析中不显著而在阶段 1 显著,是由于在次贷危机发生后的阶段 2 和阶段 3 出现了显著变化,使阶段 1 非常低的影响系数在整体上综合的结果变得不显著。

2. 美国次贷危机发生后大中华证券市场收益率水平原有的一体化溢出关系出现中断,相互联系(在阶段 2、阶段 3)发生突变。港台市场不仅不受大陆影响,失去了对大陆的依赖;而且受自身市场的滞后作用以及相互之间的影响也不显著。与此同时,大陆股市在阶段 1 表现出独立于港台的特征在阶段 2 和阶段 3 依然没有改变。意味着次贷危机发生后三地市场收益率水平之间的联系被割裂了,而非相反。

二、波动溢出效应的阶段性检验

多阶段模型(7.2*)所反映出的大陆、香港和台湾三地市场收益率波动关系见表 7-6。可以看出,整体分析中发现的三地市场波动稳定性特征($\beta_{i,1}$)不随阶段变化而变化;从半衰期 HL 看,大陆的波动持续性提高到 433 天;而香港和台湾基本没有变化。此外,大陆市场波动显著影响台湾而不影响香港,台湾市场波动显著作用香港而不影响大陆市场的特征,在模型中阶段 1 也得到充分体现,其对应的系数不仅均显著而且这种作用还带有一定的非对称性。可见,在大中华证券市场波动中,"大陆影响台湾、台湾影响香港"的作用链条确实在阶段 1(2009 年 4 月末以前)已经确立。

表 7-6　　　　　　大陆、香港和台湾股市波动溢出效应多阶段模型

	大陆 (i=1)			香港 (i=2)			台湾 (i=3)		
	阶段 1	阶段 2	阶段 3	阶段 1	阶段 2	阶段 3	阶段 1	阶段 2	阶段 3
$\beta_{i,0}$	-0.0168 (0.001)***			-0.0737 (0.000)***			-0.1240 (0.000)***		
$\beta_{i,1}$	0.9984 (0.000)***			0.9914 (0.000)***			0.9855 (0.000)***		

续表

	大陆 (i=1)			香港 (i=2)			台湾 (i=3)		
	阶段1	阶段2	阶段3	阶段1	阶段2	阶段3	阶段1	阶段2	阶段3
HL	433			80			47		
$\gamma_{i,1}$	0.1769 (0.000)***	2.552−3E (0.000)***	0.0705 (0.029)**	5.08E−04 (0.528)	3.81E−04 (0.269)	0.023695 (0.112)	−0.00186 (0.009)***	5.58E−05 (0.820)	9.28E−03 (0.409)
$\delta_{i,1}$	0.0379 (0.000)***	−0.0360 (0.958)	0.1785 (0.689)	1.2426 (0.577)	−1.1467 (0.434)	0.0387 (0.949)	−0.4297 (0.191)	−2.0394 (0.854)	0.3018 (0.859)
$\gamma_{i,2}$	−3.91E−04 (0.683)	2.92E−05 (0.938)	2.36E−03 (0.922)	0.1531 (0.000)***	2.5E−03 (0.000)***	0.1377 (0.000)***	−9.24E−06 (0.988)	1.14E−04 (0.414)	0.0166 (0.032)**
$\delta_{i,2}$	1.9096 (0.703)	1.1104 (0.949)	0.8307 (0.937)	−0.0164 (0.000)***	0.0948 (0.330)	−0.0534 (0.254)	−129.5490 (0.988)	0.6475 (0.649)	−0.5092 (0.244)
$\gamma_{i,3}$	−1.52E−03 (0.134)	−1.2E−05 (0.780)	−3.58E−03 (0.879)	2.01E−03 (0.002)***	4.47E−04 (0.025)**	0.0140 (0.186)	0.1439 (0.000)***	2.57E−03 (0.000)***	0.12258 (0.000)***
$\delta_{i,3}$	0.3283 (0.507)	1.0343 (0.764)	0.1250 (0.974)	0.3439 (0.172)	−0.0025 (0.995)	−0.5428 (0.491)	−0.0328 (0.000)***	−0.0724 (0.193)	0.0195 (0.719)

注：(1) 每个方程有三个虚拟变量，分别代表三个不同阶段。(2) 括号内为概率值，***、**分别表示在1%、5%水平上显著。

但是，如果我们进一步考察各阶段之间相互作用系数的变化，就会发现2009年4月末确实是个"分水岭"。在此前的阶段1，大陆市场的前一期波动对台湾市场有显著的非对称影响；可进入阶段2、阶段3这种显著影响就消失了。同样，台湾市场前一期波动对香港市场的对称性影响在阶段1和阶段2还是显著的，但影响系数越来越小，直到阶段3消失了；在阶段1，三个市场前一期波动对本市场均产生显著的非对称影响，但在阶段2和阶段3变成了对称性影响。此外，香港市场前一期波动对台湾市场的作用则由阶段1、阶段2的不显著到阶段3变得显著。

综合大陆与港台三地市场之间水平和波动溢出效应的阶段性突变可以发现，在阶段1和阶段2、阶段3出现"分水岭"之前，全球重大金融事件次贷危机爆发后，大中华证券市场之间的联系发生了很大变化，长期以来形成的"港台收益率水平相互影响以及受大陆影响"的链条以及"大陆影响台湾、台湾影响香港"的波动链条中断，导致香港对台湾市场的波动影响变得显著。可以看出，次贷危机比亚洲金融危机对大中华经济圈的影响要大得多，因为当时亚洲金融危机的冲击并未引起三地市场之间溢出效应出现显著变化，也未引起前述动态相关系数的显著变化。

由此我们有理由说，前文所发现的大陆与港台股市动态相关性在阶段 2 显著上升并在阶段 3 接近 1，恰恰不是由于其原有的一体化程度不断增强的结果，而是在阶段 1 后期国际突发事件发生后出现的"共振"现象。

7.6 本章小结

本部分运用三变量 EGARCH 模型从整体上考察了大中华经济圈内大陆、香港和台湾三地证券市场一体化进程，然后分析其同期动态相关性并据其是否出现显著变化进行时段划分，最后对三地市场一体化进行多阶段比较。研究发现三地市场收益率之间从整体上看已存在一定的内在溢出关系，而且与所表现出来的静态相关性较为一致。但次贷危机发生后，相互之间的关系却出现了阶段性的显著变化：一方面，大陆与港台之间的动态相关系数迅速上升并稳定在 0.99 左右；另一方面，原有的相互溢出效应却突然消失。大中华证券市场一体化在次贷危机后发生了巨大变化，且具有极强的隐蔽性。这一现象应该引起高度关注。

本部分发现，无论从整体上还是从阶段 1 看，大中华证券市场已经部分一体化，只是这种联系还较脆弱。从相关性看，大陆与港台市场之间相关系数低，除了港台之间相对较高外。从水平溢出效应看，大陆市场最为封闭，既不受自身也不受港台市场影响，且投资者长期处在亏损状态[①]。香港市场最为开放，不仅受自身而且还受大陆与台湾市场的滞后影响。台湾市场较为开放，表现出对香港市场的依赖；大陆对台湾的影响在阶段 1 虽然显著但影响系数低，以至于整体上的综合结果变得不显著。从波动溢出效应看，大陆市场波动只来自自身而不受港台市场波动的影响；香港市场波动除了自身外还受台湾市场波动的影响；台湾市场波动除了自身外仅受大陆波动的冲击。

本部分还发现，次贷危机发生后，表面上看大陆与港台市场之间相关程度增强了，但大中华证券市场之间原有的一体化脆弱"链条"实际上却被中断。次贷危机

---

① 大陆市场长期亏损是在本部分模型中发现的一个特有现象。

发生后，大陆与香港和台湾股市之间的动态相关系数从 2009 年 4 月底开始直线上升，至同年 8 月 10 日达到最高并稳定在 0.99 附近；港台市场之间相关系数经过阶段 2 的短暂回调后，至阶段 3 也达到最高。可见，从动态相关性看，三地股市波动一致性在危机发生后确实显著提高。但这种一致性可能仅是一种外因引起的"共振"现象。因为三地市场之间此前形成的相互溢出效应在此期间不但没有增强反而消失了，市场之间更加割裂。次贷危机发生后大中华股市内部脆弱的链条实际上被中断。

可见，美国这次金融危机发生后，大中华市场一体化进程发生了重大变化，应该引起高度重视。尤其在大陆与台湾 ECFA 签署后，国人期待同属于一个大家庭的大陆、香港、台湾之间的经济联系更加紧密。在区域经济发展方兴未艾的今天，中国同样不甘落后，努力发展与东盟、韩日、美欧乃至金砖国家另外三个成员国巴俄印等区域经济关系。然而，我们更应该强化本应该联系更加密切的大中华经济圈，毕竟"家和"是"万事兴"的基础！而股市是经济晴雨表，其一体化联系反映的正是经济联系状况。从证券市场来看，综合前文分析结果，当前大陆可从以下三方面进一步推进大中华市场一体化。(1) 以 ECFA 和 CEPA 为纲领，积极探索大陆与港台企业相互投资参股的可行性，鼓励有条件的企业在三地市场同时上市，以共同分享经济一体化利益与风险。要总结 A+H 股票发行上市经验，通过 A+H、T+H、A+T 和 A+H+T 等模式积极探索交叉投资上市新做法，强化经济联系。这里大陆最好放弃过去为了某种利益而给港台企业送"蛋糕"的做法。因为没有风险分摊机制就不可能期待有利益共享的可能！一有风吹草动，这种脆弱的经济关系就可能断裂。(2) 创新市场合作模式，让三地市场投资者都能分享对方市场交易的同等机会与权利。目前大陆市场影响港台而不受后者影响的一个根本原因就是大陆投资者过度封闭，缺乏在港台市场投资的自由与权利。因此，在大陆投资者直接去港台仍有障碍的情况下，建议先引入港台股市交易系统，让大陆投资者有分享大中华一体化利益的机会。其实不必担心大陆投资者的风险防范能力，因为他们是在比大陆收益率高且风险小的港台市场交易，而且大陆与港台市场之间的投资组合具有风险规避功能；也不必担心结束封闭的做法会影响国内投资者源源不断地为经济改革做贡献。市场的效率在于公平，而缺乏效率的市场不可能对经济有多大贡献。(3) 尽快结束大陆市场长期"亏损"局面，增强其投资吸引力。如果说改革初期大陆股市的亏损局面是为了让大陆投资者承担部分国企改革成本，那么在大陆市场已全面引入 QFII 和对冲机制的今天，继续维持亏损局面除了增加市场投机风险外无法吸引理性投资者。事实上,当前国内大量游资要么沉淀在房地产要么在股市爆炒一番即撤离已暴露出大陆股市缺乏吸引力。如果不改变那些诱使大陆股市长期亏损的制度,不仅继续伤害大陆投资者利益且对港台理性投资者也无吸引力,既不利于大陆市场健康发展也不利于大中华市场一体化形成。

8

中国金融市场的风险控制

经过前述几章的分析,我们发现中国金融市场是一个独立性非常强的市场。尽管改革开放以来,其自身的发展非常迅速,对外开放步伐不断加快,但是中国金融市场仍然是一个相对封闭的市场。一方面,其市场波动对国际市场影响微弱;另一方面,来自国际市场的波动信息源也十分有限。但中国金融市场整体波动水平居世界前列,只是其波动信息很少来自国外。无论是货币市场还是证券市场,其波动信息源均几乎全部来自自身。国际市场的冲击不仅份额低而且力量小。整体上看,中国金融市场的波动有其自身的特点和表现,高成长主要靠高封闭与高风险来实现。显然,这是难以为继的,因为经济全球化、金融全球化已经成为一个不可阻挡的潮流。中国正在扩大对外开以求能够早日分享国际金融利益。因此,中国金融业的发展战略必须尽快学会转移——从以依靠"高封闭"和"高风险"来实现高成长的过渡性战略转移到通过"扩大开放"和"控制风险"来实现金融业的可持续发展战略。在这一过程中,如果自身的体制不完善,控制国际金融风险就不可能成功。当务之急是要化解自身的风险。要立足自身,放眼世界,学会甄别国际一体化过程中的利益与风险,并充分分享国际分工带来的金融利益。同时,要密切关注国际风险,通过预警把国际波动风险控制在适度。

8.1 中国金融市场的风险源在国内

中国金融市场是新兴经济体市场,而新兴市场的一个典型特征就是边发展边开放;在这一过程中,其市场波动风险越来越大,不仅来自国内的风险在增大而且来自国际市场的波动影响也在增加,因而控制风险的难度越来越大。然而本书研究发现,中国国内金融市场,无论是货币市场还是证券市场,其波动信息源几乎全部来自自身;而来自国际市场的冲击整体上还很小,即使偶有发生,也总是伴随着许多国内不确定性因素。

一、货币市场国际互动特点:运行平稳,且风险源在国内

中国货币市场 10 个主要品种之间信息共享,国际货币市场之间信息也很顺畅,然而国内与国外货币市场之间的信息沟通十分有限。10 个主要品种中有 9 个利率运行平稳,与国际货币市场不仅相关系数极低而且引导关系也很简单。尽管 3 个月 Shibor 是个例外,与国际货币市场之间协整关系显著,但这种协整关系对人民币 3 个月 Shibor 短期波动毫无约束。人民币 Shibor 仅受自身影响,对国际市场冲击也最小。

(一)国内货币市场 10 个品种信息共享

国内货币市场上 10 个主要利率品种之间整体上分为两个层次:一是以隔夜、7 天和 14 天为代表的短期利率品种,运行平稳;二是以 3 个月 Shibor 为代表的利率品种,运行随机。前者九个品种中,Chibor 隔夜、7 天和 14 天利率与 Shibor 和国债回购利率截然不同。但国债回购与 Shibor 之间除了隔夜利率不同[其差异从 ARMA(1,1)模型看主要表现在 MA(1)系数不同上]外,7 天利率与 14 天利率实际上都无显著差异。但彼此之间已经信息共享。不仅同一期限不同品种之间水平非常接近,而且同一品种不同期限利率之间体现了"时间越长价值越大"的风险定价原则。

1. 同一期限不同品种利率之间水平非常接近,只是彼此之间存在着一定差异。表面上看,同一期限不同品种(如隔夜、7 天或 14 天的 Chibor、Shibor 和国债回购利率)之间差异不大。可能与它们都是以人民币为标的有关。同一市场上的同一种货币(同一期限的人民币利率)理应遵循"一价原则"。然而定量检验结果表明它们之间关系不尽其然。实际上彼此存在一定差异。尤其是 Chibor 隔夜、7 天和 14 天利率与 Shibor 和国债回购利率截然不同。但国债回购与 Shibor 之间除了隔夜利率不同外,7 天利率与 14 天利率实际上都无显著差异。

2. 同一品种不同期限利率之间出现结构性分层,但体现了"时间越长价值越大"的风险原则。无论是 Chibor、Shibor 还是国债回购利率,在隔夜、7 天和 14 天(甚至

3个月）水平上均呈现出逐渐增大的趋势。这表明中国货币市场上人民币利率的时间价值得到了一定体现。随着期限的延长、风险也在增大，净利率水平自然应该逐渐增加。但单位根检验结果表明 10 个利率品种呈现出明显的两个不同层次：一个是 1 个月以内（包括隔夜、7 天和 14 天）的短期利率，其单位根检验均为平稳的 I（0）变量；另一个是 1 个月以上的长期利率品种（如人民币 3 个月 Shibor），其单位根检验为随机游走的 I（1）变量。显然，这种分层还没有从实践价值上得到充分体现。它表明中国货币市场利率期限越长（超过 3 个月）波动风险明显增大。

3. 国内各利率品种不仅高度相关而且彼此之间信息传递非常顺畅；不过，期限越短似乎信息传导越强，且以国债回购利率为主导。它们彼此之间相关系数大多在 0.9 附近，最小也大于 0.77。同一品种不同期限（如隔夜、7 天和 14 天）之间相关系数，似乎间隔越近相关程度越高。相同期限不同品种利率相关系数似乎更高，达到 0.98 或以上，彼此之间没有什么明显差异。3 个月 Shibor 似乎有点例外，与其他九个利率之间的相关系数整体偏低，在 0.78 至 0.8 之间。原因可能与国内货币市场上利率品种之间信息传递有关。同一品种不同期限（如隔夜、7 天和 14 天）利率之间信息已经相互引导。同一期限不同品种利率之间信息传递也畅通无阻。14 天利率之间相互引导显著。隔夜和 7 天利率均呈现出信息导向。Chibor 和 Shibor 隔夜利率虽然彼此无关，且都接受隔夜国债回购利率单向引导。7 天 Chibor 不影响 7 天 Shibor 和国债回购利率；可后两者不仅相互引导而且还都对 Chibor 有显著引导作用。可见，在半个月内，期限越长，不同品种利率的信息越共享；期限越短，它们之间的信息越来越依靠国债回购利率。其次是 Shibor；Chibor 作用最弱。

（二）国际货币市场信息顺畅，而国内货币市场与其关系十分微弱

国际货币市场上 9 个品种分属亚洲、欧洲和美洲三个发达区域，包括美元（国债）、欧元、英镑、日元、港元和新加坡元等全球主要货币同期利率。它们无论是同一地区不同货币还是同种货币在不同地区的利率，均高度相关。即使是不同地区不同货币的同一期限利率相关系数也很高。然而，国内 10 个利率品种与它们之间的相关系数十分微小，仅表现出简单的引导关系。

1. 国际货币市场利率高度相关，以美国境内的国债利率为主导。全球主要货币市场已经高度统一。不仅同种货币在不同市场高度相关而且同一市场不同货币利率也高度一致。虽然不同市场的不同货币利率之间相关关系略有差异，但各货币间的最低

相关系数仍然相对较高。不仅如此，它们之间以美元利率为主导，而美元利率以美国境内国债利率为主导。美国境内的国债利率是唯一对其他货币均有引导作用的品种。即使伦敦和新加坡市场上的美元也没有美国本土美元强势，尽管它们与美国境内美元相互引导，但均不引导欧元利率，其次是欧元和英镑利率，它们受美债单向引导，并引导其他货币利率。亚洲货币中日元比港元和新加坡元利率的作用还弱。港元除了不引导欧元外对全球其他货币（包括美元和美债）均有引导作用。新加坡元利率除了不引导美债利率外对其他货币利率均有引导作用。而日元除了不引导美国国债外也不引导欧元和港元利率。

2. 国内货币市场各利率与国际市场关系脆弱，不仅相关系数极低而且引导关系简单。国内外两货币市场之间相关系数很低，不仅低于国内货币市场各利率之间关系而且比国际货币市场各利率关系也低很多。这表明中国货币市场与国际货币市场利率之间联系还相当薄弱。不仅如此，中国货币市场的国际信息传导也很有限，仅表现出与亚洲、欧洲货币市场之间存在一定的引导关系，而与美国、新加坡境内的货币市场之间尚无显著的"引导"和"被引导"关系。Chibor、Shibor和国债回购的隔夜利率引导伦敦市场上英镑和美元利率，并与日元利率互相引导。它们7天利率引导欧元、日元和港元利率；14天利率引导港元和日元利率，仅14天Shibor同时接受港元利率反作用。可见中国货币市场短期利率（1个月以内）品种几乎不受国际市场影响。当然，3个月Shibor显著引导日元并接受欧元信息作用。

（三）人民币3个月Shibor尽管与国际市场存在长期协整关系，但短期波动关系非常脆弱

人民币3个月Shibor是个例外，其单位根检验与国际上同期货币利率一样都是单整I（1）序列；并且与全球六大主要货币（分别是欧元、港元、日元、英镑、新加坡元和美债）同期利率存在显著的多元协整关系。然而，VEC检验结果进一步表明这种一致对人民币3个月Shibor的短期波动毫无显著约束。人民币Shibor不仅不受国际货币利率显著影响而且对国际货币市场的冲击也最小。

1. 长期一致的协整关系已经形成，只是这种协整仅对欧元、日元和英镑利率的短期波动产生约束。无论是否考虑时区因素，人民币3个月Shibor与六大主要货币同期利率之间均显著存在多元协整关系。不过，这种一致有两点不足：一是这种一致关系还没有覆盖全部7个货币利率。人民币Shibor引导美国国债利率水平而不受美债利

率引导，与欧元利率水平、英镑利率水平之间相互引导，始终受新加坡元利率水平引导，受日元利率水平引导但始终不受港元利率水平引导。二是这种协整对短期波动的作用还不够强。仅欧元、日元和英镑利率具有显著的误差调整系数，表明这三种货币利率一旦偏离长期一致关系就有一个自动回复修正功能。而包括人民币 Shibor 在内的其他四个货币利率的误差调整系数均不显著，尚未显示出长期一致对短期波动关系的回归约束。

2. 国际货币利率之间互动关系各异，但人民币 3 个月 Shibor 不受国际货币利率显著影响。国际货币市场上 6 个主要货币利率彼此之间溢出效应不尽相同。欧元利率短期波动不受人民币 Shibor 显著影响，但受所有其他货币利率作用。港元利率短期波动不受人民币 Shibor 和日元利率的滞后作用，却受其他货币利率的显著影响。日元利率除了自身的短期波动外仅受港元和英镑利率影响，而不受其他货币利率的显著作用。英镑利率受所有货币利率短期波动影响，甚至包括人民币 Shibor 短期波动的影响。新加坡元利率不受人民币 Shibor 和英镑利率显著影响，但受其他货币利率波动影响。美债利率短期波动仅受欧元利率、港元利率与其自身的滞后影响。可见，人民币 Shibor 在国际货币市场上影响范围还狭窄，仅表现出对英镑利率有显著影响。不仅如此，其自身的短期波动也仅受自身滞后影响，而不受其他货币利率显著作用。

3. 人民币 3 个月 Shibor 波动偏大，但信息源几乎全部来自自身。全球货币市场中变动最大的前三位分别是港元利率、美债利率和英镑利率，变动最小的依次是日元利率、欧元利率和新加坡元利率，而人民币 3 个月 Shibor 的波动方差与港元利率接近。尽管各自波动的信息一半以上都是来自自身，但比较起来，最封闭的依次是日元利率、美债利率和新加坡元利率，最开放的依次是英镑利率、欧元利率和港元利率；而人民币 3 个月 Shibor 的 98.6% 波动信息来自自身，比日元利率封闭。不仅如此，人民币 3 个月 Shibor 的脉冲响应也是自身最大。其当期一个标准差变动将会引起自身在未来 10 期内平均波动 0.067 个标准差；这一数值比国际六大主要货币的共同冲击绝对值和还大。当然，各货币利率对人民币 Shibor 的冲击效应也是不一样。人民币 Shibor 对欧元、英镑和美债利率的响应是正的而对港元、日元和新加坡元利率的响应为负效应。

4. 全球国际影响最大的是英镑利率、欧元利率和港元利率，最小的是人民币 Shibor。从它们各自的方差分解看，这三个货币利率均有对其他货币解释率超过 1% 的表现，而人民币 Shibor 在各货币利率中方差解释率始终处在极低水平。从脉冲响应看，各货币利率自身的冲击都是最大、彼此之间响应层次各异，但人民币 Shibor 的冲击总是处在底层。美债利率自身响应最大、对人民币 Shibor 的响应最小。新加坡元响应最大的是对其自身，最小是对人民币 Shibor。日元利率脉冲响应最大是对自身与港元利率，最小是对人民币 Shibor 与欧元利率。英镑利率对其自身和港元利率响应最大，对美债利率和人民币 Shibor 则脉冲响应最小。欧元利率脉冲响应有四个层次，人民币 Shibor 的冲击处在倒数第二层。港元利率对欧元利率和其自身响应最大，对日元响应最小，人民币 Shibor 虽然居于中间层次，但排行最后。

二、证券市场国际互动特点：一体化关系隐约出现，但自身风险仍然是主体

无论是从整体上全球视角考察还是分层次研究中国证券市场与主要发达市场、与金砖市场、与港台市场之间关系，都会发现全球证券市场已经融为一体。中国证券市场虽然整体上也融入全球化，但这种融入不是被动就是部分融入。仅仅表现为一种水平上的依赖，而中国市场的短期波动主要信息还是来自自身。

（一）整体上看，全球证券市场已经融为一体，只是中国证券市场的国际化停留在指数水平的国际一致上，其波动仍然是主要来自自身

本书运用协整检验、因果检验和 VEC 模型等方法分别从整体上和结构上多视角考察了中国证券市场指数（道中88）与全球10个主要结构指数之间的关系，研究发现全球证券市场已融为一体，但各地区市场、不同发展水平指数的地位和影响截然不同。中国证券市场虽然已全面融入全球化，但这种融入仅是其指数水平的国际依赖，其国际地位和影响力实际上还比较小。

中国证券市场短期波动全球最大，但其新息来源主要是自身，而且与国际市场关系十分特别，彰显出"避风港"功能。从水平看，受全球发达国家指数和发展中国家指数波动影响，却仅对全球发达国家指数有反作用。从区域看，中国证券市场的互动传递路线非常简单，影响美洲指数却仅表现为对亚太指数和拉美指数波动的显著反应。在新兴市场中的核心地位尚未形成，不仅被动接受大中华指数波动信息而且对金砖国家指数和亚太（除日本）指数的影响也很小。这些特征应该引起综合性关注。

1. 中国证券市场整体上已经融入全球化，但其地位和作用都还比较小。全球证券市场一体化在不同地区、不同水平市场之间存在差异。从区域看，美洲指数地位最

强，是全球的主导，引导全球各地区指数而不受它们引导；拉美指数最弱，不受美洲之外的其他任何指数引导且仅表现出对发展中国家指数的单向引导。欧洲和亚太市场地位居中，它们的指数与不同发展水平指数之间信息共享、相互影响。从水平看，发达国家指数在全球起主导作用，发展中国家指数的影响不显著。除了金砖四国指数外，中国证券市场指数、大中华指数和亚太（除日本）指数均对全球指数有显著贡献，只是它们的地位和作用还比较小。

2. 中国证券市场国际化首先表现在其指数水平的国际一致，而短期波动的新息主要还是来自自身。从长期看，中国证券市场指数与全球除了发展中国家指数外的其他9个结构指数之间已经存在显著的协整关系。从区域看，美洲指数对中国证券市场指数的引导作用最大，其次是欧洲指数、亚太指数和拉美指数。从水平看，中国证券市场指仅受发达市场指数影响而不受发展中国家指数显著作用。新兴市场中仅大中华指数与中国证券市场指数存在相互引导关系，而亚太（除日本）指数和金砖国家指数才仅表现出对证券市场指数单向显著引导关系。

但短期看，中国证券市场的波动与国际市场关系还很脆弱，仅与发达国家指数存在双向互动关系。而且区域路线也很简单，受亚太指数和拉美指数影响而仅影响美洲指数。不仅如此，中国证券市场短期波动的新息来源主要是自身，而且对外冲击还相当小。

3. 中国与新兴市场指数关系还很脆弱，完全处在被动接受信息状态；其核心功能发挥尚需时日。长期看，中国证券市场对所处三个层次新兴市场指数的依赖关系，由内向外逐渐减弱。金砖四国指数的作用不显著，只有大中华指数和亚太（除日本）指数对中国证券市场指数水平有显著贡献（前者为正向，后者为负向）。短期看，中国在周边新兴证券市场中尚处在边缘境地。新兴市场指数相互影响，而且对中国指数均有显著作用；可反过来，中国证券市场的波动不仅对亚太（除日本）指数和金砖国家指数作用很小而且对大中华指数作用不显著。尤其是在大中华经济圈中，中国证券市场的核心功能亟待增强。中国证券市场波动新息主要是自身；而大中华指数波动的新息来源首先是亚太（除日本）指数，其次是自身和金砖四国指数的冲击。而中国证券市场波动的作用还相当小。

4. 中国证券市场短期波动全球最大，却是国际证券市场的避风港，应该引起重视。全球各地区证券市场波动不一，拉丁美洲指数波动最大。而中国证券市场短期波动比拉美指数波动还大。尽管其新息97.75%来源自身,可这样的证券市场却被国际投资者当做避风港。即国际市场波动引起中国证券市场同向变动,而中国市场的波动对国际市场波动有减轻作用。这不能不给予重视。

(二) 与发达证券市场之间长期协整关系已隐约出现,但不确定性很大而且易受突发事件冲击

本书运用滚动协整等方法检验了中国证券市场国际一体化的动态变化。研究发现中国证券市场国际一体化已隐约出现,但不确定性大,且突发事件可能引起协整系数异常变大。中国与各发达市场之间协整一致的相互引导关系已基本形成,不过彼此之间的同步关系主要还仅停留在周期分量上。而且,国际波动关系还相当弱小,尽管表现出关系不对等。加入世贸组织后中国证券市场国际一体化水平似乎难以定性,但实际上是显著提高的;其间美欧金融危机导致中国市场国际一体化全面下降以及一体化水平出现分化。

1. 中国证券市场国际一体化已隐约出现,但不确定性大。中国与发达证券市场之间一体化平均水平不高,整体上处于分割状态。但国际一体化已隐约出现,几乎每年至少有一两个滚动子样本区间与发达市场走势显著一致,滚动协整显著的概率已达到5.3%~7.5%。从结构上看,更多的显著性出现在周期分量的"波峰",既有全球经济平稳繁荣期也有金融危机背景,表明中国与发达证券市场之间协整性还具有很大不确定性。在金融危机期间,危机发生国与中国市场的一体化水平可能减弱;如果危机国市场在国际上居于主导地位,则引起非危机国与中国国际化水平下降,只是下降幅度要低于危机国;如果危机国市场处于从属地位,中国除了与其一体化水平下降外,可能还会与非危机国国际一体化增强甚至高度一体化。从国内看,似乎混业阶段波动剧烈,加入世贸组织后至危机前的开放阶段出现显著性的频率较高。

2. 中国与各发达市场间的协整关系已相互引导,但彼此同步关系主要停留在周期分量上。其引导关系以中美、中英和中德三个滚动协整为主体,形成相互引导的三角局面,进而带动中日、中法、内地香港市场间的协整。在互动机制中,以中美、中英互动为主导。以中日、内地香港、中法互动为从属,但均对中德市场互动有影响。不过彼此间的同步关系还很脆弱,整体上仅中日与中美迹统计量时变走势显著一致,而其他均无显著的时变一致关系。主要原因是仅有两对非周期分量中日与中美、内地香港与中英之间是一致的,尽管周期分量之间时变一致性高,除了中日,其他五个周

期分量已经直接或间接一致。

3. 中国证券市场国际溢出效应还很低，不仅误差调整系数非常小而且突发事件还可能引起协整系数异常变大。中国与发达证券市场间的波动溢出效应很低，每对方程中的误差调整系数都非常小。这表明中国与各发达证券市场之间的长期协整关系对它们之间短期波动约束力非常小。不仅如此，这种协整性的约束还具有明显的不对等性。突出表现在中国证券市场的短期波动向长期协整关系的调整速度明显比发达市场调整速度大一个数量级别。意味着中国证券市场波动对与发达市场一致关系的依赖性，远比发达市场对这种一致关系的依赖性大得多。此外，突发事件可能引起协整系数出现一些异常值。

4. 加入世贸组织后中国证券市场国际一体化水平似乎难以定性，但实际上是显著提高的。笼统地看，中国与发达证券市场之间一体化在加入世贸组织后表现不一，既有中美、中德迹统计量显著下跌型也有中日、内地香港显著上升型，更有中英、中法前后变化不显著的状况。主要原因是迹统计量受在加入世贸组织前的混业阶段极高与在加入世贸组织后美欧金融危机期间变低的影响。混业经营阶段的"混乱"导致国内证券市场国际一体化水平非常高，即使市场尚未开放。如果不考虑这两个阶段，中国证券市场国际一体化水平在加入世贸组织后明显提高。加入世贸组织后特别是实施 QFII 制度以来，中国市场国际一体化趋势明显加快，直至 2007 年 2 月美国次贷危机出现征兆之前，尤其是亚洲日本、香港地区两市场，中国与它们之间协整关系上升幅度最大；可能是中国与其是近邻，经济贸易关系更为紧密，经济的基础性联系更强。从误差修正系数还可以看出，各发达证券市场对中国市场误差修正系数的显著性在加入世贸组织后明显增多，由此前的不显著变成此后的基本显著，意味着国际市场短期波动对中国市场的关注度由加入世贸组织前的毫不理会到加入世贸组织后的显著提高，也即中国市场在入加入世贸组织后对国际市场短期波动的影响显著增强，尽管程度非常微弱。其间，中国证券市场国际一体化显著提高主要得益于国内外平稳繁荣的经济金融环境，为中国分享国际利益提供了机遇。

5. 美欧金融危机引起中国证券市场国际一体化全面下降以及一体化水平的分化。加入世贸组织后中国证券市场国际一体化发展态势在美、欧发生金融危机后没有得到延续，国际一体化水平整体上不升反降。其中中美、中德两迹统计量下降幅度相当深，不仅显著低于阶段 3 而且还显著低于加入世贸组织前的阶段 2 水平；中英、中法跌回至加入世贸组织前的阶段 2 水平；相对来说，中日、内地香港两个协整关系所受的影响较小，其迹统计量虽然显著低于阶段 3 水平，但仍然显著高于阶段 2。原因可能是美、欧是金融危机发源地，受本国恶化的经济、金融形势困扰，不得不对内更加专注于国内问题的解决，对外搞国际保护主义。两方面综合在一起导致与中国证券市场一体化水平下降。1997 年亚洲金融危机期间中日、内地香港迹统计量下降的原因也是如此。不同的只是美欧证券市场在全球处于主导地位，具有引导全局的影响，在美欧金融危机中引致其他市场国际一体化水平也出现下降，只是下降幅度要小；而亚洲金融危机期间，香港和日本市场在国际上处于从属地位，影响相对较小且仅具有局部性，加之危机源自欧美国际炒家的投机，导致欧美证券市场与中国市场的国际一体化水平不降，反而高度联动，与 1994 年拉美金融危机期间的表现类似。

（三）与金砖市场

本书研究发现，金砖证券市场相互之间因投资、贸易等经济活动的存在而形成一定的联系。各国股票收益率不考虑汇率时彼此差异较大，考虑后则出现了国际均等化倾向。无论从水平还是从波动溢出效应看，只有中国存在单市场和跨市场投资者的利益分割。中国证券市场的大国地位仍未确立。当务之急是要走出中国在金砖国家中核心而不主导的困局。

1. 各国股票收益率不考虑汇率时彼此差异较大，考虑后则出现了国际均等化倾向。不考虑汇率时，中国收益率在四国中最低，但其波动性位居第三且波动持续期最长；印度收益率位列第三，而波动最小；中国和印度市场收益率与国际市场无差异；俄罗斯收益率最高，波动也最大；巴西的收益率和波动性均排在第二位；四国平均收益率显著高于全球和区域平均水平。而考虑汇率因素后各国收益率则出现了国际均等化倾向，且四国收益率的整体平均水平显著下降，同时投资于四国将出现亏损，其原因可能是整体风险增大。这些特征为国际资本提供了许多想象空间。

2. 从水平溢出效应看，巴西市场与俄罗斯相互影响；巴西影响印度。不考虑汇率因素，中国受俄罗斯影响；考虑汇率因素，中国受其他三国影响。表明巴西与俄罗斯之间的关系较为紧密，可能的原因是与其同为资源大国有关，前者是铁矿石的主要供应商，后者是石油和天然气的主要输出国。两类资源在国际市场同涨同跌。中国不影响其他三国，反而在考虑汇率时受它们影响，不考虑汇率时受俄罗斯影响，意味着中国证券市场的大国地位仍未确立。

3. 从波动溢出效应看，中国与其他三国市场之间的投资组合风险不一样。中国与俄罗斯之间存在风险叠加效应；与巴西之间存在反向关系，可以分散投资风险；与印度之间存在风险中性关系。

4. 无论从水平还是从波动溢出效应看，巴西、俄罗斯和印度的单市场和跨市场投资者收益、波动关系一致，只有中国存在差异。这表明只有中国证券市场存在两类市场投资者的利益分割，可能与资本项目开放度有关。

（四）大中华经济圈内，大陆与港台证券市场之间已经部分一体化，但这种薄弱关系极容易被美欧金融危机冲断

本书运用三变量 EGARCH 模型从整体上考察了大中华经济圈内大陆、香港和台湾三地证券市场一体化进程，然后分析其同期动态相关性并据其是否出现显著变化进行时段划分，最后对三地市场一体化进行多阶段比较。研究发现三地证券市场已存在一定的内在溢出关系，与所表现出来的静态相关性较为一致。但次贷危机发生后，相互之间的关系却出现了阶段性的显著变化：一方面，大陆与港台市场之间的动态相关系数迅速上升并稳定在 0.99 左右；另一方面，原有的相互溢出效应却突然消失。这一貌似上升实际上下降的现象，揭示出弱小市场面对国际危机时的一种共同的无奈。

1. 大中华证券市场已经部分一体化，只是这种联系还较薄弱。从相关性看，大陆与港台市场之间相关系数低，除了港台之间相对较高外。从水平溢出效应看，大陆市场最为封闭，既不受自身也不受港台市场影响，且投资者长期处在亏损状态[①]。香港市场最为开放，不仅受自身而且还受大陆与台湾市场的滞后影响。台湾市场较为开放，表现出对香港市场的依赖；大陆对台湾的影响在阶段 1 虽然显著但影响系数低，以至于整体上的综合结果变得不显著。从波动溢出效应看，大陆市场波动只来自自身而不受港台市场波动的影响；香港市场波动除了自身外还受台湾市场波动的影响；台湾市场波动除了自身外仅受大陆波动的冲击。

2. 次贷危机发生后，表面上看大陆与港台市场之间相关程度增强了，但大中华证券市场之间原有的一体化脆弱"链条"实际上却被中断。次贷危机发生后，大陆与香港和台湾股市之间的动态相关系数从 2009 年 4 月底开始直线上升，至同年 8 月

---

① 大陆证券市场投资者长期亏损是在本课题模型中发现的一个特有现象。

10日达到最高并稳定在0.99附近;港台市场之间相关系数经过阶段2的短暂回调后,至阶段3也达到最高。可见,从动态相关性看,三地股市波动一致性在危机发生后确实显著提高。但这种一致性可能仅是一种外因引起的"共振"现象。因为三地市场之间此前形成的相互溢出效应在此期间不但没有增强反而消失了,市场之间更加割裂。次贷危机发生后大中华股市内部脆弱的链条实际上被中断。可见,次贷危机发生后,大中华市场一体化进程发生了重大变化,应该引起高度重视。

8.2 中国金融市场的风险特征及表现

必须指出,中国国内金融市场波动风险并不会因为不受国际市场影响而变小。相反,国际比较发现,中国金融市场的波动风险居于世界前列。货币市场虽然短期利率9个品种运行平稳,但3个月Shibor波动仅比港元同期利率小点,而港元利率在全球同期利率波动居首位。证券市场指数全球波动最大,而且投资者亏损的概率几乎高达50%。如此高的金融风险之所以能够维持金融市场的高成长,一个主要原因是得益于该市场的相对封闭。

一、货币市场风险的特征与表现

中国货币市场10个品种中,仅人民币3个月Shibor是随机游走的I(1)序列,其他9个短期(如隔夜、7天和14天)利率是平稳的I(0)序列,但与国际市场相比,这种平稳的相对性显得十分脆弱。

(一)同一市场上既有走势高度一致的平稳利率品种同时又存在非平稳时间序列,只能说明市场交易不活跃或信息传递不充分

单位根检验结果表明国内货币市场上10个利率品种呈现出明显的两个不同层次:一是1个月以内(包括隔夜、7天和14天)的短期利率品种,其单位根检验均为平稳的I(0)变量;二是1个月以上的长期利率品种(如人民币3个月Shibor),其单位根检验为随机游走的I(1)变量。不仅如此,这两类利率的走势和国际关系也迥然不同。前者走势高度一致,似乎与国内经济周期密切相关,而与国际主要货币利率关系很弱;后者虽然也受到国内经济周期影响但却与国际市场有显著的协整关系。这

表明中国货币市场仍然是一个相对封闭的小市场,不仅交易不活跃而且信息传递不畅。

(二) 货币市场利率与报价利率关系倒挂

Shibor 与市场定价体系(如国债回购利率)的同一期限利率标的实际上都是同一期限人民币利率,相互关系理应合理。然而其关系不顺,该属于同一类的不能归类,不该归类的却变得几乎雷同。比如 Chibor 和 Shibor,彼此同期利率之间差异过大,不仅数值有别而且关系不密切。而 Shibor 与国债回购利率分属于两个不同系统,彼此同期利率几乎没有显著差异。不仅如此,Shibor 对国债回购利率表现出极强的"被引导"倾向。这些都与国际货币市场发展相悖。国际上,货币市场的基准利率如伦敦的 LIBOR、香港的 HIBOR 和美国联邦基金利率在市场上起基准作用,同一货币市场同一品种遵循"一价原则"。如果有不同价格那是市场结构差别或者风险不同的反映。

可见,中国货币市场如果不尽快解决报价基准利率与市场定价利率关系倒挂问题,就不可能真正实现基准利率的市场化形成和资金市场化配置功能。

(三) 同一品种不同期限利率差异过大,存在套利风险

理论上讲,同一品种不同期限的利率适当拉开,有助于体现时间价值和风险。但国内货币市场上这种利差过大。无论 Chibor、Shibor 还是国债回购,在隔夜、7 天和 14 天(甚至 3 个月)利率水平上的差距达到足够套利的程度。而且随着期限的延长,彼此之间的利差越大。这表明中国货币市场上人民币利率的时间价值在估算中出现了双重标准。尽管随着期限的延长、风险的增大,利率水平自然应该逐渐上升,但是过大的利差必然会吸引跨期套利者的追逐。

(四) 3 个月 Shibor 已经与国际市场一致,表明一旦有机会国际资本随时会冲击国内货币市场

研究发现,国内人民币 3 个月 Shibor 与欧元、港元、日元、英镑、新加坡元和美债同期利率存在稳定的多元协整一致关系。这表明国际资本完全有条件对国内货币市场上的 3 个月 Shibor 品种进行投资套利活动。而且事实已经证明,该品种在于国际市场一致的过程中波动风险明显增大。样本期内,其均值为 3.37%、标准差为 1.41%,波动幅度接近国际货币市场上同期利率波动水平。国内货币市场上那些平稳运行的短期利率品种一旦放开,其波动幅度也会接近国际主要货币利率平均波动水平。

二、证券市场风险特征与表现

相对来说，国内证券市场起步较早，已经有20多年发展历程。无论是自身成长还是对经济建设的支持，都取得了骄人成就。但在高成长过程中所暴露出来的高风险问题不容忽视。

（一）指数变动风险全球最大

样本期间中国境内无论是上海还是深圳证券市场价格指数波动频繁。上证指数均值为1904，中位数为1594，可最高指数达到6124，最低点指数为516，两者之差高达5608点。深圳最高达到19531点，最低930，标准差4173。如此剧烈波动全球少见。如果用道琼斯中国证券市场88指数衡量，则其上下振幅（级差）有491点，标准差86点。两者绝对数虽然有所减少，但与均值相比分别为307%和54%，不但没有下降反而波动更大。

表8-1列出了全球证券市场及其主要结构指数。可以看出，全球证券市场从发展水平看，新兴市场波动较大，相对振幅和标准差分别达到199%和51%；从区域看，拉美证券指数波动最大，相对振幅和标准差分别为273%和77%。而它们与中国证券市场指数波动相比都要逊色。可以说，中国证券市场指数波动全球最高，在大中华经济圈内比港台市场指数高，比金砖国家指数高，比亚太指数波动大。

表8-1　　　　　　　　中国证券市场指数波动全球比较

股指名称	均值	中位数	最大值	最小值	极差	相对极差（%）	标准差	相对标准差（%）
道中88	159.6	137.9	530.5	39.4	491.1	307.65	86.59	54.24
全球指数	155.5	156.8	243.0	83.8	159.2	102.38	39.65	25.49
发达国家指数	152.0	153.5	229.8	82.4	147.4	97.01	38.01	25.01
新兴指数	257.1	190.8	612.8	99.2	513.6	199.81	131.72	51.24
欧洲指数	144.8	148.0	228.1	69.6	158.5	109.51	41.88	28.93
美洲指数	152.2	159.5	234.2	62.7	171.4	112.65	44.1	28.98
拉美指数	349.6	208.2	1020.7	63.8	956.9	273.75	269.43	77.08
亚太指数	188.1	186.8	304.9	113.0	191.9	101.97	37.93	20.16
亚太（除日本）指数	229.1	207.0	464.2	117.5	346.7	151.35	70.63	30.83
金砖国家指数	501.7	515.2	884.9	200.0	684.9	136.52	179.06	35.69
大中华指数	199.1	186.0	405.2	103.7	301.5	151.44	53.86	27.05
上证指数	1904.4	1594.6	6092.1	516.5	5575.6	292.78	989.695	51.97

对于中国证券市场指数剧烈波动的原因有各种各样的解释。而经典的解释还是市场原因,即长期以来一直存在的中国证券市场一、二级市场差别定价制度。该制度的最大好处是通过一级市场的低定价和二级市场的高定价来源源不断地满足上市公司筹资需求。但正是这种差别定价使得二级市场重心失衡。一方面承销商和机构投资者需要在二级市场推高股价出货,另一方面发起人可将极低成本甚至零成本获得的股票脱手兑现,结果导致同一只股票在二级市场上翻江倒海、上下起伏,始终找不到均衡价格。可见,这个问题不解决,中国证券市场价格剧烈波动问题就不可能彻底解决。

(二) 投资者亏损的概率几乎高达50%

表8-2是通过计算而得到的国内主板证券市场上不同期限投资收益情况。表中设有隔天、7天、14天、3个月、3个月、6个月和1年共7个期限结构投资品种。通过比较可以发现,投资跨期越长,投资收益率波动越大、平均水平越高。1元投资隔天最高可获得1.31元,最低仅得到0.84元,平均收益为1.0005元;一个月最高可获得1.41元,最低只能得到0.72元,平均收益为1.0110元;一年最高可获得3.33元,最低只有0元。市场的高定价32元,平均收益1.1670元。当然如果考虑连续投资的复利和风险叠加效应,则一年内的累计收益与累积风险与每次投资的跨期成反向关系。隔天投资的累计收益率最高,年均收益率13.28%;累计风险也最大,标准差是年均收益率的36.2倍。一个月投资的累计收益率年平均为13.25%,标准差是年收益的8.07倍;一年投资的累计收益率最低,年平均收益率只有16.70%,标准差是年收益率的2.84倍。可见,在国内证券市场指数剧烈波动的情况下,无论哪种策略,投资者都要承受收益剧烈波动的大风险。

从次数看,投资者亏损的概率几乎高达50%。隔天交易一次的投资有51%的次数属于亏损状态。尽管这个亏损面随着交易跨期的延长有所减少,但一年交易一次的投资也有46%亏损面。如果国内证券市场上广大中小投资者的行为是很随机的,从这个意义上讲,居于中间位置的各期投资年收益率才能更真实地体现国内证券市场上广大中小投资者的平均收益水平。他们一天交易一次的年收益为0;一个月交易一次的年收益率为8.1%;一年交易一次的年收益率仅有3.5%。很难想象,这种状况对国内投资者能有多大吸引力,除非他们是非理性的和没有其他更好的选择机会。

表8-2　　　　　　中国主板证券市场不同期限结构投资收益汇总表

期限	1天	7天	14天	1个月	3个月	6个月	1年
平均收益	1.0005	1.0026	1.0051	1.0110	1.0346	1.0763	1.1670
年收益率1	0.1760	0.1328	0.1370	0.1325	0.1386	0.1526	0.1670
中位收益	1.0000	1.0017	1.0031	1.0067	1.0171	1.0369	1.0349
年收益率2	0.0000	0.0905	0.0845	0.0808	0.0685	0.0738	0.0349
极大收益	1.3099	1.5419	1.5703	1.4162	1.6775	2.0919	3.3322
极小收益	0.8361	0.7361	0.7036	0.7185	0.5936	0.4582	0.3177
极差收益比	947.6000	309.9230	169.9410	63.4273	31.3266	21.4115	18.0509
收益标准差	0.0181	0.0417	0.0587	0.0888	0.1711	0.2700	0.4740
标准差收益比	36.2000	16.0385	11.5098	8.0727	4.9451	3.5387	2.8383
亏损概率	51%	49%	49%	48%	46%	44%	46%

（三）跨国投资者能分享"均等化"利益而国内投资者不能，开放风险很大

中国证券市场在开放过程中吸引了多元化投资者，既有专门投资于本国的单市场投资者又有跨境投资的跨境投资者。前者多是普通的国内散户，仅关注证券市场的收益；而后者多是国际投资机构或个人，更关注经汇率调整后的收益。然而本书发现，这两类投资者在国内证券市场上的境遇截然不同。表8-3把中国证券市场放在金砖国家内进行比较。

表8-3　　　　　　中国证券市场两类投资者收益率差异国际比较

	收益率指标	均值	中位数	标准差	正态性检验		偏度	峰度	单整性
					JB统计量	概率			
不考虑汇率	金砖四国均值	1.0059	1.0068	0.0342	695.2370	0.0000	0.0419	7.5184	I(0)
	其中：中国	1.0025	1.0016	0.0476	8 343.1000	0.0000	1.6613	18.2986	I(0)
	巴西	1.0075	1.0102	0.0560	1 481.0100	0.0000	0.4710	9.5283	I(0)
	印度	1.0026	1.0058	0.0405	129.9020	0.0000	-0.0823	4.9465	I(0)
	俄罗斯	1.0109	1.0081	0.0757	24 119.1000	0.0000	2.1876	29.2559	I(0)
考虑汇率	金砖四国均值	0.9483	1.0040	0.2317	7 259.1800	0.0000	-3.7593	15.5185	I(1)
	其中：中国	1.0028	1.0022	0.0407	539.6060	0.0000	0.4274	6.9921	I(0)
	巴西	1.0040	1.0094	0.0608	708.5450	0.0000	-0.6933	7.4680	I(0)
	印度	1.0021	1.0055	0.0440	218.5970	0.0000	0.0564	5.5960	I(0)
	俄罗斯	1.0053	1.0057	0.0679	1 304.7500	0.0000	-0.0989	9.3452	I(0)

表 8-3 列示了中国与金砖国家两类投资者收益率的国际比较。可以看出，不考虑汇率，中国证券市场的收益率全球最低。在金砖国家内，俄罗斯证券市场收益率最高，标准差也最大，分别为 1.0109、0.0757；其次是巴西；印度的均值为 1.0026 位列第三，而标准差 0.0405 在金砖国家中最小；中国股票收益率 1.0025 最低但其波动性位居第三。但考虑汇率因素后，金砖各国证券市场收益率出现了"均等化"倾向，中国证券市场收益率开始增大；而其他三国的收益率却出现了下降。这种倾向表明中国证券市场对于跨国投资者非常有利，而让大多数单市场投资的国人处在不利地位。可以预期，一旦许可国内投资者自由对外投资，他们也会选择跨市场投资。

很难想象，当国人也能投资于比国内证券市场高的国际市场时，中国证券市场是否还可以维系。

（四）互动风险，与发达市场协整关系已隐约出现，但遇突发事件异常

中国证券市场自 1994 年 1 月 3 日开始交易以来与国际市场协整关系即已经隐约出现，特别是与发达证券市场之间协整关系似乎年年都有相应的协整时间段发生，尽管这种协整关系出现的概率还不高。其间，加入世贸组织前后中国证券市场国际一体化水平得到显著提高。但这并不是说一体化水平越高越好。加入世贸组织前中国证券市场经历了高国际化向低国际化的转变，可那是中国金融从无序的混业状态向有序的分业经营模式的过渡。之后美欧金融危机的爆发引起了中国证券市场国际一体化水平的下降和结构性分化，可那是中国作为新兴市场的正常反应。可见，国际一体化水平的提高对于正处在高成长阶段的中国证券市场来说，可能是利好，也可能是利空！

关键看中国证券市场能否在分享国际利益和财富流失中求得平衡。遗憾的是中国证券市场国际一体化水平还很脆弱。首先，国际一体化究竟何时发生，还带有很大偶然性。其次，中国与各发达市场之间的协整系数还不稳定，遇有突发事件会变得异常大。最后误差调整系数小到可以忽略的程度。这些都表明中国证券市场国际一体化进程还有很多不确定性。

8.3 当务之急要化解自身风险

很显然，中国金融市场的"高封闭"与"高风险"已经完全不适合当前经济全

球化、金融全球化发展潮流。因此，中国必将进一步扩大金融市场的对外开放。在这一过程中，国际一体化是一把"双刃剑"，既能够带来全球化利益又会引起国内市场波动风险。当务之急中国必须学会强身健体，主动化解自身风险以便更好地分享国际分工带来的利益；同时要学会甄别国际风险，通过预警将国内市场的波动风险控制在适度水平。

（一）要分享国际利益就必然要加快开放步伐

应该说，上述问题的出现与中国目前金融发展阶段密切相关。整体上看，中国金融市场发展起步较晚，较早起步的股票市场至今才满20年；欲打造成货币市场基准利率的Shibor各品种在2007年初才正式发布，其他市场更是在晚些时候才创建。因此从这个意义上看，中国金融市场在发展阶段出现一些问题是正常的，因为中国金融市场需要用"高封闭"和"高风险"来维持其高成长的发展势头。但必须指出，中国金融市场封闭发展的机会越来越少。

且不说经过30多年的改革开放，中国经济已逐渐全面融入全球化，并已经从开放中显著提升了经济、贸易实力。作为最大的发展中国家，其经济、贸易实力已经位居世界第二，仅次于美国，超过了英、法、日等。中国经济的进一步发展（包括产业升级和结构调整）与效率提升（包括集约化经营、资源配置效率的提高和国际竞争力的提升）还需要借助开放来实现。更何况无论开放与否，中国金融市场已经无法脱离国际环境的影响。就当前形势看，经济全球化、金融全球化已经成为世界发展的主流。各国政府都想方设法扩大开放，试图将本国经济融入全球化，以便能够充分分享全球化带来的利益。中国也不例外，包括金融市场在内的金融业对外开放的步伐从来就没有放慢过。

自1979—1981年允许31家境外金融机构在中国设立代表处开始，中国金融业对外开放拉开了序幕。2001年底加入世贸组织以后，我国公布了银行业对外开放的时间表，逐步取消对外资银行的限制，外资银行业在华大力拓展业务。证券业对外开放度逐步提高，加入世贸组织承诺到2003年11月已全部兑现。而且在世贸组织承诺之外，我国还主动实施了合格境外机构投资者（QFII）、合格境内机构投资者（QDII）等一系列对外开放的制度安排。不断增加QFII投资额度，为其投资国内金融市场提供便利。此外，外资对货币和债券市场参与程度不断加深，进一步促进了货币市场与国外市场的互动。

可以预见，中国金融业的发展战略在不久将来应该发生转移——从以依靠"高封闭"和"高风险"来实现高成长的过渡性战略转移到通过"扩大开放"和"控制风险"来实现金融业的可持续发展战略。在这一过程中，如果自身的体制不完善，控制国际金融风险就不可能成功。

（二）国际化利益与一体化水平并不一定对等

目前中国金融市场的国际一体化已经有所显现。货币市场 3 个月 Shibor 与国际市场同期货币之间多元协整关系已显著存在，尽管其他 9 个短期利率运行平稳。证券市场与发达市场之间一致关系已经隐约出现，尽管与新兴市场（如金砖国家、大中华经济圈内）之间关系还较弱。可以预见，随着对外开放步伐的加快，中国金融市场的国际一体化水平会越来越高。

但国际一体化水平的提高是一个渐进过程，在这一过程中，稳健的国内外环境能让一国充分分享国际化利益；不健康的环境则可能使一国遭受损失。切不可盲目追求国际一体化水平的提高，否则会葬送多年积累起来的金融改革财富。国际上这方面的痛苦教训（如历次拉美金融危机及亚洲金融危机）不胜枚举。国内证券市场加入世贸组织前后一体化的变化过程也说明了这一点。

中国与发达证券市场之间一体化在加入世贸组织前后显著提高。可如果笼统地看，各发达市场与中国市场之间协整关系变化的表现不一致，既有中美、中德迹统计量显著下跌型也有中日、内地香港显著上升型，更有中英、中法前后变化不显著的状况。根本原因就是因为"一体化"水平既可以在有序状态下发生也可以在无序状态下发生。中国与各发达证券市场之间协整的迹统计量受在加入世贸组织前的混业阶段极高与在加入世贸组织后美欧金融危机期间变低的影响。混业经营阶段的"混乱"导致国内证券市场国际一体化水平非常高，即使市场尚未开放。

如果从国内外环境稳定背景看，将这两个非正常阶段撤开，则中国证券市场国际一体化水平在加入世贸组织后实际上明显提高了。加入世贸组织后特别是实施 QFII 制度以来，中国市场国际一体化趋势明显加快，直至 2007 年 2 月美国次贷危机出现征兆之前，尤其是亚洲的日本和香港地区两市场，中国与它们之间协整关系上升幅度最大；可能是中国与其是近邻，经济贸易关系更为紧密，经济的基础性联系更强。从误差修正系数还可以看出，各发达证券市场对中国市场误差修正系数的显著性在加入世贸组织后明显增多，由此前的不显著变成此后的基本显著，意味着国际市场短期波动对中国市场的关注度由加入世贸组织前的毫不理会到加入世贸组织后的显著提高,也即中国市场在加入世贸组织后对国际市场短期波动的影响显著增强,尽管程度非常微弱。

加入世贸组织期间,中国证券市场国际一体化显著提高主要得益于国内外平稳繁荣的经济金融环境,为中国分享国际利益提供了机遇。千万不可一味地追求国际一体化水平的提高;否则,历史上的混乱很可能还会重演。

(三) 化解自身风险乃当务之急

国际经验一再表明,一个脆弱的金融市场不可能在开放中获得国际利益;反而会在国际金融市场显得更加不堪一击,易于被国际投资者或炒家掏空财富。20世纪90年代墨西哥金融危机和亚洲金融危机、2001年俄罗斯金融危机以及2010年以来欧洲主权债务危机都表明,高风险脆弱的金融市场体系除非永远封闭,否则一旦开放随时都可能存在被来自国内外的各种冲击摧垮的风险。可见,中国金融市场要想在不断扩大的对外开放中能够分享国际利益,首先必须重视强身健体,做好自身的市场机制建设。此时的任何麻痹和侥幸都可能成为完全开放后的隐忧。因此,当务之急是要根据国内各市场的特点采取有效措施来防范和化解国内风险。

就货币市场来说,其所暴露出来的品种结构分层、报价系统Shibor与Chibor、国债回购等市场定价关系倒置,应该引起监管部门的高度重视,并给予重新梳理。否则一旦开放,国内货币市场的利率均衡很快会被国际资本冲击所打破,通过市场定价系统向报价系统逆向传导,甚至会引起报价系统的误判和影响国家货币政策效果。因此,采取有效措施解决当前国内货币市场暴露出来的问题已刻不容缓。

1. 重塑Shibor定价系统,理顺货币市场利率关系。同一个市场中完全相同的人民币不同期限利率,只能有一个利率价格,这是市场规律的基本要求。否则,多个利率之间必须有一个基础利率,如美国的联邦基金利率、伦敦市场的LIBOR等。中国货币市场上的Shibor是借鉴伦敦市场的LIBOR而设立的;然而Shibor报价在国内货币市场上表现非常尴尬,基准功能不足。Shibor对拆借市场的Chibor引导作用非常有限,但却受国债回购利率强力引导(甚至它们之间的7天利率和14天利率没有显著差异)。显然,这种状况不仅违背了Shibor设立初衷,而且还有可能扰乱货币市场定价秩序,急需尽快解决。

最有效的方法是借鉴国际经验,重新塑造Shibor形成机制。国际上看,美国联邦基金利率是由美联储确定并在公开市场参与交易的利率；LIBOR 是由伦敦有影响的大银行共同报出的利率，它们都有一个共同的特征，即市场交易活跃。然而中国货币市场上拆借业务相对清淡，Chibor 是当天的平均利率；仅国债回购市场稍微活跃一点，因此国债回购利率便成了名副其实的 Shibor 报价。因此，建议在中央银行和众多金融机构都参与的央行票据市场重新塑造 Shibor 以便理顺货币市场，让其真正能发挥基础利率作用，从而改变报价利率依从于市场利率的不合理境况。

2. 增加投资主体和交易品种，迅速做大货币市场规模。目前国内货币市场短期利率平稳运行的交易额实际上不太大，交易次数有限。一有风吹草动或者开放，这种均衡极容易被打破。因此，适当地降低市场准入门槛，在现有交易主体的基础上急需探索进一步引入更多的各地市分支机构参与市场交易的可行性；适当优化市场结构，在现有国债回购基础上研究增加公司债券交易的可行性，打破银行间债券市场与交易所债券市场的分割。实际上，相当一部分地市级分行都是独立核算、自负盈亏的主体，他们自身也有挣脱系统内部高度计划划拨资金的要求。如果能够将其引入货币市场既可以活跃市场还可以在更大范围提高金融资源配置效率。公司债不像地方政府债那样无约束，其发行交易既可以活跃市场又可以促进企业提高效率。

3. 改进公开市场操作方式，让新的 Shibor 成为央行货币政策风向标。目前，人民银行货币政策工具很少与货币市场利率有直接关系。利率价格政策通过调节存贷款利率来实现，货币数量政策则通过存款准备金率的调节和央行票据的发行与回购来实现。新的报价系统形成后，人民银行是否可以考虑在货币市场上推出以报价系统利率为基准的计价工具进行政策操作，考虑利率政策由存贷款利率的直接调控逐步过渡到以货币市场报价为基准的间接调控上来。

就证券市场来说，其所表现出来的价格剧烈波动、亏损面大、开放风险和互动风险等问题，实际上暴露了中国证券市场的脆弱性——亟待强身健体！具体措施如下。

1. 尽快结束一、二级市场差别定价制度，让同股同权开始于起点。一、二级市场差别定价是指原始股东的成本非常低甚至为 0，而二级市场的股价高达数元甚至上百元。应该说，一、二级市场差别定价刚开始无论对证券市场发展还是对国有企业改制上市都曾经发挥过积极作用。可当这一制度被广泛应用于民营企业和上市公司的高管时，不平等的社会矛盾便有了合法的不平等经济基础。此时再在证券二级市场上寻求平等交易已经为时晚矣。随着大量不平等交易的发生，二级证券市场必然失去平衡，价格指数上下起伏不定。因此要想减轻中国证券市场价格波动幅度，就必须从实质上结束一、二级市场差别定价制度。

事实上，这一制度现在已经彻底完成了历史使命，除了继续制造三五九等投资者外。如果说当初"一级市场低价发行、二级市场高价交易"是为了国企改制降低成本，那么现在的许多国有企业和上市公司已经盆满锅满、不缺钱了。可见，该制度已经到了非改不可的时候。否则，当断不断，必留后患。

2. 强化市场融资约束机制，扭转二级市场长期投资亏损局面。中国证券市场要想在开放中立于不败之地，必须尽快解决现在投资收益率平均水平低、亏损面大的问题。否则，除了投机，是不可能吸引长期投资者的。

目前，中国证券市场之所以会出现如此窘境，一个根本原因就是二级市场上的投资者利益无人尊重。一方面，证券市场像一个巨大的海绵，源源不断向企业提供资金。无论企业经营状况好坏，都可以在证券市场筹资，而且上市公司申请1亿元，监管部门批准5亿元。另一方面，无论筹资是否上项目，无论企业经营如何、是否分红，证券市场毫无约束力。这种状况不改变，企业何来效率？公司何来发展动力？

因此，必须尽快强化市场约束，让投资者的资金真正用在好企业的好项目上；让企业的经营始终处在投资者的监控中。因为只有市场约束与市场付出对等才会产生市场效率。

3. 提高对国际互动的甄别能力，充分分享国际利益以做强自己。国际互动不全都是风险，也会带来利益。一概拒绝是不可能分享国际利益的，盲目承接又可能遭受冲击。过去20多年里我国证券市场受一系列扩大对外开放政策的鼓舞，整体上已经与国际市场之间出现隐约的互动关系；但由于缺乏强有力的甄别能力，结果不得不在过度防范风险中失去了对许多有益的国际互动机会。

随着扩大开放步伐的加快，提高风险与利益甄别能力更加急迫。本书研究发现，一国金融市场有"有序"与"无序"之分，国际金融环境有"稳定"与"非稳定"之别。通常，国内有序与国际稳定的时候，互动是利多，应该充分利用。国内有序而国际不稳定时，市场互动有一个自我调节过程，应该关注其变化。如果国内市场无序，则不论国际环境如何，都应该警惕互动风险。

8.4 控制国际风险关键在预警

通常，国际突发事件的发生都可能对中国金融市场的国际一体化产生冲击，只是这种冲击显著与否。从证券市场来看，中国与发达证券市场之间协整关系隐约出现，而且带有明显的经济周期特征，繁荣时期，协整关系增强，萧条期协整关系也下降。它们之间的协整系数遇到突发事件异常变大。中国与金砖国家市场互动关系、大中华内部各市场之间一致关系，遇到美欧金融危机后都在下降。这一切表明国内金融市场遇到国际突发事件时自身有一个自我调节的适应机制。

这一机制的客观存在为我们强化对国际风险的预警控制提供了便利。因为国内各金融市场在运行过程中都有一个相对稳定的均值和标准差，从大数定律看，其约有95%点应该运行在"均值±1.96标准差"区间。即使其均值和标准差可能是动态时变的，现代计量经济学均提供了许多成熟方法对此进行拟合（如在险价值法、ARMA/ARIMA/ARFIMA 族模型和 GARCH 族模型等）。一旦突发事件爆发，必然会引起市场价格异常波动，诱发风险上升或下降。而预警恰恰能够及时地捕捉到这种异常信息，因而是控制国际互动风险的最有效措施。无论是市场投资者还是市场管理部门都可以运用这些方法像预测台风等自然灾害那样对国际互动风险进行有效控制。

下文我们运用经典的模型和方法对国内货币市场和资本市场的价格变动和收益变动进行的风险预警。

一、货币市场风险预警与控制

中国货币市场上10个利率品种分两类：一类是以隔夜、7天和14天利率为代表的9个短期利率品种，运行平稳；另一类是以3个月 Shibor 为代表的利率品种，运行随机。它们的风险走势截然不同，因而控制策略也有差异。这里将分别予以讨论。

（一）平稳利率的风险控制

中国货币市场上9个短期利率品种中实际上有两对完全无差异（7天 Shibor 和国债回购 7 天利率相同、14 天 Shibor 和国债回购 14 天利率无差异）。它们的 ARMA (1, 1) 模型，有些已经在第2章进行过拟合。这里为便于分析将是9个利率

ARMA（1，1）模型的拟合结果放在一起（见表8-4）。整体上看，各利率的模型拟合非常好，拟合优度均在0.89附近，DW值都等于2，而且各变量系数均显著，因此非常适合进行风险比较。

表8-4　中国货币市场上9个短期利率品种的ARNA（1，1）模型比较

模型	因变量	Chibor		国债回购利率		Shibor	
	自变量	系数	标准差	系数	标准差	系数	标准差
隔夜	C	2.1551	0.1567	2.1523	0.1587	2.1462	0.1577
	AR（1）	0.9337	0.0101	0.9347	0.0101	0.9346	0.0101
	MA（1）	0.0854	0.0282	0.0694	0.0282	0.0738	0.0282
7天	C	2.7569	0.1850	2.6804	0.1952	2.6796	0.1950
	AR（1）	0.9249	0.0109	0.9335	0.0101	0.9334	0.0101
	MA（1）	0.0733	0.0285	0.0947	0.0281	0.0951	0.0281
14天	C	2.9817	0.2643	2.9505	0.2579	2.9514	0.2680
	AR（1）	0.9563	0.0083	0.9533	0.0085	0.9574	0.0082
	MA（1）	-0.1873	0.0280	-0.0837	0.0282	-0.1168	0.0280

从表8-4可以看出，同一期限不同品种，Chibor、国债回购利率、Shibor之间的差异主要在常数项上，表明它们之间初始投资收益不同；而AR（1）和MA（1）对应的系数几乎没差异，表明它们的变动趋势是一致的。因此，它们之间风险是稳定的和可控的。如果投资者是资金供给者，他可以选择初始利率高的Chibor来获得更高的收益；如果投资者是资金需求者，他可以选择初始利率偏低的国债回购利率或者Shibor以降低成本。当然，它们间共同的不可控的系统性风险，可能是由于国内宏观经济贸易政策突变引起的，也可能由金融市场自身的制度安排决定，因此市场参与者难以通过品种的选择来控制风险。可行的选择就是投资者一定要理性，波动较大时适合于风险喜好型的投机，波动较小时适合于风险厌恶型投资。

同一品种不同期限之间不仅常数项有差异而且AR（1）和MA（1）对应的系数也不同，基本上期限越长，模型中各项系数越大，该期限的投资初始收益在增大；ARMA（1，1）变动过程也在变大，该投资的风险也在增大。可见，隔天利率适合于风险厌恶的投资者，尤其是对资金拆入者来说成本低、风险小。14天利率相对来说适合于风险偏好的投资者，尤其是对资金拆出者来说，波动大、收益大。不过，如果市场参与者更多的是风险中性，那么它们就可能集中在隔夜和7天利率的交易，因为收益越大风险也越大。

至此，我们可以利用下面的风险预警图对多个利率品种进行风险预警和控制提示。预警图有9个，每个图上有关键的5条水平控制线，它们以中间一条均值线（mean）为对称，分别以1个标准差和1.96个标准差为上下两道控制线（up1和down1、up2和down2），将利率纵轴分成六个区域。如果从下至上，每个区域依次定义为"超低""偏低""适度偏低""适度偏高""偏高""超高"，则"超高"与"超低"就是高风险区，其累计出现概率不超过5%；"偏高"与"偏低"就是风险区，"适度偏高"与"适度偏低"就是适度区。

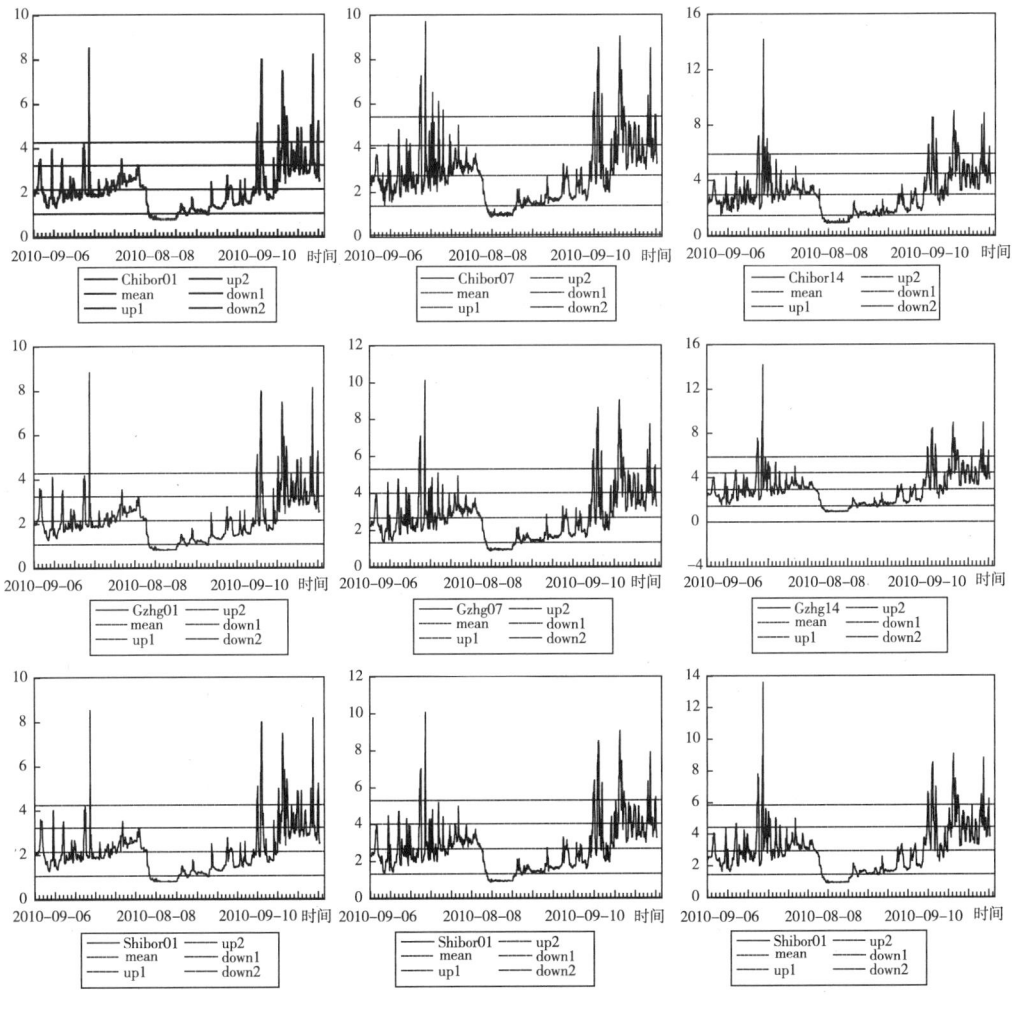

图8-1 利率风险预警图

这样，我们就可以计算出图 8 – 1 中 9 个平稳利率的均值和风险适度区间。中国货币市场上 Chibor 隔夜、7 天和 14 天利率的均值分别是 2.1505、2.7514 和 2.9592，对应的利率适度区间依次为 [1.0688, 3.2322]、[1.3901, 4.1126] 和 [1.4625, 4.4557]。国债回购隔夜、7 天和 14 天利率的均值分别为 2.1472、2.6699 和 2.9283，对应的风险适度区间依次为 [1.0598, 3.2347]、[1.3213, 4.0185] 和 [1.4296, 4.4269]。Shibor 隔夜、7 天和 14 天利率的均值分别为 2.1418、2.6696 和 2.9281，对应的风险适度区间依次为 [1.0601, 3.2235]、[1.3207, 4.0185] 和 [1.4392, 1.4417]。如果各利率超过自己的适度区间，则意味着有风险；而且随着这种超出增大，投资者的风险也增大。如果某利率低于其 down1 线，则对于贷出者收益过低；反之，如果该利率高于 up1 线，则对于贷款借入者意味着成本偏高。它们都可以进行适当的风险规避。

当然，必须指出，上述 9 个利率品种整体上的平稳运行是相对的。特别是在当前货币市场正在创新转型的关键期，各种突发事件和新制度安排都可能会改变这一平稳走势。投资者在实际预警分析时一定要将这些随时都可能发生的系统性风险考虑进模型；需对模型进行修正和调整的一定要调整。这样才能提高风险预警控制能力。

（二）随机游走利率的风险控制

非平稳利率 3 个月 Shibor 是随机游走变量。鉴于其来自国际市场的波动信息几乎可以忽略，其自身信息主要来自自己的历史记录。因此，这里运用下面一阶自回归模型予以拟合。从拟合优度和 DW 值可以看出模型拟合非常好。

$r_t = 0.005006 + 0.999062\, r_{t-1} + 0.596416\, \mathrm{AR}(1)$

　　(0.005294)　(0.001448)　　　(0.021565)

　　[0.9455]　　[690.0064]　　　[27.6570]

$R^2 = 0.99$　　　DW = 2.175

式中，r_t 和 r_{t-1} 分别表示当期和滞后 1 期 3 个月 Shibor；AR（1）一阶自相关项。除了常数项外，它们系数均显著。这表明中国货币市场上 3 个月 Shibor 主要由其自身前 1 期变量和前 1 期残差项决定。这种变化是一种动态的变化过程，因而没有自身稳定的均值，在风险预警中最好采取递归或分段预警办法予以修正。

图 8 – 2 给出了国内货币市场 3 个月 Shibor 的走势预警。其中的 mean 线、up1 线、up2 线、down1 线和 down2 线的含义与前面平稳利率图相同。不难看出，3 个月

Shibor 在样本期已经经历了两个"波峰"和"波谷"。目前处在波峰部位,但还没有超出 95% 的上限,只是风险有所增加。但如果该利率突破此上限时继续往外飘移,则就有可能进入新的阶段。

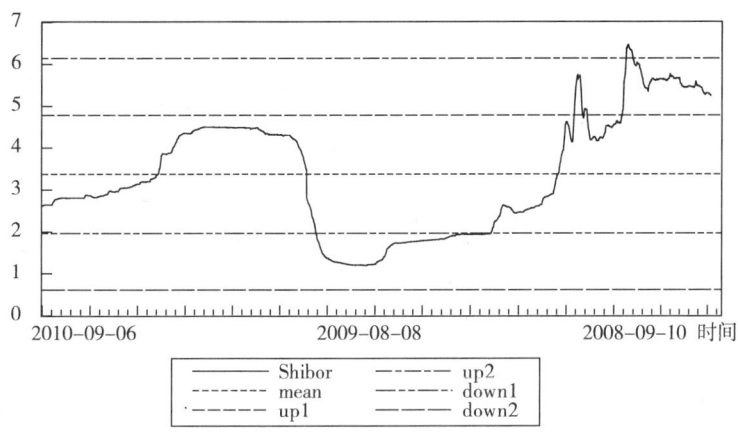

图 8-2　3 个月 Shibor 利率风险预警图

二、证券市场风险预警与控制

证券市场的风险防范与控制相对复杂些,主要有两个方面需要同时进行:一方面是价格波动风险的防范控制;另一方面是收益波动风险的防范控制。

（一）股价指数波动的风险控制

不同投资者,无论是沪市还是深市投资,无论是指数投资者还是个股购买者,都可以对其所投资的对象进行价格指数波动风险控制。因为每一个价格指数都有其自身的均值（可以简单计算也可以通过模型拟合）、波动极差和标准差,投资者均可以根据自己的风险偏好（厌恶）程度设定自己的理想价格,以便把自己投资风险控制到可接受的程度。

为便于理解,这里分别以上证综合指数和深圳成分指数为例来说明。

1. 上证指数波动风险控制。图 8-3 给出了中国证券市场上证综合指数的走势。可以看出,上证指数起伏不定,变化无常。最高 6 124 点,最低 516 点,标准差达到 979,这表明整个市场波动风险很大。从均值看,上证综指的无风险指数为 1 897 点。但如果我们以此均值为中心线,以上下一个标准差为风险控制线,则会发现上证综合指数大多数时候落在［916, 2 876］区间。因此，我们可以说该区间是上海证券市场综合指数最基本的风险适度区，其他区域指数，无论是大于2 876还是小于916，发生的概率尽管相对较小但偏离中心更远，因而波动更大。投资者可根据自己风险承受能力大小作出决策。

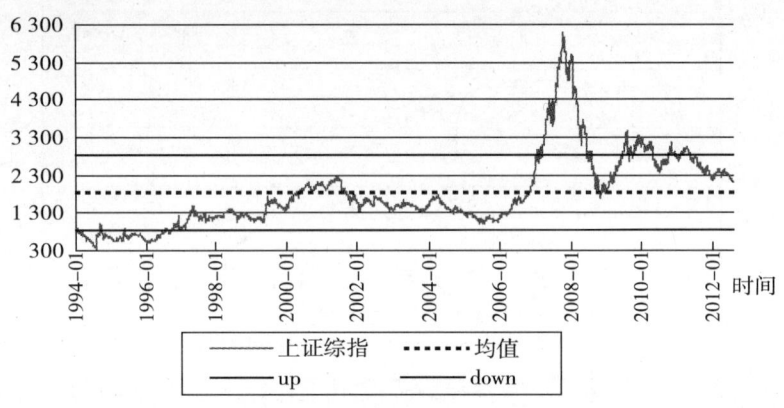

图8-3　上证指数波动风险控制

2. 深圳成分指数风险控制。深圳成分指数走势与上证指数相似，也是起伏波动的。最高达到19 531点，最低930，标准差4 173。但是，如果我们以均值为中心线，以上下波动一个标准差为控制线，则会发现深成指在区间［10 154, 1 808］内风险较小，而离开该区间则发生概率变小，因而风险增大。

（二）收益率波动风险控制

沪深两市不同品种、不同期限的投资收益率各异，投资者一定要根据自己的实力和风险偏好选择合适的投资品种进行投资，以便将自身的风险控制在合意范围内。否则为了追求不切实际的收益而盲目投资，很可能会产生不必要的损失风险；或者为了降低风险而放弃一些不该放弃的盈利机会。因此学会运用前述介绍的VaR、ARIMA（或者ARFIMA）模型和GARCH族模型对拟投资对象收益率进行预测、预警，也是证券市场风险控制的一个较好做法。

我们运用ARMA（1, 1）—GARCH（1, 1）模型来分析中国证券市场大盘指数六种期限（分别是隔天、1周、2周、1个月、3个月和6个月）的收益率波动特征（见图8-5）。鉴于中国证券市场波动信息源主要来自自身，六种期限的投资收益率都是平稳的I（0）时间序列且各自波动的异方差具有时变聚合特征，比较适合用该

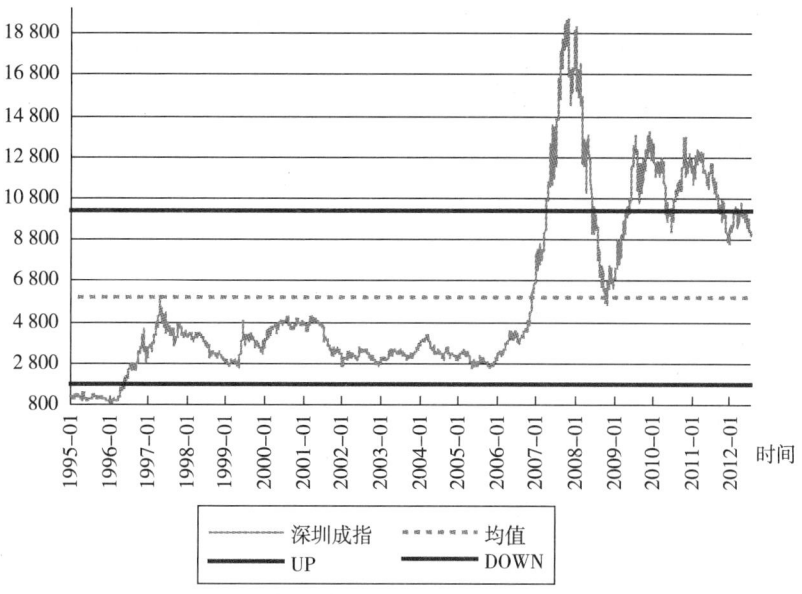

图 8-4　深圳成分指数风险控制

模型进行拟合。各方程的拟合优度 R^2 均大于 0.9，且 DW 值都在 2 附近。因此，表 8-5 列出六个方程的拟合结果。

表 8-5　　　　　　　　　中国证券市场大盘指数收益率方程

	投资期限	隔天	7 天	14 天	1 个月	3 个月	6 个月
		收益率					
均值模型	C1	1.0005 (0.0002)	1.0013 (0.0010)	1.0034 (0.0026)	1.0035 (0.0064)	0.9833 (0.0249)	0.9693 (0.0402)
	AR (1)	0.0068 (5.2573)	0.7577 (0.0112)	0.8946 (0.0062)	0.9559 (0.0038)	0.9870 (0.0020)	0.9924 (0.0013)
	MA (1)	-0.0086 (5.2565)	0.1485 (0.0196)	0.0588 (0.0164)	0.0351 (0.0158)	0.0440 (0.0156)	0.0093 (0.0148)
		方差					
方差模型	C2	2.09E-06 (2.67E-07)	1.50E-05 (1.28E-06)	4.07E-06 (7.09E-07)	3.01E-06 (5.39E-07)	5.59E-06 (7.87E-07)	4.94E-06 (7.12E-07)
	RESID (-1)^2	0.0790 (0.0022)	0.1853 (0.0098)	0.0929 (0.0038)	0.0675 (0.0033)	0.0766 (0.0040)	0.0815 (0.0035)
	GARCH (-1)	0.9249 (0.0016)	0.8106 (0.0096)	0.9097 (0.0025)	0.9324 (0.0023)	0.9229 (0.0029)	0.9190 (0.0030)

从表 8-5 中可以看出，中国证券市场大盘指数各期收益率的差异主要体现在均值方程上。各期收益率均值方程中常数项 C1 分为两类，一类是以隔天、1 周、2 周和 1 个月收益率为代表，常数项大于 1，并且随着期限的延长而逐渐增大。这表明这四种期限的初始投资收益不亏损，而且稳定地增大，尽管水平和幅度还不大。另一类是是以 3 个月和 6 个月收益率为代表，常数项 C1 小于 1，且也有随着跨期延长而增大的态势。这表明这两期投资的收益是亏损的，且损失随着跨期的延长而逐渐减小。各期收益平均水平的变化过程也不一样，出现三种类型分化：一种类型是隔天收益模型中的 AR（1）和 MA（1）系数均不显著，表明该期限投资的平均收益率非常稳定。第二种是 6 个月收益模型中 AR（1）系数显著而 MA（1）系数不显著，表明其收益率平均水平存在一阶自回归过程，即 AR（1）过程。第三种是其他四种期限（7 天、14 天、1 个月和 3 个月）投资收益率均值方程中 AR（1）和 MA（1）系数均显著，表明其收益率均值变化服从 ARMA（1，1）过程。

相对来说，各期滞后一期的方差方程差异不大。除了 7 天收益的方差波动例外，其他 5 个期限收益波动方差几乎一致。因为它们的方程中包括常数项 C2 在内的各变量对应系数几乎相等。这表明它们的 GARCH（1，1）波动节律是相同的。这可能与它们都接受相同的外部信息冲击有关。

结合均值—方差方程，我们可以对国内证券市场大盘指数 6 个不同期限投资品种的收益率进行一下风险划分：一是隔天投资，初始收益很低而且非常稳定，适合于风险厌恶型的偶尔投资；二是隔周投资，初始收益很低、水平也很稳定，但短期波动易受环境冲击影响，适合于风险厌恶的投机者；三是 14 天和 1 个月的收益，初始收益有所上升，变动过程也很稳定，适合于理性投资者；四是 3 个月收益，初始投资亏损但以后收益稳定增长，适合于风险适度型投资；五是 6 个月投资，初始收益亏损但以后收益呈 AR（1）随机过程，适合于高收益高风险的风险偏好型投资。

假定以 10% 的收益率波动作为风险预警线，则上述 6 个不同期限投资的预警如图 8-5 所示。

不难看出，中国证券市场上不仅投资收益水平而且波动都与投资期限有关。(1) 投资期限越长，每次投资获得的平均收益越大。1 元投资隔天可以得到 1.0005 元平均收益，1 周、2 周的平均收益分别为 1.0026 元和 1.0051 元，1 个月、3 个月的平均收益分别为 1.0110 元和 1.0346 元，6 个月收益则达到 1.0763 元。在图形上的表

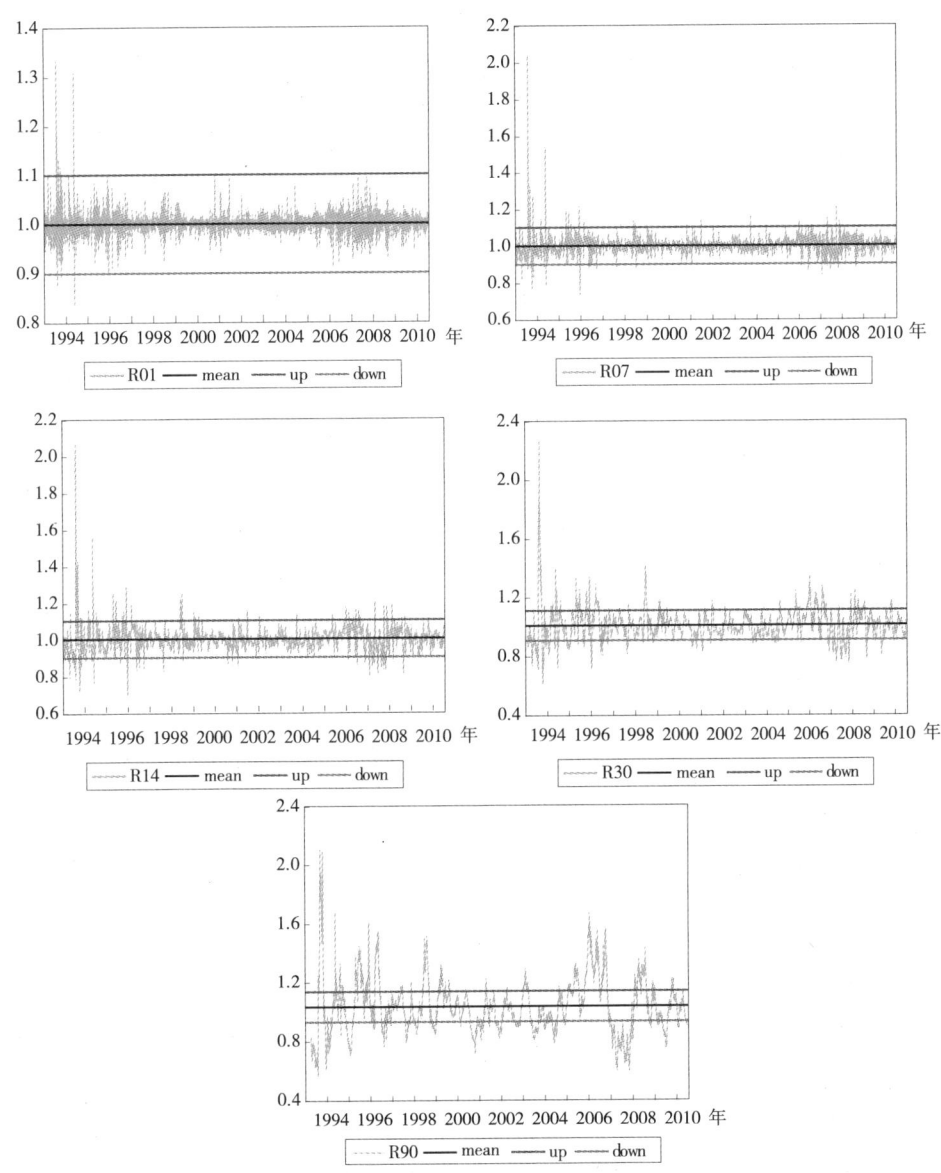

图 8-5 收益率波动风险控制

现为各自收益的平均线随着交易跨期的延长而逐渐提高。可见,如果投资者没有频繁投资的精力,他可以选择进行较长时期的投资以提高收益。当然,如前所述,如果投资者经济实力雄厚,且有更多的时间和精力从事频繁的日交易,他可能会获得相对更高的年收益。(2)投资期限越长,收益波动也越大。1元投资隔天收益的标准差为0.0181元,隔周收益的标准差为0.0417元,两周收益的标准差为0.0587元,逐渐增大;1个月、3个月和6个月收益标准差依次更大,分别为0.0888元、0.1711元和0.2700元。在图形上的表现为其收益率曲线越来越向10%的边界线靠近、突破。显然,这对风险偏好型投资者非常有利。因为他们可以从跨期越长(如半年)的投资中获得比平均收益高10%的收益,也可能获得比平均收益低10%的收益。而在期限越短的(如隔天)投资中,他们的收益率很小,获得超额利益的机会也小。当然,如前所述,风险是可以叠加的,如果投资者连续频繁地进行短期投资,则在相同期限内隔天交易的累积风险最大。也就是说,那些经济实力强而又精力旺盛的投资者可以尝试冒这个更大的风险,以追求更大的收益。

不过,中国证券市场是高成长性市场,整体上的收益率还不高且亏损面很大。从年收益率看,其单位投资年收益率的平均值在13.25%~17.60%之间,中位数在6.85%~9.05%之间(但隔天收益率中位数为0)。两者均比银行存贷款利率略高。这恐怕是投资者青睐证券市场的原因。但如果我们理性地看到整个证券市场有几乎一半的概率(占比44%~51%)亏损这一事实,则就会发现投资者青睐证券市场略高于存贷款利率的收益率,实际上有50%的概率面临亏损风险。从这个意义上看,中国目前的证券市场仅适合风险偏好性的投资者参与。如果投资者是风险厌恶型,最好远离目前的中国证券市场。

主要参考文献

[1] 陈漓高、吴鹏飞、刘宁：《国际证券市场联动程度的实证分析》，载《数量经济与技术经济研究》，2006（11）。

[2] 范龙振、王晓丽：《上交所国债市场利率期限结构及其信息价值》，载《管理工程学报》，2004（1）。

[3] 龚朴、黄荣兵：《次贷危机对中国股市影响的实证分》，载《管理评论》，2009（2）。

[4] 郭涛、宋德勇：《中国利率期限结构的货币政策含义》，载《经济研究》，2008（1）。

[5] 何光辉、陈俊君、杨咸月：《机制设计理论及其突破性应用》，载《经济评论》，2008（1）。

[6] 何光辉、杨咸月：《小额金融机构审慎监管的国际最新发展》，载《世界经济》，2007（7）。

[7] 何光辉、杨咸月：《手机银行模式与监管：金融包容与中国的战略转移》，载《财贸经济》，2011（4）。

[8] 何光辉、杨咸月：《小额金融机构监管须谨防与服务低收入群体冲突》，载《财经研究》，2011（1）。

[9] 何光辉、杨咸月：《融资约束对企业生产率的影响》，载《数量经济技术经济研究》，2012（5）。

[10] 何光辉、杨咸月：《实证宏观经济学的重塑与发展》，载《统计研究》，2012（3）。

[11] 何光辉、杨咸月：《入世以来中国证券市场动态国际一体化研究》，载《统计研究》，2012（10）。

[12] 胡庆康、何光辉：《合业经营金融体制变革的基本趋势》，载《世界经济文汇》，2000（3）。

[13] 康书隆、王志强：《中国国债利率期限结构的风险特征及其内含信息研究》，载《世界经济》，2010（7）。

[14] 李红权、洪永淼：《我国A股市场与美股、港股的互动关系研究：基于信息溢出视角》，载《经济研究》，2011（8）。

[15] 李宏瑾：《利率期限结构的远期利率预测作用——经期限溢价修正的预期假说检验》，载《金融研究》，2012（8），97－110页。

[16] 潘敏、夏庆、刘小燕、张华华：《汇率制度改革、货币政策与国债利率期限结构》，载《金融研究》，2011（1），18－31页。

[17] 唐齐鸣、高翔：《我国同业拆借市场利率期限结构的实证研究》，载《统计研究》，2002（5）。

[18] 杨咸月:《上海国际金融中心建设的问题与出路》,载《世界经济研究》,2007(2)。

[19] 杨咸月:《信息不对称与机制设计理论》,载《经济理论与经济管理》,2008(2)。

[20] 杨咸月:《贸易及经济地理中的规模经济、差异产品与运输成本》,载《河北经贸大学学报》,2009(2)。

[21] 杨咸月:《2009年诺奖得主对经济治理的理论贡献》,载《管理评论》,2010(9)。

[22] 杨咸月:《银行危机的经济计量与运筹学预测方法》,载《当代经济管理》,2011(6)。

[23] 杨咸月、何光辉:《上市公司管理层收购的绩效出现结构性变化》,载《中国工业经济》,2007(1)。

[24] 杨咸月、何光辉:《小额金融机构可持续发展的国际新趋势》,载《国际金融研究》,2007(12)。

[25] 张碧琼:《中国股票市场信息国际化:基于EGARCH模型的检验》,载《国际金融研究》,2005(5)。

[26] 张兵、范致镇、李心:《中美股票市场的联动性研究》,载《经济研究》,2010(11)。

[27] 赵振全、薛丰慧:《股票市场交易量与收益率动态影响关系的计量检验:国内与国际股票市场比较分析》,载《世界经济》,2005(11)。

[28] 郑振龙、吴颖玲:《中国利率期限溢酬:后验信息法与先验信息法》,载《金融研究》,2009(10)。

[29] 周宏山、路维春:《中国股票指数的结构断点根检验研究》,载《经济问题》,2007(2)。

[30] 朱世武、陈健恒:《交易所国债利率期限结构实证研究》,载《金融研究》,2003(10)。

[31] Agenor, P. R., 2001, "Benefits and Costs of International Financial Integration: Theory and Facts", *Policy Research Working Paper*. No 2699.

[32] Awokuse, Titus O., Aviral Chopra, David A. Bessler, 2009, "Structural Change and International Stock Market Interdependence: Evidence Fromasian Emerging Markets", *Economic Modelling*, Vol. 26, 549 – 559.

[33] Aydemir, A. C., 2004, "Why are International Equity Market Correlations Low?", *Working Paper*, Carnegie Mellon University.

[34] Banerjee, Anindya, Robin L. Lumsdaine, James H. Stock, 1992, "Recursive and Sequential Tests of the Unit – Root and Trend – Break Hypotheses: Theory and International Evidence", *Journal of Business & Economic Statistics*, Vol. 10, No. 3, 271 – 287.

[35] Bartram, S. M., S. J. Taylor, Y. – H. Wang, 2007, "The Euro and European Financial Market Dependence", *Journal of Banking and Finance*, Vol. 31, 1461 – 1481.

[36] Bekaert, G., Harvey, C. R., Lumsdaine, R., 2002, "Dating the Integration of World Capital Mar-

kets", *Journal of Financial Economics*, 65 (2), 203 – 248.

[37] Bhar, R., Nikolova, B., 2009, "Return, Volatility Spillovers and Dynamic Correlation in the BRIC Equity Markets: An analysis Using a Bivariate EGARCH Framework", *Global Finance Journal*, 19, 203 – 218.

[38] Booth, G. G., Martikainen, T., & Tse, Y., 1997, "Price and Volatility Spillovers in Scandinavian Stock Markets", *Journal of Banking and Finance*, 21, 811 – 823.

[39] Cairns, A. J., 2004, Interest Rate Models: An Introduction. Princeton University Press.

[40] Cavoli, T., Rajan, R. S., and R. Siregar, 2004, "A Survey of Financial Integration in East Asia: How far? How much further to go?", Discussion Paper 0401, University of Adelaide.

[41] Chambet, A. and Gibson, R., 2008, "Financial Integration, Economic Instability and Trade Structure in Emerging Markets. *Journal of International Money and Finance*, Vol. 27, 654 – 675.

[42] Chan, K. A., Benton, E. G. and Ming – Shium Pan, 1997, "International Stock Market Efficiency and Integration: A Study of Eighteen Nations", *Journal of Business, Finance and Accounting*, Vol. 24, 803 – 813.

[43] Cheung, Y. W., K. S. Lai, 1993, "Finite – sample Sizes of Johansen's Likelihood Ratio Tests for Cointegration", *Oxford Bulletin of Economics and Statistics*, Vol. 55, 313 – 328.

[44] Chinn, M. and Forbes, K., 2004, "A Decomposition of Global Linkages in Financial Markets over Time", *The Review of Economics and Statistics*, Vol. 86, 705 – 722.

[45] Cole, H., 1988, "Financial Structure and International Trade", *International Economic Review*, Vol. 29, 237 – 59.

[46] De Jong, F., Roon, D., 2005, "Time Varying Market Integration and Expected Returns in Emerging Markets", *Journal of Financial Economics*, 78, 583 – 613.

[47] Della Corte, Pasquale, Sarno, Lucio, Thornton, Daniel L., 2008, "The Expectation Hypothesis of the Term Structure of Very Short – term RaTes: Statistical Tests and Economic Value", *Journal of Financial Economics Volume*, 89 (1), 158 – 174.

[48] Demirguc – Kunt, A., Levine, R., 2001, Financial Structure and Economic Growth: A Cross Country Comparison of Banks, Markets and Development, Cambridge: MIT Press.

[49] Dumas, B., Harvey, C. R., and P. Ruiz, 2003, "Are Correlations of Stock Returns Justified by Subsequent Changes in National Outputs?" *Journal of Internaiontla Money and Finance*, Vol. 22, 777 – 811.

[50] Feldstein, M. and C. Horioka, 1980, "Domestic Saving and International Capital Flows", Economic Journal, Vol. 90, 314 – 329.

[51] Frederic S. Mishkin, 2012, "The Economics of Money, Banking and Financial Markets", 10th Edition. Prentice Hall.

[52] Gómez – Valle, L., Martínez – Rodríguez, J., 2008, "Modeling the Term Structure of Interest Rates: An Efficient Nonparametric Approach", *Journal of Banking and Finance*, 32, 614 – 623.

[53] Gourinchas, P. – O., & Jeanne, O., 2003, "The Elusive Gains from International Financial Integration", *NBER Working Paper*, No. W9684.

[54] Gupta, R., Donleavy, G. D., 2009, "Benefits of Diversifying Investments into Emerging Markets with Time – varying Correlations: An Australian Perspective", *Journal of Multi. Fin. Manag*, 19, 160 – 177.

[55] Hardouvelis, G., Malliaroupoulos, D. et al, 1999, "EMU and European Stock Market Integration", CEPR Discussion Paper 2124.

[56] Hardouvelis, G. A., D. Malliaropulos, R. Priestley, 2006, "EMU and European Stock Market Integration", *Journal of Business*, Vol. 79, 365 – 392.

[57] Johansen, S., 1988, "Statistical Analysis of Cointegration Vectors", *Journal of Economic Dynamics and Control*, Vol. 12, 231 – 254.

[58] Johansen, S., 1991, "Estimation and Hypothesis Testing of Cointegration Vectors in Gaussian Vector Autoregressive Models", *Econometrica*, Vol. 59, 1551 – 1580.

[59] Johansen, S., K. Juselius, 1990, "Maximum Likelihood Estimation and Inference on Cointegration-With Applications to the Demand for Money", *Oxford Bulletin of Economics and Statistics*, Vol. 52, 169 – 210.

[60] Kasa, K., 1992, "Common Stochastic Trends in International Stock Markets", *Journal of Monetary Economics*, Vol. 29, 95 – 124.

[61] Kim, S. J., F. Moshirian, E. Wu, 2005, "Dynamic Stock Market Integration Driven by the European Monetary Union: An Empirical Analysis", *Journal of Banking and Finance*, Vol. 29, 2475 – 2502.

[62] MacKinnon, J. G., A. A. Haug, L. Michelis, 1999, "Numerical Distribution Functions of Likelihood Ratio Tests for Cointegration", *Journal of Applied Econometrics*, Vol. 14, 563 – 577.

[63] Maldonado, R., Saunders, A., 1983, "Foreign Exchange Restrictions and the Law of One Price", *Financial Management*, 12, 19 – 23.

[64] Mark fisher, 2004. Modeling the Term Structure of Interest Rates: An Introduction. *Economic review*, 41 – 62.

[65] Martin, M., & Morrison, W., 2008, "China's 'Hot Money' Problems", Congressional Research

Service Reports, No. RS22921.

[66] Martin, P., & Rey, H., 2000, "Financial Integration and Asset Returns", *European Economic Review*, Vol. 44, 1327 – 1350.

[67] Masih, A. M., and R. Masih, 1999, "Are Asian Stock Markets Fluctuation due Mainly to Intra – regional Contagion Effects? Evidence Based on Asian Emerging Stock Markets", Pacific – Basin Finance Journal, Vol. 7, 251 – 282.

[68] Mylonidis, N., C. Kollias, 2010, "Dynamic European Stock Market Convergence: Evidence from Rolling Cointegration Analysis in the First Euro – decade", *Journal of Banking and Finance*, Vol. 34, 2056 – 2064.

[69] Nelson, D. B., 1991, "Conditional Heteroscedasticity in Asset returns: a New Approach", *Econometrica*, 59, 347 – 370.

[70] Ng, A., 2000, "Volatility Spillover Effects from Japan and the US to the Pacific Basin", *Journal of International Money and Finance*, 19, 207 – 333.

[71] Nishiyama, yasuo, 2011, "The Term Structure of CD Rates and Monetary Policy Transmission", *Journal of Banking and Finance*, 35 (1), 82 – 94.

[72] Pagano, M., 1993, "Financial Markets and Growth: An Overview", *European Economic Review*, Vol. 37, 613 – 622.

[73] Pascual, A. G., 2003, "Assessing European Stock Market (Co) integration", *Economics Letters*, Vol. 78, 197 – 203.

[74] Pauer, F., 2005, "Financial Marekt Integration and Financial Stability", Oesterreichische nationalbank Monetary Policy and the Economy, Vol. 2, 144 – 151.

[75] Rajan, R., & Zingales, L., 1998, "Financial Dependence and Growth", *American Economic Review*, Vol. 88, 559 – 587.

[76] Shiller, R. J., 1990. The Term Structure of Interest Rates. In: Friedman, B. M., Hahn, F. H. (Eds.), *Handbook of Monetary Economics*, vol. 1. North – Holland, Amsterdam.

[77] Stockman, A. C., 1988, "On the Roles of International Financial Markets and Their Relevance for Economic Policy", *Journal of Money, Credit and Banking*, Vol. 20, 531 – 549.

[78] Svensson, L., 1995, "Estimating Forward Interest Rates with the Extended Nelson & Siegel Method", Penning – & Valutapolitik 3, 13 – 26.

[79] Vasicek, O., 1977, "An Equilibrium Characterization of the Term Structure", *Journal of Financial Economics*, 5 (2), 177 – 188.

[80] Wilson, D., Purushothaman, R. (2003). Dreaming with BRICs: the Path to 2050. Goldman Sachs

Global Economic Paper No 99.

[81] Wolfgang M. Schmidt, 2011, "Interest Rate Term Structure Modeling", *European Journal of Operational Research*, 214, 1 – 14.

[82] Yang, J., I. Min, Q. Li, 2003, "European Stock Market Integration: Does EMU Matter", *Journal of Business Finance and Accounting*, Vol. 30, 1253 – 1276.

[83] Yu, Ip – Wing, Kang – Por Fung, Chi – Sang Tam, 2010, "Assessing Financial Market Integration in Asia – Equity Markets", *Journal of Banking & Finance*, Vol. 34, 2874 – 2885.

[84] Zhang, Dayong, David G. Dickinson, and Marco Barassi, 2006, "Structural Breaks, Cointegration and B Share Discount in Chinese Stock Market", EcoModNet International conference of Policy Modelling, Hong Kong June 28 – 30, *Working Paper*.

[85] Zhu, H., Lu, Z., Wang, S., & Soofi, A. S., 2004, "Causal Linkages among Shanghai, Shenzhen, and Hong Kong Stock Markets", *International Journal of Theoretical and Applied Finance*, Vol. 7, 135 – 149.

后 记

本书是作者主持完成的国家社科基金项目成果。从选题论证到最终成果的形成，历时数年，凝聚了作者大量心血，非常高兴现在终于出版面世。

作者认为，金融市场的国际互动是一个全新课题，既是一个国家/地区分享全球一体化利益能力的反映，也是该国化解国际金融风险能力的体现。如何综合对待该命题将直接决定金融改革开放的发展方向。然而，中国金融市场虽历经30多年的改革开放，但进一步开放的空间仍然较大，货币市场甚至证券市场的国际互动水平都有限。究其原因，主要是担心国际一体化将国际波动带进国内，进而影响到国内金融市场改革的原始"红利"。因为互动是一把"双刃剑"，稳定时期，互动能够提高国内金融市场的价格发现功能，有助于金融资源的有效配置；危机时期，可能会加剧国内金融市场价格波动，扰乱资源的有效配置。显然，这是难以为继的，因为经济全球化、金融一体化已经成为一个不可阻挡的潮流。实际上，全球没有任何一个国家或地区因为担心国际互动而放弃对国际一体化的追求，中国也不例外。在此背景下，中国金融业的发展战略必须尽快学会转移——从以依靠"高封闭"和"高风险"来实现高成长的过渡性战略，转移到通过"扩大开放"和"控制风险"来实现金融业的可持续发展战略。在这一过程中，如果自身的体制不完善，控制国际金融风险就不可能成功。因此，当务之急是要控制与化解自身的风险。立足自身，放眼世界，学会甄别国际一体化过程中的利益与风险，并充分分享国际分工带来的金融利益。同时，要密切关注国际风险，通过预警把国际波动风险控制在适度水平上。

这些观点和结论都是本书实证考察的结果。与同类研究相比，本书一个最大特点是原创性。一切以事实为依据，运用一系列经典的和现代的研究方法全方位、多视角地分析了国内货币市场和证券市场改革开放以来的国际互动关系和特点。其中不仅有许多观点和结论是第一次在国内提出，而且一些研究方法和视角也值得同行借鉴。从这个意义上说，作者希望本书的出版能够从理论和实务两方面对社会产生一定的裨益。

这里，我要特别感谢复旦大学经济学院何光辉教授，她对本书作出了巨大贡献。从选题到提纲、从文献查阅到写作，甚至整理出版，每一个环节都倾注了她辛勤的汗水。无论在国内还是出国在外，她在完成自身教学科研任务的同时，直接参与到本书的形成工作之中。对她除了感激更多的是敬重。其次要感谢上海社科院部门经济研究所的全体同仁，尤其是厉无畏、杨建文、左学金、张幼文、周振华、葛伟民、陈家海、权衡、王振、潘正彦等上海社科院的诸位研究员，他们学识渊博，是我的良师益友，工作中所给予的不遗余力的关心和帮助令作者非常感动。最后要感谢的是中国金融出版社王效端主任和本书责任编辑张超。写一本好书难，出一本好书更难！本书得以出版，完全得益于她们的慧眼和辛勤工作。而效端的友谊、热情和敬业精神，更是弥足珍贵。

上海社科院部门经济研究所　杨咸月
2014 年 9 月